Josef Müller-Marein · Deutschland im Jahre 1

Josef Müller-Marein

Deutschland im Jahre 1

Reportagen aus der Nachkriegszeit

ERNST KABEL VERLAG

Bildnachweis
Alle Fotos: Keystone Pressedienst

Umschlag: Design-Pit
Satz: Utesch Satztechnik GmbH, Hamburg
Druck und Bindung: Clausen & Bosse, Leck
ISBN 3-921909-87-2

Inhalt

Vorwort

Nichts ist so beständig wie der Wandel, und weil das so ist, sind wir gefühlsmäßig von der Nachkriegszeit nicht nur vierzig Jahre entfernt, sondern Lichtjahre.

Nun ist das nicht per se so schlecht, denn die Sorgen von gestern sind eben nur die Sorgen von gestern, und die Sorgen von heute stellen an uns andere Anforderungen, so wie es die Sorgen von morgen tun werden.

Doch man sagt auch, daß die, die jene Zeit erlebt haben, nichts mehr davon wissen wollen und daß es diejenigen, die nachgeboren sind, nicht interessiert.

Aber das, was ›man‹ sagt, kann nicht richtig sein. Denn wer vergißt, beraubt sich seiner Erfahrungen, und wer nichts davon wissen will, wird nie etwas begreifen.

So ist denn die Herausgabe dieser Original-Nachkriegs-Reportagen des ausgezeichneten Journalisten Josef Müller-Marein nur zu berechtigt, denn sie sind nicht nur eine Zeit-Chronik von ungeheurem Wert, sondern auch eine Mahnung, die wir nicht überhören sollten. Es gibt in Deutschland kein Buch, das so unmittelbar und doch so versöhnlich aus diesen Jahren berichtet. Wie wir erst schüchtern und unsicher und dann immer mutiger irgendwie unsere Existenz aufbauten. Ob wir nun zuerst in einem Bunker unser ›Dach über dem Kopf‹ fanden, unsere Nächte in Wartesälen verbrachten und auf Züge warteten, die ›nie kamen‹, oder uns sonstwie im neuen Leben einrichteten …

Doch wenn wir bei diesen Reportagen genau hinhören, dann erfahren wir auch, daß jene Zeit, die in unserer Erinnerung so weit zurückliegt, eine Zeit war, in der wir dem Bild des Menschen, wie es sein kann, am ehesten glichen.

Josef Müller-Marein erlebt diese Herausgabe seiner Nachkriegs-Reportagen nicht mehr, er starb 1981. Einverstanden wäre er gewiß.

Joachim Jessen

Bunkermenschen

Manchmal, beim Vorübergehen, blicken sie in erleuchtete Fenster. Sie sehen vielleicht einen runden Tisch mit einer Decke, ein Stück Regal mit Bücherrücken, ein Stück Tapete. Sie sehen einige Quadratmeter eines freien Raumes, auf dem sich keine Menschen drängen. Sie spüren die Atmosphäre von Freiheit zwischen vier behüteten Wänden. Und sie haben dabei das würgende Gefühl von Hungernden, die an einem gefüllten Bäckerladen vorüberkommen. Dann gehen sie »heim« in den Bunker.
Am Eingang hängt noch die Verordnung über das Verhalten bei Fliegeralarm. Obwohl diese Zeiten nun vergangen sind, hat man versäumt, den Aushang wegzunehmen. Vielleicht unterblieb es, weil sich niemand berechtigt dazu fühlte in diesem Kreise der Unberechtigten; vielleicht unterblieb es aus Gleichgültigkeit. Überhaupt ist das Interesse allgemein ganz anders, das man täglich dem nächsten Aushang entgegenbringt: den Portionen der Nahrungsmittelzuteilung. Da wird von »Kalt-« und »Warm-Verpflegung« und von »Kaffeefassen« gesprochen, als sei man noch beim Militär. Sie leben auch kartenlos wie beim Militär, die Bunkerleute, aber es ist ziemlich sicher, daß sie die gleichen Kalorienmengen erhalten, die sich die so ganz anderen Menschen, die Wohnung oder Unterkunft Besitzenden, in ihrer mehr oder minder bürgerlichen Freiheit auf Karten kaufen können. Daneben wird zweimal täglich »Heißes Wasser« angekündigt, als sei auch dies ein Nahrungsmittel.
Das dritte Plakat am Bunkereingang aber ist die Ankündigung einer Puppenhandbühne, die für Bunkerinsassen billige Karten und für die Ärmsten unter ihnen sogar Freiplätze bereithält. So scheint es, daß ein einziger für die Leute im Bunker noch etwas übrig hat, und dies ist das Kasperle.
Das nächste ist, daß man eine Wendeltreppe hinaufgeht oder hinaufstolpert, denn es ist ziemlich finster, weil irgendwer wieder einmal eine Glühbirne hat mitgehen lassen.
»Ihr, die ihr eintretet...«, leuchtet es in dicker Kreideschrift im

Halbdunkel von der Wand. So weit kam der dantekundige Wandschreiber, als man ihn überraschte. Man weiß nämlich, um wen es sich handelt.
Er liegt auf der Holzbank und hat Husten in Zimmer 1, linker Hand, im ersten Stock des Hochbunkers. Ein großer Raum, begrenzt durch eine geradegeschnittene Bretterwand, die nicht hierher gehört und einen unwirklich erscheinenden Kontrast zur runden Außenmauer bildet. An der Bretterwand hängen Mäntel, Kleider, leere Rucksäcke; an der Außenmauer rinnt das Wasser. Fenster sind nicht vorhanden, und die Luft ist so dick, daß man glaubt, man könne sie in Scheiben schneiden mit jenem rostigen Messer dort auf dem Schemel neben der Bank. Es ist die Bank, die dem hustenden alten Mann gehört, dem Wandmaler. Er trägt den weißen Vollbart eines Patriarchen aus den Büchern. Und wie aus Büchern, so klingen auch seine Worte.
»Frau!« sagt er mit röchelndem Nebenton.
Eine vermummte weibliche Gestalt erhebt sich aus der Ecke, humpelt näher, beugt sich über ihn.
»Frau«, wiederholt er, »eile und sage dem Hoteldirektor, daß ich im Falle der Unmöglichkeit, die Toilettenzustände zu verbessern, mit meiner ganzen Suite ausziehen würde aus seinem wohlrenommierten Hause...«
Zu jedem Bunkerraum gehört eine eigene Toilette, die morgens von den weiblichen »Gästen« mit hingebungsvoller Gründlichkeit geputzt wird. Aber was nützt das alles, wenn in jedem einzelnen Raum so viele Menschen hausen, daß man, um ein Wort des Alten zu zitieren, »niemals einen nächtlichen Übeltäter faßt, der mangels Sauberkeit und Papier und so weiter...« Er sagt: »Zuerst ist man sittlich entrüstet und sehr erbost, denn es ist uns ja nicht an der Wiege gesungen worden, daß wir noch einmal solche Toiletten benutzen müßten, aber schließlich... Was wollen Sie! Bunkermenschen!«
Er sagt es nicht wegwerfend oder verächtlich, er spricht es wie eine wissenschaftliche Artbezeichnung aus, als handele es sich um eine neue Spezies Mensch.
Er hebt seinen Zeigefinger: »Was macht das Tier, wenn man es zwei Tage jagt? Es fällt um, streckt alle viere von sich – mausetot. Der Mensch aber läuft und läuft weiter. Er muß konstruiert sein, Schlimmeres zu ertragen als irgendein anderes Lebewesen auf dieser

Erde. Ob man ihn hungern läßt, ob man mit Bomben nach ihm wirft – er gewöhnt sich daran. Hat er keine Wohnung, so kann er sogar in einem Bunker leben. Er kann es, weil er nicht allein ein denkendes, also ein mißtrauisches, sondern vielmehr noch ein hoffendes Wesen ist. Der Mensch – ein hoffendes Tier.«

In der Tat, als es in diesem Bunker vor einiger Zeit den siebenhundert Insassen anheimgestellt wurde, in ein Barackenlager zu ziehen, nahmen nur achtzig den Vorschlag an. Die übrigen blieben.
»Und das ist auch selbstverständlich«, ereiferte sich der Alte. »Wir hatten natürlich das Empfinden, es sollte uns mit der Aussicht auf das Barackenlager etwas eingeredet werden. Ausgerechnet beim Winteranfang! Daß man vielleicht erfröre! Nein, wir blieben im Bunker. Die Lager-Leiden sind uns fremd; die Bunker-Leiden sind uns wenigstens vertraut.«
War er nicht mehr gewöhnt, so lange Sätze zu sprechen? Jedenfalls, der Husten überfiel ihn mit solcher Tücke, daß sein gutgeschnittenes Greisengesicht rot vor Anstrengung wurde. In diesem Augenblick quollen aus den halbdunklen Winkeln des Raumes plötzlich kleine, ängstliche Gestalten, als seien sie aus dem Zementboden hervorgezaubert. Die sammelten sich nun um das Lager des Patriarchen wie zitternde Zwerge um einen kranken Rübezahl. Es waren seine sechs Enkel und Enkelinnen, die der Alte und seine Frau aus der russischen Zone mitgebracht hatten.
Wo ihre Eltern waren, wußten sie nicht.
Dies also war seine »Suite«: ein besorgtes Gewimmel kleiner, flachsköpfiger Menschen. Ein Bild, das unter der einzigen, dürftigen Glühbirne um so rührender wirkte, als man die »Suite« des Patriarchen jetzt mühelos unterscheiden konnte von den anderen, wort- und bewegungslosen großen und kleinen Leuten, die in den Ecken und an den Wänden saßen und still auf irgend etwas zu warten schienen, vielleicht ohne zu wissen, worauf sie denn eigentlich warten sollten.
Unten, im Erdgeschoß, arbeitet als Rote-Kreuz-Schwester eine junge Arztfrau, Flüchtling gleich den übrigen Insassen des Bunkers. Sie hat viele Beobachtungen gemacht und sagt, daß sie es gar nicht gern sieht, wenn die bei neu eingetroffenen Bunkermenschen auffällige Unruhe allmählich aus den Gesichtern schwindet und dem Ausdruck geduldigen Wartens Platz macht. Sie hat es lieber,

wenn hie und da geschimpft wird, sofern sich dabei verhüten läßt, daß die Unruhe ausartet und sich in »Bunkerkoller« verwandelt, in eine hemmungslose Nervosität und plötzliche Feindschaft aller gegen alle.

»Solange sie unruhig sind«, sagt Schwester Arztfrau, »laufen sie noch herum und versuchen, Arbeit und Aufenthaltsrecht und eine bessere Unterkunft zu finden. Viele gehen planvoll vor und kommen sogar irgendwann ans Ziel. Andere sind kopflos und klopfen, wo sie zufällig ein erleuchtetes Fenster sehen, an die Türen und bitten um Einlaß. Aber man bettelt doch nicht um einen Wohnplatz wie um ein Stück Brot. Wenn sie dann abgewiesen und wieder abgewiesen werden, beginnen sie stumpf zu werden und blindlings zu warten. Ach, diese erleuchteten Fenster fremder Wohnungen!«
Sie lächelt schmerzlich, obwohl sie selber ohne Neid an fremde Wohnungen denkt. Es war aber auch das einzige neidlose Gesicht, das ich an diesem Tage sah, wenn das Gespräch auf die Wohnungen der stadteingesessenen Bürger kam. Mag freilich sein, daß ihr Lächeln nicht nur ein Spiegel der Gedanken, sondern auch ein Beispiel war, ein Vor-Lächeln. Immerhin, ein helles Gesicht, das mehr leuchtete als all die trüben Bunkerglühlampen zusammen.

Es heißt allerdings, daß es Augenblicke gab, da die Bunker-Schwester ganz und gar nicht lächelte.
War sie es nicht gewesen, die sich gemeinsam mit dem »Bunkerwart« Gedanken darüber gemacht hatte, ob nicht allein schon durch eine bedachtsame Auswahl der »Zimmerbelegschaft« den Zwangsgästen ein bißchen geholfen werden könne? So hatten sie im oberen Stockwerk lauter junge Mädel untergebracht. Die kicherten, schwätzten, plauderten, sangen sogar an Abendstunden.
Ein Stockwerk tiefer waren zwei kleinere Räume, »Durchgang« genannt, in denen »reisende Gäste« einquartiert wurden; sozusagen ein Hotel-Ersatz. Und da nun kamen »flotte Mannsbilder aus der Stadt«, wie der Patriarch sie bezeichnete, auf die Idee, sich nur zum Scheine einzuquartieren und sich, sobald es einigermaßen still im Bunker geworden war, zum oberen Stockwerk hinaufzuschleichen, zu den Jungmädchenräumen, in den Rocktaschen ein Fläschchen Rübenschnaps oder eine Schachtel englischer Zigaretten.

An den Tagen hernach wurde dann so betont von »Bunkermoral« gesprochen, daß es im oberen Stockwerk verweinte Augen gab. Und nun schien es, als hätte die junge Arztfrau den Glauben an die Güte dieser Welt endgültig verloren. Allein der Patriarch tröstete sie und meinte, dies sei als ein Zeichen zu nehmen, daß es bald Frühling würde. Und überhaupt, dann würde man ja weitersehen!
Dieses »Man wird weitersehen« ist eine geläufige Bunkertendenz. Die Bunkermenschen haben diesen Satz gesagt, als sie hier eintraten; sie haben den Bunker mit seinen harten Holzbänken, die statt der Betten als Lagerstatt dienen, mit seiner dumpfen Luft und seiner Dunkelheit als ein Provisorium hingenommen: Man wird ja weitersehen. Und dann sind sie steckengeblieben. Sie kamen, ein wenig auszuruhen, und blieben, um ... Ja, wozu blieben sie? Was ist der Sinn ihres Bleibens?
Als eine Frau, die aus der »anderen Zone« gekommen war und ursprünglich die Idee gehabt hatte, in ihre westdeutsche Heimat zu fahren, ein paar Buntdrucke an die Wände hing, protestierten ihre Zimmer- und Leidensgenossen auf das Nachdrücklichste. Bilder an den Wänden, welch ein Wahnsinn! Es wäre ja der Versuch, aus dem Bunker ein Heim zu machen! Was für ein Symptom für die schier größenwahnsinnige Sucht, den Lebensstandard zu heben! Abgelehnt, abgelehnt! Und jedem leuchtete ein, was ein einbeiniger ehemaliger Soldat, Bunkermensch seit zwei Monaten, ausführte: »Laßt den Bunker so grau, wie er ist! Wer hier herumfummeln will mit Vasen für Feldblumen, mit Bildern und so 'm Affenkram, verrät doch bloß, daß er Angst hat, hier nie wieder rauszukommen.«
Blumen und Bilder als Merkmale des Pessimismus!
Traurig ist es, wenn die Bunkermenschen reden. Trauriger aber, wenn sie schweigen. Am traurigsten, wenn sie schlafen! Wie sie in den Bunkernächten durcheinanderliegen, diese in stickige Kleider und Mäntel gehüllten Gestalten! Was alles sie halbartikuliert und flüsternd, aber auch laut weinend und schimpfend durcheinanderträumen!
Bunkerleute sind am Tage unterwegs, solange das Schuhwerk es aushält, aber nachts sind sie versammelt und träumen laut und ohne Scham. Die verschwiegenen, die heimlichen Gedanken quellen auf und werden vor aller Ohren offenbar. Niemals das Glück von etwas Einsamkeit, selbst nicht in kleinsten Portionen. »Von den Nächten wollen wir nicht reden«, sagen die Bunkermenschen ...

Und was sagte der hustende Patriarch, als der Besucher Abschied nahm?
»Die Bunkermenschen sind Verurteilte, Menschen ohne Recht. Und zufällig wie ihre Verurteilung ist auch der Freispruch. Junge Leute ohne Anhang kommen leichter frei. Das Leben beansprucht sie noch. Alte Leutchen oder Frauen mit Kindern bleiben sitzen. Wer sollte sie aufnehmen? Aber es kommt auch vor, daß ein mitleidiges Herz für eine klapprige Greisin schlägt und daß ein strammes hübsches junges Mädchen nicht gefragt ist. Warten wir also. Vielleicht, daß es uns tatsächlich gelingt, eines Tages die dicke Bunkerluft in Scheiben zu schneiden und sie der Öffentlichkeit zur Schau zu stellen, damit sich die Allgemeinheit schäme, wie es der einzelne ja wohl nicht mehr vermag. Warten wir!«
Doch immer wieder, im Vorübergehen, blicken die Bunkermenschen in erleuchtete Fenster...

Wartesaal zur anderen Seite

Der 32jährige Dr. D. wollte kein »Schwarzfahrer« werden, er wollte nicht heimlich über die »grüne Grenze«; er wollte sich eine »weiße Weste« bewahren. Außerdem hatte er zuviel Gepäck.
Beladen wie ein Kuli, so traf er in Lübeck ein, um von hier aus die Reise ins »Russische« anzutreten. Lübeck – eine Stadt, die wahrhaftig dicht genug an der Zonengrenze liegt. Dr. D. hoffte das Beste. Er hatte von seiner Uniform, die er als Stabsarzt getragen, die Rangabzeichen entfernt. Er war guten Mutes und kerngesund. Es konnte nichts schiefgehen. Von Lübeck nach Leipzig – ein Katzensprung.
Aber acht Tage später konnte man Dr. D. in Hamburg treffen; diesmal nicht sechs, sondern mehr als sechzig Kilometer von der »Zonengrenze« entfernt. Hier saß er fest wie ein Gestrandeter. Vierzehn Tage später auch noch. Jetzt sah er wirklich wie ein Kuli aus oder so, wie man sich einen Kuli vorstellt. Der leichte Geruch nach Medikamenten, den er vom Hospitaldienst her in seiner Uniform getragen hatte, war verflogen. Jetzt roch Dr. D. nach allem Elend der Welt. Er war in das Lager der Heimkehrenden geraten,

wo Hunderte und aber Hunderte von Schicksalsgefährten, die gleich ihm in die russische Zone wollten, auf Bescheinigungen und Fahrkarten warteten. Er nannte das Lager den »Wartesaal zur anderen Seite« und war doch hart daran, das Warten aufzugeben. Wann käme wohl noch ein Eisenbahnzug, ihn zur anderen Seite mitzunehmen, wo Frau und Kinder und eine eigene Klinik auf ihn warteten.

Wie sagte doch Alfred Polgar seinerzeit im Anklang an einen Dreigroschenoper-Vers von Brecht? »Nur wer im Wohlstand reist, reist angenehm!« Dabei tun sich diese Reisenden auf die Legalität ihres Unternehmens noch etwas zugute und meinen, die Illegalen, die »Abenteurer der grünen Grenze«, hätten es noch viel schlechter.

Der 28jährige Mechaniker M. wundert sich allerdings, daß ein fester Zaun das Lager der Legalen umschließt, damit ihnen der Weg nach draußen verschlossen sei. Nachts indes, nach »Curfew«, schlüpft der Mechaniker durch geheime Zaunlücken, er und ein paar entschlossene Kumpane. Gemeinsam gehen sie dann den noch immer winterlichen Bäumen im nahen Stadtpark zu Leibe. Der »Wartesaal zur anderen Seite« nämlich besteht aus Wellblechbaracken. »Der Wind pfeift herein und pfeift heraus; die Kälte bleibt drinnen.«

»Wie? Ihr habt keinen Ofen?«

»Einen Ofen schon – aber kein Holz!«

Man hat bereits verheizt, was nicht nagelfest war. Es mußte zuletzt die Sitzstange der Latrine ins Feuer wandern. Ein paarmal hat sogar der Police-man Mitleid gehabt, der morgens durch das Lager geht, und hat dem Ofen, um den die Leute wie dunkle Krähen kauern, eine stinkende Matratze zum Fraße vorgeworfen. Aber was nützt ein Strohfeuer zwischen Wellblechwänden!

Der 40jährige Berliner Kaufmann W. hat über die vermutlichen Gedanken des Police-man nachgedacht. Der geht also des Morgens durch das Lager, eingehüllt in die Duftgloriole einer englischen Zigarette. Er kommt in blanken Schuhen, sauberer Uniform, weißem Gürtelzeug. Und der nachdenkliche Kaufmann und ehemalige Unteroffizier W. kann sich noch gut erinnern, wie er selber ebenso adrett und ausgeruht durch Etappendörfer der Rußlandfront schritt. Wenn er die Russen dann sah, zusammengekauert, übelriechend, schmutzig, ohne Schuhe, so dachte er, daß alles dies einfach Attribute des russischen Volkscharakters seien. So kurzsichtig war Unteroffizier W., wie er selber gesteht, in der Etappe. Und nun schämt er sich, weil er fürchtet, der Police-man könnte einen ähnlichen Denkfehler machen. »Übelriechend, schmutzig, zusammengekauerte Lumpenbündel: summa summarum – Deutsche.« Manchmal wirft einer der Police-men seinen Zigarettenrest weg, und das ist ein schlimmer Augenblick für den Kaufmann W.; denn ehe der englische Soldat noch den Rücken wendet, stürzen die Männer – und leider auch die Frauen – herzu, um nach dem Stummel zu schnappen. Darüber schämt sich der Kaufmann W. angesichts des englischen Militärpolizisten, zumal dieser in der Tat peinlich berührt zu sein scheint von dem plötzlichen Tumult um einen Stummel! Doch was wollen Sie, Herr Kaufmann W.! Das Elend hat in der ganzen Welt die gleichen Gebärden!

Wenn sie Schlange stehen, die Reisenden zur anderen Seite, machen sie den Eindruck, als dienten sie einer Käthe Kollwitz als Modell für ein Kolossalgemälde. Übrigens wird so viel und anhaltend Schlange gestanden, daß man den Eindruck hat, dies sei eine Art von nachmilitärischer »Freizeitgestaltung«. Und Rudi B., 24 Jahre und Berliner, hat diesen Verdacht offen ausgesprochen.

»Kaffee holen – Schlange stehen. Bon holen – Schlange stehen. Mittagessen holen – Schlange stehen. Du wirst täglich registriert. Kriegst eine Nummer, die dir einen Platz im nächsten oder übernächsten Zug sichert. Abendessen holen – Schlange stehen. Das reißt nicht ab.«

»Wann fährt denn eigentlich der nächste Zug in die russische Zone?«

Auf diese Frage, die Rudi B. mit einem Achselzucken beantwortet, gibt die Inschrift einer Tafel Auskunft: »Abfahrt des nächsten Zuges... unbestimmt.«

Rudi meint, es sei »eigentlich 'ne komische Sache«, daß die Reisenden ausschließlich nach der Nummern-Reihenfolge und ohne Rücksicht auf das Reiseziel in ihren Zug verfrachtet würden.

»Hier war einer, der wollte nach Schwerin. In Lübeck war er schon. Sollte man doch meinen: Von Lübeck nach Schwerin, das is' nur noch 'n Klacks! Nee, mußte erst nach Hamburg. Saß hier vierzehn Tage. Kriegte 'nen Stempel, 'ne Nummer, 'n Puderdampf gegen

Läuse und kriegte Husten und Rheumatismus. Kriegte schließlich sogar 'nen Zug: der fuhr nach – Berlin... Na, am Ende krieg' ich 'n Zug, der nach Schwerin fährt, und kann sehen, wie ich dann nach Berlin komme...«

Derselbe Rudi hat übrigens eine wilde Debatte entfacht. Behauptete er doch, die Berliner nähmen nicht jeden heimkehrenden Berliner auf, sondern nur Bauarbeiter. Die andern würden wieder abgeschoben. Diese Nachricht hat dann die übrigen Berliner im »Wartesaal zur anderen Seite« unruhig gemacht, und sie haben ihn gefragt, ob er denn Bauarbeiter sei.

Nee, Rudi ist Abiturient und entlassener Soldat. Aber seit er hörte, daß in Berlin die Bauarbeiter bevorzugt würden, ist er entschlossen, zur Spitzhacke überzuwechseln. Er hat zuviel Heimweh nach Berlin. »Berlin!« sagt er. »Alles andere ist mir egal!«

Der 22jährige F., entlassener Soldat gleich Rudi, ist verprügelt worden. Er hatte mit Latten, die im Ofen vielleicht bessere Dienste getan hätten, ein paar Krücken vorgetäuscht und war einige Male, wenn die übliche Schlange im Rechtsbogen sich dem Schalter näherte, als »Schwerkriegsbeschädigter« von links herangehumpelt. Diesen Vorteil hat er prompt bezahlen müssen, als der Schwindel an den Tag kam. Man hatte Anstoß genommen. Jetzt liegt F. auf der Holzpritsche und wundert sich, daß man an seinem eigenmächtigen Benehmen, nicht aber an dem seines Bettnachbarn Anstoß nahm.

Der Nachbar ist nämlich in der letzten Nacht nicht allein in seinem Bett geblieben. Er hat auf die Spitze seines Gepäckberges, der die Lagerstätte umgibt, ein Plakat gestellt: »Wir haben uns verlobt.« Zu Füßen des Plakates standen zwei Paar Schuhe, ein weibliches und ein männliches.

»Curfew« kam, und ich mußte im Lager bleiben. An Gastfreundschaft mangelte es nicht. Auch war noch ein flaches Strohlager frei. Als ich erwachte, war es gegen zwölf oder ein Uhr. Stimmung von Gorkys »Nachtasyl«. Halblautes männliches Debattieren, drei Frauenstimmen im Gezänk. Kinder, die »Mutti« schrien. Unartikulierte Worte von Schläfern, die laut träumten. Trübes Dämmerlicht. Sanfte Schritte von Menschen, die in Holzpantinen zur Tür schlurften. Und mittendrin die vielsagende Idylle von den zwei Paar Schuhen vor dem einen Bett, das auch nichts anderes als ein Strohsack war, zehn Zentimeter dick auf kaltem Betonboden.

Der 50jährige Architekt H., der nach Dresden will, sagt: »Dieses Lager auszuhalten, ist für die Männer schlimm, für die Frauen aber entsetzlich. Vor acht Tagen kam Fräulein W. an, eine Dame Mitte Zwanzig, eine Schönheit. Es war eine Freude, sie anzusehen, aber... Das Lippenrot verschwand, der Puder verschmierte sich, die Locken drehten sich auf. Nun könnte man sagen, daß klares Leitungswasser auch kein schlechtes Schönheitsmittel wäre; aber das Wasser, das für die Morgentoilette zur Verfügung steht, reicht gerade aus, die Fingerspitzen hineinzutauchen. Übrigens haben wir keine Waschschüsseln. Was nun Fräulein W. nach einer weiteren Woche betrifft... Die Seidenstrümpfe zerrissen, das Kleid zerdrückt und zerknittert, denn sie konnte es niemals wechseln. Als sie erschien, war es, als wäre ein Feuerwerk in unserer Dunkelheit aufgegangen. Jetzt war sie ein unscheinbares Etwas geworden. Und keiner sah ihr noch an, daß sie ein Engel war. Ja, wirklich ein Engel. Wer plagt sich mit den Kindern fremder Leute herum? Mit Kindern, die natürlich erkältet und rotznasig sind und vor Schmutz starren? Wer kommt und geht mit dem Töpfchen oder einem Schuhkarton, der als Töpfchen dient? Wer verpumpt den Pelzmantel, wenn eins besonders hartnäckig hustet? Wer hat schon längst den Mundvorrat für die Reise unter die Kinder verteilt? Dies alles tat und tut Fräulein W., die vorher eine Schönheit war.«
Dasselbe Fräulein W. aber, das vorher eine Schönheit war und jetzt ein Engel ist, sagte: »Es ist schlimm in diesem Wellblechhaus, aber nicht so schlimm, wie's den Anschein hat. Wir sind ja alle nur auf der Durchreise. Es ist ja nur eine Station auf der Reise nach Hause! Vielleicht fährt morgen schon ein Zug; das ist gut möglich...«

Abseits von den Baracken aus Wellblech steht eine aus Holz. Inschrift: »Lagerarzt«. Aber die Insassen des »Wartesaals zur anderen Seite« sagen: »Ehe einer entschlossen ist, sich krank zu fühlen, überlegt er ganz genau, ob er es sich auch leisten kann, mit schadhaften Schuhen im Schnee oder Matsch vor der Tür des Arztes zu warten!«
Und nicht nur der amtierende Arzt, sondern auch jener Doktor unter den Reisenden, der sein medizinisches Inkognito möglichst zu wahren trachtet, weil er ohne Heilmittel doch nun einmal nicht helfen kann, meint, daß die »Schuhkalamität« noch mehr als die magere Ernährung – die Lagerinsassen leben kartenlos – eine

geradezu üppige Quelle der Krankheiten sei. Daher kommt es auch oft vor, daß, wer nachts »hinaus muß« in den »feuchten Ozon« des Freien, sich irgendein Paar fremder Schuhe heraussucht, die relativ dicht erscheinen, in denen man durch den Schneeschlamm schlürfen kann. Niemand nimmt Anstoß daran.
Am frühen Morgen, als das Schlangestehen wieder beginnt, erklärt mir der erstaunlich rothaarige Paul K. mit der Sprachwut seiner 18 Jahre, daß Frauen nicht Schlange stehen könnten, Männer aber wohl. Solange man Schlange steht, herrscht Ordnung. Löst sich aber die Schlange auf, so tritt zugleich ein Merkmal zutage, das für die heimkehrenden, aus der Uniform zum Zivil sich zurückwandelnden Männer charakteristisch ist: Verlegenheit.
Mit zögernden, unbestimmten Bewegungen, die den leeren Ausdruck des Wartens in ihren Gesichtern noch verstärken, wandern sie in der Wellblechbaracke umher, bleiben bei den Gepäckbergen ein Weilchen stehen, zählen wieder und wieder die kärglichen Sachen ihres Besitzes, streicheln gedankenlos ein fremdes Kind. Die Frauen klappern mit den Töpfen und führen Gespräche. Die Männer schweigen.

Sturm auf die gesperrte Stadt

Ein schmaler Tisch. Davor stehen, zu Rudeln geballt, die Einlaßsuchenden, die Wölfe; dahinter sitzen die Wächter – Bleistifte schwingend statt der Lanzen. Hier die Wölfe, welche die Festung stürmen, dort die Wächter, die es ihnen verwehren. Und die Festung heißt Hamburg.
Schließlich werden auch Wölfe müde. Und dann werden auch Wächter weich. Und vor ihnen steht ein Wolfs-Mensch, fletscht die Zähne und fragt: »Kennen Sie Zille? Heinrich Zille? Den Witzezeichner, ha, ha, ha? Er hat gesagt: ›Man kann einen Menschen mit einer Wohnung erschlagen wie mit einem Beil!‹ Das hat Zille gesagt. Und was sagen Sie?«
Die Dienstzimmer des Wohnungsamtes waren an diesem Tage überfüllt. Nur der Abteilungsleiter hatte einen Amtsraum für sich.

Aber das Zimmer war so kalt, daß dem »Chef« die Worte aus dem Munde dampften:
»In einen vollen Eimer«, sagte er, »geht immer noch einmal ein Tropfen hinein. Doch der Augenblick ist schon abzusehen, wo der Eimer überschwippt...«
Übrigens, wie alle Vergleiche hinken, so auch dieser. Der Dichtigkeitsgrad der Wassertropfen nämlich dürfte ziemlich konstant sein. Aber Menschen kann man immer ein wenig zusammenpressen, immer noch ein wenig und so scheinbar ad infinitum.
»Ad infinitum nicht«, widersprach der Beamte. »Es muß dabei gebremst, gestoppt, gelenkt, geleitet werden. Das ist nun einmal eine Quintessenz der städtischen Politik.«
Er sah, daß ich auf der Seite der Wölfe war, und fragte: »Haben Sie einen Augenblick Zeit?« und holte zu einer Erklärung aus: »Da haben wir die Hamburger, die nach der Zerstörung der Stadt, also nach den Julitagen 1943, nach Bayern oder Sachsen gebracht wurden, weil ihre Wohnungen verschwunden waren. Heute muß Bayern, muß Sachsen die Ausgewiesenen aus Österreich und der Tschechoslowakei aufnehmen. Wohin nun mit den Hamburger Evakuierten? Nach Hause! Das ist doch klar. Nach Hause? Es handelt sich um mehr als 200 000 Personen! Wenn wir uns vornehmen, sie unterzubringen, wissen wir schon, daß es uns nicht gelingen wird. Sie wollen daraus ersehen, mein Herr, in wie engem Zusammenhang unsere Stadtpolitik mit den Unterbringungsproblemen nicht nur der britischen, sondern auch der anderen Zonen steht, ja, wie die Schwierigkeiten Hamburgs in diesem Punkt eigentlich nur ein Teil jener Sorgen sind, mit denen sich mehr oder weniger alle deutschen Städte herumschlagen müssen. Wie wir es machen? Wie alle anderen Großstädte! Wir müssen den meisten Leuten, die Einlaß nach Hamburg begehren, ganz kühl sagen: ›Nein! Stopp! Zugesperrt!‹ Aber Leute aus den sogenannten Mangelberufen lassen wir herein. Einzelne, zum Beispiel Boots- und Schiffbauer, dürfen sogar ein oder zwei Personen, Frau und Kind mitbringen. – So? Sie finden, dies seien sehr nüchterne, sehr merkantile Erwägungen, sträflich nüchtern, sträflich merkantil? Sie meinen, wir sollten einen überflüssigen kaufmännischen Angestellten in die Stadt hineinlassen, damit er die Tausende von arbeitslosen kaufmännischen Angestellten noch um einen weiteren Arbeitslosen vermehrte? Was hätten wir, was hätte er davon? Immerhin tun wir

das eine: Wir nehmen alleinstehende Jugendliche unter 18 Jahren auf ...«
Der Abteilungsleiter in seinem kalten Büro schlägt den Mantelkragen hoch. Er hat sogar seinen Hut auf dem Kopf und drückt ihn jetzt in die Stirn. Doch die breite Krempe, die seine Augen überschattet, kann nicht verbergen, daß es gute, freundliche Augen sind. Sie passen gut zu einem Manne, von dem seine Beamten, diese Nein-Sager wider Willen, sagen, daß er ihnen immer wieder die Mahnung erteilt, sie sollten, wenn sie schon Nein sagen müssen in gleichförmiger Litanei, dies mit freundlichem Tone sagen. Denn schon Freundlichkeit – so sagt er – habe ihren Wert in unfreundlichen Zeiten.
Der Ansturm der Wölfe auf die Dienstzimmer des Wohnungsamtes wird nach alphabetischer Anordnung bekämpft. Die »A's« und »B's« bis »Z's« stehen gemeinsam in der Schlange. Aber darin erschöpfen sich auch die Ordnungen. Die Schicksale nämlich sind sehr verschieden, ganz abgesehen davon, daß auch der Inhalt der Taschen sehr verschieden ist: Einige ballen die Fäuste darin, andere haben ein paar Eier oder Zigaretten mitgebracht und warten auf den Augenblick, wo sie ihre Gaben verschämt-heimlich den Beamten zustecken können. Wir müssen noch gewärtig sein, daß diese sagen: ›Lassen Sie das! Wie kommen Sie mir vor?‹ Die meisten »Wölfe« aber bleiben bei aller Kampfeswut erstaunlich objektiv.
Hier ein etwa 50jähriger Mann mit tiefen Entbehrungsfalten um den Mund: »Ich bin vor drei Monaten aus der russischen Zone gekommen. Ich war in S., das ist ein kleines Dorf. Der Bürgermeister gab mir Lebensmittelkarten für zwei Tage und sagte: ›Weitergehen!‹ Ich ging nach O., das ist eine ziemlich große Stadt. Sie steckten mich in einen Bunker, gaben mir schließlich wieder Lebensmittelkarten für vier Tage und sagten: ›Weitergehen!‹ Ich höre immer ›Weitergehen! Nicht stehenbleiben!‹ Bin ich in einer Stadt, so sagen sie: ›Gehen Sie aufs Land, dort ist so viel Raum.‹ Und manche reden auch von Kartoffeln. Komm' ich aufs Dorf, so sagen sie: ›Gehen Sie in die Stadt. Dort sind so viele Häuser ...‹ Ich bin seit drei Monaten auf der Walze. Ich bin allein. Aber vor mir und hinter mir schleicht eine unsichtbare Prozession von Leuten, denen es genauso ergeht wie mir, alte Leute, junge Leute, Frauen, Mädchen.«
Es schien, daß den Beamten Mitleid packte.
»Sind Sie vielleicht ein ›Mangelberuf‹? Zum Beispiel Maurer?«
Der graue Mann schüttelte den Kopf. Er war ganz verwirrt, ganz

»durchgedreht«. Er habe – sagte er – einmal ein Buch gelesen und erzählte davon. Das Buch hieß »Traven – Ein Totenschiff« und handelte von einem Seemann, der seine Papiere und sein Vaterland damit verlor, und den bloß ein einziges Schiff noch anheuerte: ein ramponiertes, ausgedientes Schiff, das Fahrten nur noch machen durfte mit dem einen Ziel: unterzugehen. Und nun erzählte der Grauwolf wieder von sich selber: Auch er wandert, wandert. Auch er wartet, bis auch ihn ein untergehendes Schiff aufnimmt, ein Schiff, das untertaucht und wieder aufsteigt. »Beim Herrgott«, meinte er, »ist wohl noch Wohnung für mich...«

Hier eine 40jährige Frau, ärmlich gekleidet, ein bäuerliches Kopftuch um das früh ergraute Haar: »Ich bin Hamburgerin und möchte wieder zu Hause wohnen.«
»Wo wohnen Sie jetzt?«
»In Hamburg.«
»Wo wohnen Sie in Hamburg?«
Die Frau zuckt die Schultern. Kurzes Schweigen. Dann beginnt sie von neuem.
»Ich bin aus der russischen Zone gekommen. Aber ich bin Hamburgerin. Hier geboren.«
»Welches Lager haben Sie durchlaufen, als Sie aus der russischen Zone kamen?«
»Goslar.«
»Warum wollen Sie nicht sagen, wo Sie jetzt in Hamburg wohnen?«
»Ich wohne auf einem Kahn. Üble Zustände. Es geht so nicht weiter.«
»Wann haben Sie vordem in Hamburg gelebt?«
Die Frau weist auf ihre Papiere: »Ich bin im August 1939 von Hamburg nach Prenzlau gezogen. Ich hatte mich dorthin verheiratet.«
»Wo lebt Ihr Mann?«
Als Antwort kommt die Frage: »Ob er wohl noch lebt, mein Mann?«
Der Beamte: »Sie können nicht in Hamburg bleiben. Sie sind zu früh weggegangen damals. Sie gingen im August. Aber der 1. September 1939 ist der Stichtag.«
Die Frau, den Tränen nahe: »Wo ist da der Unterschied? Doch nur

ein paar Tage Differenz! Und ich bin doch Hamburgerin, hier getauft und aufgewachsen!«
»Wohin wurden Sie von Goslar aus eingewiesen?«
»In die Gegend von Uelzen!«
Der Beamte mit der Stimme eines Arztes, der in einem unabänderlichen Fall trösten möchte und doch sachlich bleiben muß:
»Sie müssen in die Gegend von Uelzen zurück. Ich habe meine Vorschriften. Hamburg ist gesperrt. Oder – sind Sie ein Mangelberuf...?«

Ein anderes Zimmer. Zwar andere Dialogpartner, aber dieselben Fragen.
»So? Sie sind Hamburger! Wann haben Sie Hamburg verlassen?«
Der junge Mann richtet sich auf, als wolle er strammstehen, besinnt sich schließlich eines besseren und stützt die Hände auf den Tisch des Beamten: »Am 15. Januar 1937.«
»Beruf?«
»Ich war in der Kaufmannslehre!«
»Das sieht böse aus. Hamburg ist gesperrt.«
»Wieso? Ich bin 1937 nicht freiwillig 'rausgegangen. Ich bin zum Militär gezogen worden und komme jetzt zurück.«
»Haben Sie sich damals für zwölf Jahre verpflichtet?«
»Nee, wieso?«
»Weil Sie damit kundgetan hätten, daß Sie auf Ihr Wohnrecht in Hamburg verzichten wollten. So aber... Na gut, sagen wir einmal, daß Ihre Sache in Ordnung geht. Mensch, freuen Sie sich doch! Sogar der Stichtag sticht Sie nicht.«
Er aber hatte sich an dem Wort »kundgetan« festgebissen. –
»Ich habe gar nichts kundgetan«, sagte er. »Ich habe noch nie in meinem Leben etwas kundgetan. Ich habe immerzu strammstehen und die Schnauze halten müssen. Können Sie mir ein Zimmer besorgen? Ich komme aus der russischen Gefangenschaft und will mal ausschlafen.«
»So nicht, lieber Freund, so nicht! Sie haben Anspruch auf das Wohnrecht, aber nicht auf eine eigene Unterkunft. Da können wir Ihnen leider gar nicht helfen.«
Und da der Beamte lächelt, lächelt plötzlich der andere auch.
»Charascho! Ich kriech' bei 'nem Kameraden unter. O. K.« Nimmt sein Papier entgegen, tippt an die Mütze und verschwindet.

Der feine Herr in Pelzmantel und Velourhut, der vor dem Tisch des Beamten steht und zerkniffte Papiere aus der Brieftasche zieht, wird nach ein paar Worten so zuvorkommend und glatt bedient, daß einer im zerschlissenen Übergangsmantel, der hinter ihm in der Schlange darankommt, halblaut murmelt: »Ja, die feinen Herren...«
Es handelt sich um einen Diplomingenieur mit Doktor-Titel.
»Ich bin Automechaniker momentan. Mechaniker, sonst nichts«, sagt der Doktor. »Hier ist die Bestätigung aus der Werkstatt, wo ich als Geselle arbeite. Hier ist die Bescheinigung vom Arbeitsamt über die Zuzugsbefürwortung. Mangelberuf, Sie wissen schon. Vorher war ich in einem holsteinischen Dorf. Hier der Schein über die Genehmigung zum Wohnungswechsel, ausgestellt vom zuständigen holsteinischen Kreiswohnungsamt. Fehlt noch etwas?«
Nein, es fehlt nichts fürs erste. Der Herr Doktor-Geselle darf gehen und sehen, wo er ein Zimmer findet oder etwas, das einem Zimmer ähnlich sieht. Er darf sich polizeilich anmelden.
Er streift die Handschuhe ab. Er hat feste, schwielige Arbeiterhände, schwer von hartem Zugriff und rot-rissig von Kälte. Aber seinem energischen und fast heiteren Gesicht sieht man an, daß er noch lange nicht gesonnen ist, am Leben zu verzweifeln. Als die Tür hinter ihm zuklappt mit einem kleinen leisen, energischen Ruck, fliegt es über die Mienen der wartenden, sich zu den Tischen der Beamten drängenden Männer, als hätte ein Zuruf sie getroffen. Ein Zuruf der Ermunterung. Die Wölfe wittern Beute und die Wächter heben die Bleistifte, die spitz wie Lanzen sind, nur viel, viel gefährlicher...

Großstadt an der Zonengrenze

»Also, eins woll'n wir nu' mal festhalten, was? Diese Stadt hier, die ist ja ko-los-sal altertümlich! Soll man heutzutage kaum für möglich halten! Tatsache! Wenn man dieser Stadt so mir nichts, dir nichts gegenübersteht... Also, mir is' das so ergangen: Ich fahr' da einigermaßen ahnungslos die Landstraße lang, denk' an nischt, plötzlich – bums! – liegt da diese guterhaltene Stadt: Lübeck! Rundherum Wasser, Brücken, Tore. Alles pieksauber wie aus 'nem pädagogischen Baukasten – was sagen Sie? Unerhört echte Kulisse! Holstentor... Burgtor... Prima Idylle, was da innerhalb des lieblichen Wassers liegt! ...Nordisches Venedig... hochinteressant! Außen sind ja denn wohl Großstadt- und Fabrikviertel drangepappt... uninteressant! Aber die Innenwohner! Müssen ja früher un-ge-mein fromme Leute gewesen sein! Fünf mächtige Kirchen! Weltberühmte Türme! Zwei stehen noch, drei sind geköpft und bloß noch Stümpfe. Alles in allem: Wird schon werden! Ja, wirklich, diesen Eindruck haben Sie: Ist noch was da! Wird schon werden!«

Der Mann, der dies in berlinischem Tonfall sagte, war mit einem abgetragenen »Sonntagsanzug« angetan. Außerdem trug er einen Kneifer. Sein Anzug sah schäbig aus. Aber der Zwicker schien schon auf kommende erfolgreiche Zukunft zu deuten.

Er sagte, daß er auf einem asthmatischen Holzgaswagen mit Anhänger nach Lübeck gekommen sei, damals, als der Krieg mitten in Deutschland zu Ende ging. Er habe – sagte er – zwischen Bergen von Gepäck gesessen, zwischen schweigsamen zivilen Passagieren, er, ein Schreibstuben-Soldat, der sich verdrückt hatte von seiner »Einheit« und dann in einer langen Flüchtlingskolonne nordwärts, immer nordwärts gefahren war, bis plötzlich – »bums!« – sich am Horizont diese »un-er-hört altertümliche«, bunte und trotz eines schweren Fliegerangriffs immer noch vieltürmige Stadt ausgebreitet hatte: Lübeck.

Er hatte sich hier niedergelassen und war pfiffig genug gewesen, der Gefangenschaft zu entgehen. Und er erzählte, daß es da ein un-erhört komisches Intermezzo gegeben habe in der Atempause, da die Waffen schwiegen: Fast zugleich mit der Besetzung durch die Engländer nämlich sei von seiten der Stadt die Ankündigung gekommen, daß es »pro Kopf der Lübecker Lebensmittelkartennehmer« drei Pfund Butter gäbe.

»War das nun sozusagen das Abschiedsgeschenk des alten Regimes – drei Pfund Butter pro Nase? Oder wollten die neuen Männer uns den Anbruch der neuen Zeit appetitlicher machen – mit drei Pfund Butter?«

Schlangen vor den Läden. Männer und Frauen. Einzelne mit Wörterbüchern in der Hand. Sie lernten Englisch, wo sie gingen und standen. Vor Brot-, Fleisch- und Kolonialwarenläden. Aber vor den Buttergeschäften schieden sich zum ersten Male die Geister: Diejenigen, die Butter kriegten, waren Lübecker Bürger; die keine kriegten, waren Flüchtlinge.
Allerdings, es gab auch einige Flüchtlinge, die – wie unser Zwickermann – »clever« waren (denn man liebte es nun, die Rede mit englischen Worten zu würzen). Diese waren die ersten, die es, fern der Heimat, zu etwas gebracht hatten. Drei Pfund Butter ...

Jeder dachte an sich selbst. Niemandem fiel es ein, an die Stadt, die »res publica«, die öffentliche Sache zu denken. Jeder war zwar entschlossen, Demokrat zu sein. Aber was war das nun – ein Demokrat? Einer, der Butter kriegte? Nee, die Butter schmolz zu schnell dahin. Einer, der von den Engländern eine Zigarette kriegte – trotz der Anordnung der Non-Fraternisation, trotz des Verbots, sich zu verbrüdern? Schon besser! Ein Demokrat – so las unser Zwickermann – sei ein Mensch, der im Innersten frei ist, der freilich ans Gemeinwohl denkt, doch nicht zuviel. Ein Mensch, der, wenn der Staat nicht hilft, so frei ist, sich selbst zu helfen – dachte unser Zwickermann. Zum Beispiel mit Schwarzmarktgeschäften. Oder mit dem Trick, Leuten von drüben, die sich nicht helfen können, den Weg in den Westen zu bahnen, und dies nicht bloß aus Menschenliebe, sondern gegen gewisses Entgelt. Aber, war Lübeck dafür geeignet?
Lübeck war in der Tat als einzige norddeutsche Großstadt relativ unversehrt davongekommen. Dafür strömten Flüchtlinge in Massen ein. Und diese fanden, eine relativ heile Stadt sei »glatt abnorm«. Sie bevölkerten die Luftschutz-Bunker, und manche von ihnen sollten auch nach Jahresfrist noch nicht herauskommen. Andere freilich dachten – wie Zwickermann –, es müsse zunächst einmal geklärt werden, wie die Einheimischen über die Flüchtlinge dächten und die Flüchtlinge über die Einheimischen.
Ein Eingesessener über die Flüchtlinge: »Was ist eigentlich in unseren Straßen los? Alles rennt herum, als ob jeden Tag Jahrmarkt wäre! Das sind die Flüchtlinge. Mein Haus ist schon voll davon bis zum Dach. Und doch klingelt fast täglich einer an der Türe: Ob vielleicht eine Schlafstelle frei sei ...? Kritisieren – ja, das verstehen

sie aus dem Effeff! Wollen alles besser wissen! Braucht man aber einen zum Holzhacken beispielsweise, dann heißt es: ›Nein, nicht bei dieser Ernährung!‹ Die Alternative? Sie wollen die Alternative wissen? Ganz einfach! Entweder gehen die Flüchtlinge zurück in ihre Heimat, wo sowieso alles besser war. Oder sie bemühen sich langsam, anständige Lübecker zu werden.«
Ein Flüchtling über die Eingesessenen: »Ich bin so oft durch die Straßen gelaufen. Ich bin im Bilde. Ich wüßte Wohnungen genug, in denen noch ein bißchen Platz für unsereins wäre. Soll ich's anzeigen? Zur Behörde laufen? Ich bin kein Denunziant. Bleibt noch die Plackerei, eine Beschäftigung zu kriegen. Ein richtiger Job – jawohl! Aber Handlangergeschäfte? Am Ende den reservierten Bürgern die Dreckarbeit abnehmen? Nein! Ist nicht! Überhaupt: Alte Städte wie Lübeck sollten endlich neue Städte werden! Weiß Gott, ich denke manchmal, daß hier nicht genug wegbombardiert worden ist!«
Einer der neuen Männer der Stadtverwaltung aber sagte unerschrocken: »Kommen wir zu einer Synthese! Wir hatten im alten Lübeck rund 150 000 Einwohner, und das Leben verlief in vergleichsweise engen Formen. Die Sitten waren patrizisch beeinflußt. Jetzt zählen wir, dank den Flüchtlingen, rund um 300 000 Einwohner und sind demnach wirklich eine Großstadt geworden. Die Tatsache, daß unsere Mauern verhältnismäßig wenig beschädigt wurden, legt uns Verpflichtungen auf. Wir haben dadurch vielleicht mehr als andere deutsche Großstädte die Möglichkeit, die Niveauunterschiede und Differenzen zwischen den ›Alt-‹ und ›Neubürgern‹ auszugleichen. Die Flüchtlinge könnten, wenn sie wollten, mit der Vielfalt ihrer Herkunft, Berufe, Fähigkeiten und Erfahrungen Anregung und Beispiel auf fast allen Gebieten geben. Aber erst müssen sie aufhören, Flüchtlinge zu sein. Und dazu müßten beide Teile helfen! Es wäre viel gewonnen, wenn die Alteingesessenen weniger auf ihre Zurückhaltung und Tradition, die Flüchtlinge aber weniger auf ihre Unruhe pochten und wenn sie aufhörten, Flüchtlinge zu sein!«
Dazu sagte nun wieder Zwickermann: »Ist doch komisch, wie die Prominenz, sobald sie redet, Phrasen dreschen muß! Ein Flüchtling ist ein Flüchtling wie ein Pferd ein Pferd ist. Aber die Prominenz nimmt das Tier an der Kandare: ›Und hiermit bitten wir dich, verehrtes Pferd, den Umständen entsprechend ein Ochs zu werden!‹...«

Aber im Ernst: Können Flüchtlinge aufhören, Flüchtlinge zu sein? In einem jener Schaufenster, die mangels Waren in einen Anzeigen-Aushang verwandelt wurden, war wochenlang dies zu lesen:

»Lebenslustiger ostpreußischer Flüchtling, musikalisch und haushälterisch, wünscht Bekanntschaft mit jungem Herrn nicht über 45 mit eigener Wohnung zwecks Freizeitgestaltung und späterer Heirat.«

Lebenslustig... haushälterisch... Begierig auf einen Herrn mit eigener Wohnung... Sollte das der Wunschtraum der »Mädels« sein, die in Hitlers »BdM« gelernt hatten, die Fahne sei »mehr als der Tod«? O Wunschtraum aller Wunschträume: endlich seßhaft und bürgerlich zu sein!

Früher hieß »Flüchtling« ein Mensch, der sich auf der Flucht befand. Heute will es das Schicksal, daß so viele, die sich nicht mehr auf der Flucht befinden, Flüchtlinge bleiben. Denn wo ist Sicherheit? Wo ist Platz, damit sie sich ausruhen können?

Eines aber führt die Menschen, Bürger und Flüchtlinge, zusammen: die Kunst. Es begann damit, daß für die Neubürger der Stadt Führungen zu den Kirchen und Baudenkmälern veranstaltet wurden. Es begann damit, daß die Flüchtlinge betroffen vor der Schönheit standen, die zu Stein und schließlich zu – Trümmern geworden war. Dann folgten Konzerte. Eine amerikanische Opernsängerin, die lange in Deutschland gelebt hatte, fing damit an: mit Schubert-Liedern. Und schließlich öffnete sich auch das Stadt-Theater wieder, dessen Bau unversehrt geblieben war. Und überall in dicht gefüllten Sälen saß ein Publikum, das – gleichgültig, ob in feierlich bürgerliches Schwarz oder in abgeschabtes Tuch gekleidet – nicht mehr fragen ließ, wer hier Bürger und wer hier Flüchtling sei.

Auch Zwickermann saß im Konzert. »Ist ja ganz erstaunlich, wie sehr man dabei seine Ruhe hat!« sagte er. »Man geht 'rin, denkt an nischt. Und plötzlich – bums! – merkste, det d'n Mensch bist!«

Zwickermann – hat er denn nichts gehört von dem, was sich nachts auf den Straßen tut? Diebstahl und Plünderung! Mord und Totschlag! Drei, ja, fünf Mordfälle in einer einzigen Nacht!

»Lübeck«, sagt Zwickermann, »ist die Stadt an der Zonengrenze. Das macht's den Herren Verbrechern leicht, aufs andere Gebiet zu schlüpfen. Natürlich tauscht Lübeck dafür auch Gangster ein, die von dort drüben kommen. Man nennt det nach dem Sprachgebrauch der Hanseaten: Umschlagplatz...«

Anderen Tages sehe ich sie auf dem Marktplatz in Gruppen stehen, die »Fachleute«, die »Experten« des Grenzverkehrs. Sie plaudern und »peilen die Lage«.
»Gestern war's bös'! Du tust 'nen Schritt... gleich Schießerei auf der anderen Seite. Stundenlang auf dem Bauch gelegen und durch Wasser gewatet... böse, böse...«
»Wann gehst du wieder 'rüber, Paul?«
»Früh vor Curfew, morgen. Ich hole zwei Familien 'rüber. Nicht so einfach, 'ne Großmutter ist dabei. Geht ins Achtzigste...«
Und da steht auch Zwickermann und sagt: »Gestern hab' ick 'n Handwagen über die Grenze gezogen. Da saß 'ne blutjunge Frau druff mit 'nem sechs Wochen alten Baby. Als wir durch waren, und als die Türme auftauchten, sagte die Frau mit 'nem gewissen Herzenston: ›Lübeck!‹ War aber im Leben noch nie in Lübeck gewesen. Versprach sich viel davon. Sah die Türme und sagte: ›Lübeck‹...«

Besprisorni – Deutsche Ausgabe

Als der 17jährige Wilfried B. auf dem Puffer zwischen zwei hochbeladenen Wagen des Güterzuges in die Station Winsen einritt, spürte er einen hart zupackenden Griff am Unterarm; im nächsten Augenblick hatte er den Asphalt des Bahnsteiges unter seinen Füßen. Und vorerst war an Weiterfahrt nicht mehr zu denken...
Als der 18jährige Paul G. sich intensiv bemühte, in einem Dorf bei Lüneburg ein verirrtes Huhn einzufangen, faßte eine schwielige Bauernhand nach seinem Rockkragen, und Paul saß fest...
Als der 19jährige Günter M. an der Straßenkreuzung vor dem Heidedorf Amelinghausen infolge Entkräftung zusammenbrach, nahm sich ein vorüberradelnder Polizeibeamter seiner an. Er wurde auf einen Bauernwagen geladen, und zunächst war für ihn gesorgt...
Als der 18jährige Arne T. gemeinsam mit dem 16jährigen Friedel L. dabei war, unweit Dannenberg eine Kartoffelmiete aufzuhacken, wurden sie von zwei Knechten überrascht, die einen nächtlichen Wachdienst organisiert hatten, und nicht mehr losgelassen...

Als der 16jährige Werner Z., der tagelang in Hamburg ohne nennenswerten Erfolg von Tür zu Tür gebettelt hatte, endlich mutlos auf dem Bahnhof Harburg stand und nicht aus noch ein wußte, las er mit tränenfeuchten Augen ein Plakat, in dem ihm Unterkunft, Verpflegung, Arbeitsvermittlung und jegliche Hilfe versprochen wurde. Überschrift: »Heim und Werk.« Er pilgerte noch am selben Abend los, obwohl es Bindfäden regnete...

Heute ist ein schöner Tag. Der erste warme, richtige Frühlingstag des Jahres 1946. Und dies ist die Lüneburger Heide, die nach all den Jahren der Schrecken immer noch genauso aussieht wie damals, als Hermann Löns sie besang. Sand und Hügel. Erwartungsvolle, ernste Kiefern und sehnsüchtige Birken mit ihren schönen, nackt und weiß schimmernden Leibern. Auf einem Hügel liegen im Viereck ein paar kleine Baracken, die nicht gerade neu sind, aber doch noch ein Ansehen haben. Rundum glänzen frisch umgebrochene Ackerschollen. Tiefer unten perlt und schäumt ein Flüßchen, die Luhe.

Die Sonne blinzelt durch ein blankgeputztes Fenster und beleuchtet einen Bogen Papier, der auf dem Tisch des »Geschäftszimmers« liegt. So schöner Sonnenschein! Aber der Inhalt des Papiers wird nicht freundlicher davon. Denn es sind die Notizen, die der Arzt niederschrieb, als er die neu angekommenen Gäste untersuchte.

»Wilfried B., unterernährt, eitriger Grind am ganzen Körper, ohne Hemd, Beinkleider verunreinigt.«

»Paul G., abgemagert, Gesichtshaut grau und faltig; Diätkost erforderlich, da Magen feste Kost nicht annimmt.«

»Günter M., ganzer Körper wundgekratzt, eitrige Ekzeme an beiden Oberschenkeln.«

»Arne T., ohne Unterwäsche und Schuhe, total verunreinigt, Krätze.«

»Friedel L., starkes Untergewicht, verlaust, eingeschrumpfte Gesichtshaut.«

»Werner Z., Wasser in Kniegelenken und Knöcheln, Knochen treten skelettartig an Schultern und Brust hervor, verlaust und Krätze.«

Die Liste umfaßt mehr als 50 Namen. Keiner dieser jugendlichen Vagabunden, die im Kreise Harburg angetroffen und in dieser Baracke untersucht wurden, war frei von Läusen. Alle waren unterernährt, einige der Auszehrung nahe. Die meisten hatten

Krätze, einige schlimmere Hautkrankheiten. Und dennoch waren nur wenige aus freien Stücken hierher, in die »Durchgangs-Baracke« von »Heim und Werk« gekommen. Die meisten waren aufgegriffen worden, wobei sich einige mit allen Körperkräften zur Wehr gesetzt hatten.
Völlig gesund war nur ein einziger, obendrein ein »Freiwilliger«: ein junger Soldat, der aus amerikanischer Kriegsgefangenschaft entlassen und von Übersee gekommen war. Hier sitzt er nun in der Heide, weil er sich weder in Bremen noch in Hamburg mehr zurechtfand, und wartet auf Post von seinen Eltern aus Berlin, zuerst bestaunt von den übrigen Baracken-Gästen, weil er aus Amerika kam, dann leise verachtet, weil er es nicht vorgezogen hatte, drüben zu bleiben, endlich gemieden, weil er, so leid es ihm tat, die Illusion zerstören mußte, daß die USA ausgerechnet auf halbverhungerte junge deutsche Vagabunden warten, ihnen Freiheit und Brot, Dollars und Autos zu schenken...

Auf einem Holzschemel, die schweren, verarbeiteten Hände über den Knien gefaltet, sitzt der Lehrer des Dorfes und sagt mit dunkler Stimme: »Nun ist es mit unserer Jugend, wie es niemals war, es sei denn vielleicht nach dem Dreißigjährigen Kriege: Hunderte, Tausende haben keine Eltern und kein Zuhause mehr, irren umher, stehlen, gaunern, treiben Schwarzmarktgeschäfte, hungern und müssen vor die Hunde gehen, wenn keiner hilft. Nun ist es soweit mit uns gekommen: Wir haben sie nun, die deutschen ›Besprisorni‹... Erinnern Sie sich?«

Es ist eine geschichtliche Erinnerung an die Zeit, da in Rußland im Chaos nach der Revolution die verwahrlosten Kinder und Jugendlichen in wilden Rudeln das Land durchstreiften, raubten, plünderten, schließlich vor Mord und Totschlag nicht zurückschreckten. »Besprisorni«, zu deutsch: »Ohne Aufsicht.«
Nicht nur Berichte und Bücher –, auch ein russischer Film hat vor Jahren davon erzählt. Ein Film, voll Not und Jammer, doch erhellt durch Einzelzüge schöner Kameradschaft und jugendlich unbekümmerter Tapferkeit. Ein Film mit ermutigendem Ausklang: Die Jugend schloß sich zusammen, gläubig dienstbar einer Idee, die aus der Revolution erwachsen war.
»Besprisorni...«

Der Lehrer dreht die harten, schweren Hände unter der Sonnenbahn, die schmal leuchtend durchs Fenster fällt, hin und her, als wolle er sie an einem Herdfeuer wärmen:
»Ich unterrichte diese Jungen, soweit die Zeit es erlaubt. Die meisten schreiben Diktate, die einen alten Schulmann traurig machen. Keine Kenntnisse; weder im Deutsch-Unterricht noch im Rechnen. Sie haben vieles vergessen, anderes nur flüchtig gelernt, weil der ›Hitler-Jugend-Dienst‹ ja schließlich vorging. Es gibt ausgesprochen intelligente Jungen unter ihnen, zum Teil Söhne aus gutem Hause; aber die sind schlimm in anderer Hinsicht... Man kann verzweifeln.«
Der Hausvater der kleinen Barackensiedlung, ein früherer Schlossermeister und gewohnt, mit Lehrlingen umzugehen, erklärt, daß dieses »Heim« mit seinen einfachen, sauberen Räumen 40 bis 50 Jungen fassen könne. Und da er offensichtlich Zahlen liebt, fügt er hinzu, daß der Kreis Harburg drauf und dran sei, Unterkünfte für insgesamt 300 bis 400 Jungen zu schaffen. Aber er läßt Zahlen auch über die Erfahrungen sprechen, die er im eigenen »Heim« machte:
»Zuerst kamen 56 Jungen an. Die waren da und dort aufgeschnappt. Jeder kriegte sein Feldbett und seine Decken, seinen Platz am Tisch und am warmen Ofen. Aus alten Uniformen haben wir dann ziemlich wetterfeste Anzüge gemacht. Aus Holz und aus Trümmern von Schuhen, die keine Sohle mehr hatten, brachten wir eine komische neue Kreuzung zwischen Holz- und Lederschuhen zustande – gar nicht so übel. Die Jungen staunten. Sie kriegten zuerst Bettruhe, dann durften sie Spaziergänge machen. Schließlich nahmen wir Arbeit im Wald und beim Bauern an und bekamen Schwerarbeiterzulage. Es war ein Spaß, wie die meisten Burschen sich herausmachten. Wir merkten aber bald, daß es mit Essen und Arbeit allein nicht getan war. Wir holten den Herrn Lehrer und richteten die Schule ein. Wir glaubten schon, wir könnten den Erfolg mit Händen packen. Aber hören Sie zu: Sechs Jungen konnten wir helfen, daß sie Verwandte fanden, die sie aufnahmen. Sechs vermittelten wir in Lehrstellungen bei anständigen Meistern. Sechs fanden ohne unsere Hilfe einen Arbeitsplatz. Eine Stelle – sage und schreibe: eine – konnte sogar das Arbeitsamt vermitteln. Drei Jungen mußten wir der Fürsorge übergeben: verrohte, unverbesserliche Burschen. Achtzehn Jungen sind noch hier, aber sechsundzwanzig sind uns durchgebrannt, einfach abgehauen. Sechsund-

zwanzig Mann! Nun frage ich Sie: aus welchem Grunde...?« Zufällig ist als Vertreter des Landrats ein Mann zugegen, dem »Heim und Werk« als eine seiner bürokratischen Obliegenheiten anvertraut wurde. Ein sehr sachlicher Herr, dem man anmerkt, daß er jedes Wort überlegt, bevor er es ausspricht. Er sagt:
»Vorerst streunen die Jugendlichen einzeln oder zu zweit und dritt von Ort zu Ort, stehlen, gaunern. Bald werden sie sich zu regelrechten Gangster-Kolonnen zusammentun – Anzeichen dafür sind schon vorhanden. Sie werden zu Raub und Plünderung und wohl noch Schlimmerem übergehen. Es muß etwas geschehen! Mitleid ist gut, aber zuwenig! Die Behörden müssen eingreifen! Es ist schade um die Jungen. So einsam. So verworren und konfus. Ohne Lehre, ohne Hoffnung, ohne Licht! Aber es sind sympathische Kerle dabei. Verdammt sympathische Banditen! Wenn auch das meiste falsch ist, was sie sagen und was sie tun. Sie glauben an nichts, an keinen Gott und kein Eigentum. Aber sie haben Angst vor gar nichts...«

Draußen, im Sonnenschein, hantiert ein fixer Junge mit einem Spaten, von dem die braune Erde in Körnern niederrieselt. Er wendet immerfort den Kopf und hebt die Nase und schnuppert und zieht den leichten Frühlingswind ein.
»Warum sind die sechsundzwanzig Mann von eurem ersten Schub durchgebrannt?«
»Sechsundzwanzig Mann?«
Er wendet sich langsam um. »Die sind nach und nach abgehauen. Einige gleich nach ihrer ersten Nacht. Mein Kumpel auch. Schon die Entlausung paßte ihm nicht. Entlausung haben wir beim Militär so oft gehabt. ›Jetzt hab' ich mich mal ausgepennt, und nun hau ich ab‹, sagte er. Und ab durch die Mitte.«
»Wohin?«
Ein prüfender Blick. Dann ein Lächeln, das ungefähr soviel heißt wie: ›Wir sind ja unter Männern...‹ Darauf die trockene Antwort: »Der hatte eine Witwe in Hildesheim.« Kleine Pause. Dann: »Na ja, is' doch so! Ich hatte eine in Gelsenkirchen, aber da kam der Mann, an den kein Mensch mehr glaubte, zurück aus der Gefangenschaft.«
»Eine ›Witwe‹ und Läuse und Krätze obendrein?«
Da macht ihn das Erstaunen seines Gesprächspartners noch offener: »Die Krätze ist später gekommen! Ist man soweit, dann ist auf die Tour nichts mehr zu machen. Dann mußt du... zappzerrapp...«

(er macht die entsprechende Geste, bei der die Finger in die Tasche eines anderen fahren), »oder du verreckst im Straßengraben.«
»Aber wozu denn, um Gottes willen, die Umherlauferei?«
»Erst schläft man im Bunker; damit fängt es an. Das Bunker-Pennen ist nichts auf die Dauer. Da muß man einfach raus! Gut, sagt man, her mit den Lebensmittelkarten! Ist ja jeder froh, unsereinen loszuwerden. Nun hört man, daß in der amerikanischen Zone alles besser ist, und daß die amerikanischen Zigaretten dort bloß fünfzig Pfennig bis eine Mark kosten. Also los! Ich persönlich bin auch schon in der russischen Zone gewesen. Wegen dem Schnaps, und weil ich mal wieder nach Chemnitz wollte, wo ich her bin. Jetzt geh' ich vielleicht nach Bayern: da haben sie Fleisch, Milch, Kartoffeln reichlich, hab' ich mir sagen lassen.«
»Ihre Eltern?«
Kurzer, trockener Blick: »Liegen schon seit 1943 unter der Erde. Bomben. Träumen im NS-Himmel davon, daß ihr ›geliebter Führer‹ der größte Mensch aller Zeiten ist und den Krieg bestimmt gewinnt. Die hatten 'ne Ahnung! Gott hab' sie selig!«
Er nimmt den Spaten und beugt sich zur Erde nieder. Offenbar ist dieser Neunzehnjährige der nächste, der hier durchbrennen wird. Wohin? Zu einer 40jährigen Witwe? Oder zu einem Schnaps?

Keiner hat Eltern mehr von diesen 16 bis 19 Jahre alten Jungen. Alle waren sie beim Militär, als Soldaten, als RAD-Männer oder als Luftwaffenhelfer. Sie verstehen es zu gehorchen, oder sogar zu befehlen. Sonst können sie nichts. Einige sind unglaublich zynisch.
»Haben Sie schon gemerkt«, lächelt einer, »daß die älteren Herren droben in der Baracke niemals ›Lager‹ sagen, sondern immer nur ›Heim‹? Als wenn es dadurch kein Lager mehr wäre! Sie verstehen: Demokratie... Da sehen Sie's: Bei besten Absichten nichts als Mißverständnisse!«
Mißverständnisse? Tja, da ist zum Beispiel die Geschichte, daß eine größere Abteilung zur Waldarbeit ausrückte. Als mittags das Essen nachfolgte, stellte sich heraus, daß es verdorben war. Was tut die Mannschaft? Sie geht prompt nach Hause, obwohl die Arbeit drängt.
Leiser Vorwurf: »Ihr hättet vom Dorf aus telephonieren können, und es wäre neues Essen gekommen.«
Antwort: »Wir hatten keinen Befehl!«

»So hätte der Älteste oder Vernünftigste von euch telephonieren und die Sache in die Hand nehmen sollen.«
Antwort des Ältesten: »Ich hatte keine Befehlsgewalt.«
Ergo: Was nicht befohlen wird, das wird nicht getan. Befehlen oder gehorchen – so hat es die Jugend in den vergangenen zwölf Jahren gelernt. Was darüber ist, das ist vom Übel.
»Bitte, darf ich mal was sagen?« meint ein anderer. »Uns wird hier erklärt, es sei unsittlich, etwas zu ›organisieren‹. Gut, dieses unser Lager ist ein früheres RAD-Lager, und weil wir alle im Arbeitsdienst gewesen sind, wissen wir, welche Einrichtungsgegenstände da üblich waren. Wissen Sie, wo die Möbel waren? Bei den Leuten hier in der Gegend. ›Herrenloses Gut‹, Sie verstehen. Da mußte erst eine englische Verfügung kommen, damit die Leute die Sachen wieder 'rausgaben. Sehen Sie, und uns will man Ehrlichkeit predigen.«
Es ist ein langer Blonder, der diesen spöttisch-energischen Ton riskiert. Unvermutete Gegenfrage: »Was war Ihr Vater?«
Die Erwiderung klingt sehr abweisend: »Er war etwas Besseres. Aber das tut nichts zur Sache. Ich wollte auch mal ›was Besseres‹ werden und hatte gar keine so schlechten Zeugnisse in der Penne. Aber das ist ja nun vorbei. Den Krieg verlieren, das war das Schlimmste, was uns passieren konnte. Das hat ja schließlich auch Hitler gesagt. Und nun? An uns jungen Leuten ist all die Zeit verflucht reichlich herumerzogen worden. Mag sein, daß wir ein bißchen blöd geblieben sind bei alledem, aber wir wußten wenigstens, wo wir hingehörten. Jetzt aber sollen sie uns gefälligst in Ruhe lassen. Keine Sorge, wir kommen schon durch! Wir sind ans Freie gewöhnt und keine Stubenhocker. Wir verstehen uns darauf zu hungern, daß die Rippen krachen. Mag sein, daß es gefährlich ist. Wer fällt, der fällt. Hier redet ein Nazi, denken Sie? Ein Werwolf? Nee, ich bin weder das eine noch das andere. Ich bin nichts. Wir, die wir 1933 halbe Babys waren und noch die Hosen naßmachten, als die Spießer den Hitler wählten, sind nicht mal Schuldige. Darf ich mal kurz kitschig werden? Wir sind ein Wind, der über die Heide geht.«
Der junge Mann im Militärrock hatte sich schon abgewendet, da drehte er sich mit einem Ruck wieder um: »Was den Unterschied zwischen den bösen und den guten Menschen betrifft – haben Sie schon mit Ernst gesprochen? Ich bin kein Vorbild für die deutsche Jugend. Probieren Sie's mal mit dem Ernst...«

Und Ernst B., erschreckend blaß und schmal, mit großen dunklen Augen und einem heimlichen Lächeln um den Mund, von dem er selbst offenbar nichts weiß, erzählt, wie er – damals gerade siebzehnjährig – bei Krakau in russische Gefangenschaft geriet. »Sie brachten mich ganz weit in den Osten. Nach Stalino, wo die Bergwerke sind. Da habe ich fast ein Jahr lang gearbeitet. Morgens eine Schnitte Brot, mittags eine Schüssel Wassersuppe. Immer nur Russisch, kaum ein Wort Deutsch. Ich glaube, daß die Leute selbst nicht viel zu essen hatten. Von den Leuten in Stalino, den Einwohnern, den Städtern, fragten immer wieder mehrere: ›Hast du Heimweh, Söhnchen, oder ist das nur das wenige Essen, daß du so schlecht aussiehst?‹ Und sie gaben mir ein Stück Brot oder eine Melone. Ich hatte trotzdem plötzlich Wasser in den Beinen, in den Füßen und im Kopf. Das konnte doch nicht allein das Heimweh sein! Ich durfte schließlich gehen. Ich durfte mal mit russischen Truppen, mal mit abgeschobenen Kriegsgefangenen fahren. Bis ich nach Frankfurt an der Oder kam. Da waren sie auch freundlich und gaben mir Speck. Aber leider mußte ich mich meistens davon übergeben. Ich bin quer durch das Stück Deutschland gegangen, das wir noch haben, und habe überall zu essen gekriegt. Nur – mein Magen machte nicht recht mit. Bis ich hierher kam. Hier wurde es gleich besser mit meinem Magen. Es sind sehr freundliche Leute hier, und hier ist es sehr schön. Ich möchte gern meine Schlosserlehre zu Ende machen. Vielleicht später. Das Wasser in meinem Kopf und in den Knien ist schon weggegangen. Nur in meinen Füßen ist, glaube ich, noch ein bißchen. Ich möchte hier in der Gegend bleiben, vielleicht als Stammpersonal im Heim, vielleicht als Lehrling bei einem Schlosser; ich glaube, ich könnte mich daran gewöhnen, daß ich hier zu Hause wäre.« Es ist Abend. Es ist jetzt still. Licht geht an in der Baracke. Über die Heide streicht nach warmem Tage ein kalter, weher Wind.

Trümmerfrauen …

… bei der Arbeit

Das Haus ohne nähere Adresse

Das Haus hat keine nähere Adresse. Aber es existiert. Wer Hamburg kennt, dem dürfte damit gedient sein, zu erfahren, daß die Gegend zwischen Bundes- und Hallerstraße gemeint ist. Ein Mietshaus in gutbürgerlicher Wohngegend. Drei Viertel der Umgebung ist zwar Geröll und Wüstenei geworden. Aber das Haus steht noch. Es ist ein graues Eckhaus mit großen Fenstern und mit Balkonen. Man sieht es schon von weitem; doch deutlicher möchte ich nicht werden. Denn seinen Bewohnern wäre es peinlich, würde das Haus so genau beschrieben, daß man es wiedererkennt. Dies ist nämlich das Viertel, wo man noch die gut hamburgische Sitte hochhält, peinlich berührt zu sein. Und eben deshalb hat das Haus keine nähere Adresse.

Weiß Gott, wenn man abends, unter der Dämmerung, des Weges kommt, so erinnert dieses Eckhaus an ein Schiff, das mit seinem fahlen, spitzen Bug soeben wieder seine Reise durch das Meer der Nacht antritt. Hat es auch genug Kohlen unter den Kesseln für eine ordentliche Fahrt? Kann es auch die Schornsteine qualmen lassen? Ist das Steuer in Ordnung?

Gerade in dieser Gegend treibt manches Häuserwrack umher, knirscht mit alten Ziegelsteinen, klappert mit wackeligen, freischwebenden Rohren. Aber dieser Kasten, von dem die Rede ist, hat sich wahrhaftig tapfer gehalten. Er hätte es verdient, daß man einen frommen Spruch über der Haustür anbrächte oder eine schöne Galeonsfigur.

Das Schicksal des Hauses ist rasch erzählt. Es war bewohnt von ruhigen Mietern, die mit wenig Kindern in Sechseinhalb-Zimmer-Wohnungen mittleren Komforts saßen. Als die Bomben fielen, ließen die meisten Bewohner sich evakuieren. Inzwischen ist ein Teil von ihnen zurückgekehrt. Aber jetzt haben sie sich mit drei oder vier Familien dieselbe Wohnung zu teilen. Die Mieter sind noch immer still und ruhig. Doch die Kinder! Man hört Gekreisch, Geplärr und Baby-Geschrei. Und wenn es in Häusern wie diesem früher übertrieben nach Bohnerwachs roch, riecht es jetzt nach Windeln und Abwaschwasser; von dem ewigen Steckrübenduft ganz zu schweigen.

Auch die Wohnung im ersten Stock hat sechs Zimmer. Sie hat obendrein ein »Kamorka«, welch russisches Wort soviel wie »Kämmerchen« oder »Kabüffchen« heißt. Man muß nämlich wissen, daß die Herrin der Wohnung eine Russin ist, ja, sogar eine »Ruskaja dama«, eine gutaussehende, lebhafte und erlebnishungrige Frau, gastfreundlich und humorvoll. Ihr Mann, ein Deutschrusse, der sie, als sie blutjung war, nach dem Ersten Weltkrieg aus Moskau via Mandschurei ins Land seiner Vorfahren gebracht hatte, war im Zweiten Weltkrieg unter die Soldaten gesteckt und ins Feld gesandt worden. Ihr Töchterchen war »kinderlandverschickt«. Sie aber, die Mutter, hat als Kellnerin in einem gutbürgerlichen Lokal in der Nachbarschaft des Hauses ohne nähere Adresse gearbeitet. Und die Arbeit hat ihr sogar Spaß gemacht. Schon längst hatte sie vergessen, daß sie die Tochter eines sehr großen Mannes aus Sibirien ist. Und so ist ihr bei der Kellnerinnenarbeit kein Stein aus der Krone gefallen.

Jetzt, am Abend, sitzt die russische Dame am Tisch im Wohnzimmer und legt Patience. Ihre in Fernost geborene Tochter, die nachmals »Kinderlandverschickte«, die als hold erblühte Jungfrau zurückkehrte, schläft in der »Kamorka«. Und der Hausherr sitzt über einer englischen Zeitung und saugt an der letzten, hoffentlich auf Raucherkarte besorgten Zigarette.

So also sieht's im Innern und sozusagen auf der Kommandobrücke des Schiffes aus, das da durch die Hamburger Großstadtnacht fährt. Und jetzt muß von Giacomo gesprochen werden, dem Sprachlehrer aus Sizilien. Er ist vor zwanzig Jahren nach Deutschland gekommen, um Musik zu studieren. Er ist geblieben, der klassische Untermieter, und ein Klavier ist alles, was er an Eigentum in zwanzig Jahren italienischen Sprachunterrichts erworben hat. Er hat eines der hinteren Zimmer inne. Dort herrscht Johann Sebastian Bach. Aber es wird berichtet, daß Giacomo während des Krieges ein großer Fachmann im Abhören verbotener Sender war; schon deshalb hatte er sich nicht evakuieren lassen. Schwarz hörte man am besten zu Hause. Im übrigen ist er überzeugt, daß er, der manches Gute in Deutschland erfahren hat, nun auch die schlechten Zeiten mitmachen müsse.

Alexandra und Anitschka heißen zwei russische Damen aus der einst vornehmen Hamburger Emigration, die, weil ihre Villa von Bomben getroffen wurde, ebenfalls hier untergekrochen sind. Sie wurden in letzter Zeit oft beobachtet, wie sie Geldscheine aus der

zaristischen Zeit, Rubelchen auf Rubelchen, in die »Brennhexe« steckten, damit der alte Glanz sie wenigstens auf diese Weise noch ein bißchen erwärme.
Der Gatte Alexandras aber, ein feiner Herr über siebzig, der »Herr Marquis« genannt, verbringt den Tag auf seine Weise. Er hat ebenfalls nützliche Geschäfte. Eine leere Gasmasken-Hülle wie eine Botanisiertrommel umgehängt, so wandert er von Geschäft zu Geschäft und schleppt heran, was es ohne Marken gibt: den »Brotaufstrich«, dessen Bestandteile so schwer zu definieren sind, Fischpaste, deren Farbe an Babywindeln erinnert; und wenn es Heringssalat gibt, freut sich der Herr Marquis. Er ist sozusagen die Taube, die der Kapitän gleich jenem biblischen Noah ausschickt, um zu erfahren, ob Land in Sicht ist.
Und dann ist Lucie da, die Nichte der Wohnungsherren, mit ihren dreijährigen Zwillingen. Fürwahr, ein Kapitel für sich. Sie hatte während des Krieges von ihrem Vater, der in Spanien wohnt, Liebesgabenpakete erhalten. Aber als sie französische Kriegsgefangene hungern sah, hatte sie ihnen von diesen Kostbarkeiten ausgeteilt. Worauf sie denn ins Konzentrationslager wandern mußte, während ihre beiden Mädchen von Staats wegen zu einer stramm nazistischen Familie nach Holstein gesteckt wurden. Kahl geschoren, zweiundneunzig Furunkel am Körper und Wasser im Leib, so kam Lucie nach Kriegsschluß ins Haus ohne nähere Adresse zurück. Ihre Zwillinge toben heute als die weiblichen Gegenstücke von Max und Moritz durch die mehr als überfüllte Wohnung.
Und dann ist da Herr Max, der ausgebombte Weinhändler, der gerade von einer Moselfahrt – nicht aus Liebeskummer à la Binding, sondern aus Existenzkummer – zurückkam, jedoch keinen Wein mitbringen konnte. Aber Freund Arthur, der ebenfalls in der Wohnung haust, gilt er denn nichts? Er ist Schiffskoch von Beruf. Er war im Krieg bei der Marine. Stürmisch die Nacht, und die See ging hoch. Und Arthur hat immer am Kochherd gestanden. Auch bei der letzten Fahrt zur englischen Küste, wo das tapfere Schiff dem ehemaligen Feinde übergeben werden mußte. »Prost«, sagte Arthur ein letztes Mal und ließ die Rum-Buddel kreisen.
Zwölf Personen in einer Sechseinhalb-Zimmer-Wohnung. Russen, Deutsche, Italiener, Frauen, Männer, Kinder, jung und alt, und im Badezimmer rauscht ein Sturzbach nach dem andern, vormittags und nachmittags, als marschierten täglich Regimenter durch. Und

meist rauscht es anhaltend auch nachts. Das kommt von der Ernährung.
Das Schiff fährt durch die Großstadtnacht. Rausche, Wasser, rausche...

Glanz und Elend der Zigeuner

Der alte Mann mit dem weißen Spitzbart und der Adlernase sieht aus, als sei er Kapitän eines Elbkahnes. Aber die biedere Hoheit seiner Gesten kommt aus einem anderen Primat der Fahrenden: Er ist das Oberhaupt einer Zigeunerfamilie, und sein Reich ist ein Schuttabladeplatz vor der Stadt. Dort steht sein Wohnwagen, der etwas geräumiger zu sein scheint als drei, vier ähnliche Wagen in der Nähe.
Als der Besucher sich ihm nähert, legt er die Peitschenschnur, an der er herumgeflickt hat, feierlich beiseite. Und jetzt bemerkt der Gast auch die nachtschwarzen Augen, die in seinem verwitterten Greisengesicht glühen.
Der alte Zigeuner erhebt sich würdevoll von dem Holztreppchen am Eingang seines Wagens. Und mit einer Grandezza sondergleichen legt er grüßend eine feingliedrige, wenn auch erstaunlich schmutzige Hand an einen uralten, sehr ramponierten Hut, den er höchst keck auf den Schädel mit dem vollen, schneeweißen Haar gesetzt hat.
Er heißt... Ja, wie mag ein Zigeuner heißen, ein Mitglied jenes geheimnisvollen Volkes, das mit Pferd und Wagen die ganze Welt umkreist? Die ganze Welt?
»Mein Name ist Heinrich Franz«, sagt er. Und indem er mit der Peitsche in die Runde deutet, fügt er hinzu: »Alle heißen Franz!«
Weithin in der Umgegend sieht man Laubenbesitzer in kleinen Gärtchen werken, die sie sich aus trockenem, unfruchtbarem Boden geschaffen haben, brave Bürger. Aber die Erde um das Zigeunerland ist Unkrautland.
»Einen Garten anlegen«, ereifert sich Heinrich, der Zigeuner, »einen Garten anlegen? Lieber freß' ich die Brennessel so...«
Er hat das verbindliche Lächeln und die spöttische Würde eines

weltgewandten alten Aristokraten. Er ist auch nicht überrascht, daß ein Besucher auf diesen Platz zwischen grünem Gebüsch und Unkraut kam, der fast ein Versteck ist. Nein, seine Späher haben ihm längst gemeldet, daß ein Fremder im Anmarsch sei, ehe sie sich scheu zwischen Wagen, Windeln und wehender Wäsche verkrochen. Doch nun, da an den friedlichen Absichten des Gastes kein Zweifel mehr herrscht, kriechen sie hervor: zwei Bürschlein von drei und vier Jahren, halb nackt, mit kohlrabenschwarzen Locken, die Daumen im Mund, dann ein achtjähriges Mädchen und endlich ein sechzehnjähriger Zigeunerbackfisch mit rotgeschminkten Lippen. Diese alle bleiben zunächst im Hintergrunde, begierig und aufmerksam, als wollten sie von den Gesten auf den Inhalt des Gespräches schließen. Darauf tauchen ein zehn- und ein elfjähriges Mädchen auf. Sie werden bald zutraulicher und wagen sich auf wenige Schritte heran. Plötzlich aber ist ein dreizehnjähriger Junge mit dem echten romantischen Zigeunerblick an die Seite des Alten getreten. Er wiegt eine Schleuder in der Hand. Aus dem Wohnwagen lugt eine etwa vierzigjährige Frau hervor, deren Gesicht zerstört scheint von frühem Alter oder geheimem Leiden.
»Dies ist alles, was von meiner Familie übriggeblieben ist«, erläuterte der alte Zigeuner, der seine vierundachtzig Jahre mit großer Unerschütterlichkeit trägt. »Doch daß ich nicht lüge! Es sind noch zwei Männer da. Sie sind in Geschäften über Land...«
Nun, man kennt die Geschäfte der Zigeuner. Und wenn man nach dem Aussehen des Greises und der Wohlgenährtheit seiner Nachkommenschaft schließen darf, ist die gegenwärtige Zeit nicht gerade ungünstig für Zigeuner.

Es ist schwer zu sagen, in welchem verwandtschaftlichen Verhältnis sie zueinander stehen. Denn trotz bestem Bemühen weiß der Alte nicht genau zu sagen, welches die Schwester-, welches die Vetterkinder sind. Von den beiden Nackedeis »müßte einer ›Urgroßvater‹ zu mir sagen«, meint er. Aber welcher, das steht nicht zuverlässig fest. »Sie sagen alle ›Opa‹. Alle Zigeuner, die ich kenne, sagen ›Opa‹ zu mir.«
»Haben Sie Verbindung mit vielen Zigeunern?«
»Nein, das war früher! Die meisten Zigeuner, die ich kannte, sind tot. Vergast, verbrannt, verloren!«
Er stockt und schweigt. Er neigt das Haupt, ja, er zieht den Hut und

– holt eine Zigarette aus der Krempe hervor, lächelt dann plötzlich irdisch-schlau und sagt: »Das blonde Gold!«, legt sodann Befehlston in seine Stimme und spricht ein Wort in seiner Sprache, worauf in der Fensterluke des Wohnwagens eine Frauenhand erscheint, um etwas Blitzendes, Funkelndes herabzureichen: ein Brennglas.
Fünf Sekunden später qualmt die Zigarette. Wozu haben Menschen eigentlich Streichhölzer erfunden?
Es ist ein wolkenlos heiterer Frühlingstag, an dem die Sonne die Faulen und Fleißigen, die Fahrenden und Seßhaften segnet und sogar dem alten Zigeuner gefällig ist, der, eine Zigarette paffend, um seine toten Angehörigen trauert. »Vergast, verbrannt, verloren ...«
»Sind Gründe angegeben worden, warum dies an den Zigeunern geschah?«
Der Alte schüttelt den Kopf. »Keine Gründe!«
Und er verliert sich in die alte melancholische Zigeunerklage, daß noch zu keiner Zeit die Leute seines Stammes geliebt wurden, während doch die Zigeuner so gute, so harmlose Menschen seien.
Da steht er inmitten der Wagenburg unweit der Landstraße, die von Lübeck nach Travemünde führt, ein Fahrender, dem von einer dunklen Macht Einhalt geboten wurde und der seither einer der Märtyrer unserer Tage ist.
Nichts mehr von der gespenstischen Zigeuner-Romantik à la »Troubadour«. Nichts mehr von der salonfähigen Heiterkeit des Straußschen »Zigeunerbarons«, obwohl man darauf schwören möchte, daß »Borstenvieh und Schweinespeck« diesen Leuten nicht gar so fremde Begriffe sind wie den gewöhnlichen Sterblichen in Deutschland. Es spricht ja schließlich schon für sich, daß es im Umkreis dieser baufälligen Wohnwagen nach guten englischen Zigaretten duftet, der Goldwährung von heute.
»Im Augenblick sitzen wir fest«, erklärt der Zigeuner mit einem melancholischen Gleichmut, der recht gut einem einschlägigen Gedicht von Lenau entnommen sein könnte. »Unsere Wagen sind kaputt, und unsere Pferde helfen beim Bauern.«
»Viele Leute wollen es gar nicht glauben«, sagt er, »daß der Antichrist auch über die Zigeuner gekommen ist!« Seine Stimme hat jetzt etwas Beschwörendes: »Die Leute meinen, ich löge ihnen etwas vor, um besser ins Geschäft zu kommen ...« Und als der Besucher ihm bestätigt, er habe in der Zeitung gelesen, daß auch ein

Zigeuner bei den kommenden Prozessen über die Morde in den Konzentrationslagern vernommen würde, bittet er: »Besorgen Sie mir das Zeitungsblatt, daß ich es den Leuten zeigen kann! Ich will nicht für einen Lügner angesehen werden! Hier, an dieser Stelle, zwischen diesem Gebüsch, habe ich gewartet, Jahr um Jahr gewartet mit meiner Alten, die nun tot ist. Wir dachten: Unsere Leute müssen doch zurückkommen aus dem KZ. Es könnte doch bloß ein Irrtum sein, daß sie vielleicht für Juden waren angesehen worden! Wir hatten noch zwei Pferde und hätten umherziehen können, wie es sich für Zigeuner gehört. Aber wie würden die Kinder und Enkel, die Bruder- und Schwesterkinder uns wiederfinden, wenn wir unterwegs wären? Wir sind dagesessen, hier an dieser Stelle im Gebüsch. Einmal haben wir Asche zugeschickt bekommen durch die Post. Die Asche haben wir drüben an dem kleinen Abhang begraben. Aber weil viele von uns denselben Namen haben, nämlich Franz, wußten wir nicht genau, von wem die Asche war. Mein Vatersname ist Franz, mein Rufname Heinrich. Und Heinrich Franz haben viele in unserer Familie geheißen.«
»Aber Sie, Herr Franz, sind in Ruhe gelassen worden?«
»Ich bin am Leben gelassen worden. Vielleicht war ich ihnen zu alt zum Wegtransportieren und Vergasen. Achtzig Jahre – da könnte es ja jeden Tag von selbst passieren! Ich glaube, daß noch niemals ein Wohnwagen-Zigeuner so lange am selben Fleck gehockt hat wie ich. Dann war der Krieg aus, und von meiner Familie sind einige zurückgekommen. Wir haben uns auch wieder Pferde besorgen dürfen.«
Der Alte hat die Zigarette bis auf einen Rest geraucht und reicht den Stummel dem dreizehnjährigen Neffen. Und geradeso, als ob er damit auch das Wort weitergegeben hätte, nimmt der Junge den Gesprächsfaden auf:
»Wir sind zuerst nach Warschau ins Ghetto gekommen. Unterwegs, im Güterwagen, sind schon zwei Brüderchen gestorben; in Warschau waren wir lange Zeit. Mein Onkel hat von einem Russen eine Hose gekauft und wurde erschossen. Nachts hieß es: ›Zigeunerfamilie Franz 'raus auf den Hof!‹ Da wurde unser Onkel erschossen, und wir mußten es ansehen. Einmal wurde auch ich mit ungefähr zehn anderen Zigeunerkindern an die Wand gestellt, vor die Maschinengewehre; es waren auch viele Juden dabei. Aber da kam einer von der SS angeritten, der dort zu sagen hatte, und schrie:

›Nein, nicht die Zigeuner! Die gehören nicht dazu!‹ Wir durften wieder in den Keller zurück, wo wir wohnten. Später sind wir dann nach Auschwitz gekommen, viele, viele Zigeuner. Plötzlich kam es heraus, daß wir den Krieg verloren hatten. Wir wurden befreit und konnten fahren, wohin wir wollten. Deshalb sind wir zu diesem Platz, zum Opa, gefahren.«
Und der Alte fügt hinzu: »Rechnen Sie mal, daß es früher in Deutschland an die fünftausend Zigeuner gegeben hat. Und schätzen Sie mal, daß wir jetzt höchstens noch siebenhundert sind, dann haben Sie das Elend ausgerechnet, das über uns gekommen ist! Aber was wissen die Leute schon von den Zigeunern!«

Doch meint man, er selbst, der alte Zigeuner, wisse viel über die Zigeuner auszusagen? Er ist in Niendorf, am Ostseestrand, geboren, war Harfenspieler, Geiger, Seiltänzer, Pferdehändler, Schirmflicker.
»Ich war immer ordentlich«, sagt er, »und habe mein Geschlecht vermehrt.«
Er und seine Sippe – alle im Wohnwagen zur Welt gekommen – sind immerzu unterwegs gewesen, von Jahrmarkt zu Jahrmarkt, aber aus Schleswig-Holstein sind sie nie herausgekommen.
»Einmal sind wir bis Hannover gefahren, aber das war zu fremd, und wir sind schnell wieder nach Hause! Die weiteste Reise haben meine Söhne gemacht: Die waren im Ersten Weltkrieg dabei, der Karl, der Heinrich und der Fritz. Natürlich – meine Enkel und Enkelinnen, die können auch sagen, sie seien weitgereist. Nach Warschau und Auschwitz! Neulich waren ungarische Zigeuner hier; die waren nach Deutschland verschleppt worden und machten jetzt bei uns Station, aber sie sprachen eine andere Zigeunersprache, und wir konnten sie nicht verstehen. Wir haben bloß ein bißchen Musik zusammen gemacht. Wie früher in der Glanzzeit!«
»Es hat also eine Glanzzeit gegeben?«
»Früher, ja! Ein bißchen Schwindsucht, sonst waren wir alle gesund und fidel. Musik gemacht, Pferde getauscht, immer lustige Gesellschaft! Jetzt ist es auch nicht schlecht, aber ... warum kriegen wir eigentlich keine Pakete wie die Juden oder die Polen? Sind wir nicht genauso im Elend gewesen? Aber lassen Sie nur: Mit Kartenlegen ist jetzt viel zu machen. Jeder will wissen, ob es nicht bald besser wird. Und es wird besser, verlassen Sie sich drauf!«

Wahrhaftig, dieser Zigeuner ist seit langem wieder der erste Optimist gewesen, den ich traf. Und richtig, er lüpft den abenteuerlichen Hut und zündet, der alte Verschwender, mit seinem Brennglas eine neue Zigarette an, das »blonde Gold« ...

Die mit Kartoffeln gehen ...

Jedesmal, wenn sie heimkommen, erklären sie, dies sei das letzte Mal gewesen. Nie wieder würden sie »auf Kartoffelfahrt« gehen. Die einen kommen mit leerem Rucksack heim; denn die mühsam erjagte, kläglich erbettelte Beute ist ihnen ohne viel Umschweife auf irgendeinem ländlichen Bahnhof auch schon wieder von Polizeibeamten abgenommen worden. Die anderen haben mehr Glück gehabt. Aber alle schwören, sie würden niemals wieder die Kartoffelreise machen.

»Sagen Sie selbst«, so bricht temperamentvoll ein Herr in mittleren Jahren aus, der über einem hübschen, hellgrauen Sommerjackett einen halbgefüllten, äußerst schäbigen, ausgedienten Luftwaffen-Rucksack trägt, »sagen Sie selbst: Die fünfzehn Pfund, die ich mir hab' zusammenschnorren können, bringen mir ja die Kalorien gar nicht wieder ein, die ich bei sechs Stunden Eisenbahnfahrt und acht Stunden Fußmarsch verpulvert habe! Raten Sie mal, bei wieviel Bauern ich anklopfen mußte, um diese fünfzehn Pfund zusammenzubringen? Bei zwölfen!«

Dieser Herr ist unter den ersten im Strom der Fahrgäste, der im Hamburger Hauptbahnhof, am Bahnsteig 4, die Holztreppe hinaufquillt, abends gegen halb neun. Es ist die Ankunftszeit des Zuges aus Lüneburg, den die Eingeweihten den »Kartoffelzug« nennen. Unter den Passagieren sind diesmal jene in der Mehrzahl, die irgend etwas auf dem Buckel tragen oder an der Hand: einen gefüllten oder halbgefüllten Rucksack, ein pralles Einkaufsnetz oder wenigstens einen verbeulten Pappkarton. Kartoffeln, Kartoffeln. Hat auch der einzelne nur wenige Kilogramm erobert, so sind es insgesamt doch riesige Kartoffelberge, die da auf mageren, gebeugten Rücken die Holztreppe hinaufwanken.

Hier ein Schuljunge mit grauer Miene. Dort eine Greisin, die alle drei Schritte stehenbleibt, um sich zu verpusten. Dann eine Dame, an deren elegantem Pelzmantel Heuhalme kleben, weil sie auf der Kartoffelreise irgendwo in einer Scheune übernachten mußte. Ferner ein junges Mädchen, ein blutarmes Ding, das, wie ich höre, vorhin im Abteil einmal ohnmächtig wurde.

»Niemals wieder!«

Aber in zwei oder drei Wochen werden sie von neuem auf die Reise gehen.

Ein überfülltes Abteil des »Kartoffelzuges«. Zu Häupten der Reisenden, die wie Ölsardinen in der Büchse schichtweise zusammengepreßt stehen, türmen sich die Rucksäcke, deren Haken die üble Angewohnheit haben, sich im Flechtwerk der Gepäcknetze festzukrallen, was auf jeder Station zu neuen Umständlichkeiten führt. Aber es herrscht Hilfsbereitschaft unter den Reisenden, als sei die Kartoffel ein Emblem friedfertiger Gesinnung.

Auf dem Eckplatz rechts am Fenster sitzt eingeklemmt ein älterer, soignierter Herr, der es offensichtlich versteht, die »großen Zusammenhänge zu sehen«. Da es ihm im Gedränge nicht gelingt, ein Buch zu lesen, das er aus der Tasche zog, fängt er an, seinen Nachbarn aufzuklären. Und der Nachbar, der bin ich.

»Die Kartoffel«, sagte er, »ist nicht so sehr eine Pflanze als vielmehr eine Erfindung. Als sie im Berlin der preußischen Könige zuerst auftauchte und im Lustgarten angepflanzt wurde, hieß sie ›Bulbisches Gewächs‹! Man pflanzte sie, einem neumodischen Zug aus Frankreich folgend, um ihrer Blüte willen, die damals für nobel galt. Den Wert der Knolle hat man erst später entdeckt; sie war eine murklige Wurzel – nicht viel dran! Da machte einer die Entdeckung, daß man sie größer und größer züchten könne. Die Blüte blieb klein, aber die Knolle wuchs und brachte große Erträge, weil die Pflanze auch auf magerem, sandigem Boden gedieh. Die Menschen, die dies in die Wege leiteten, haben die Kartoffeln sozusagen erst erfunden. Und sie schalteten mit ihrer Erfindung. Aber wie es so geht in der Entwicklung der Dinge: Die Kartoffeln wehrten nicht nur die Hungersnöte ab, sondern sorgten dafür, daß auch mehr Menschen leben konnten. Das sind die Kartoffelmenschen: sozusagen ebenfalls eine Erfindung! Sie füllten die Großstädte. Daß diese Kartoffelmenschen aber heute ohne Kartoffeln sind – das ist ein Ding der Unmöglichkeit.«

Neben mir stand ein schönes, großes Mädchen, das mit starrem Gesicht in die verdämmernde Landschaft hinaussah. Plötzlich rollten Tränen über ihr Gesicht, und sie gab sich keine Mühe, sie wegzuwischen.
»Laß das, Helga!« sagte der Herr auf dem Eckplatz. Und zu mir gewandt, sagte er – diesmal ohne Zynismus –: »Ich bin Gutsbesitzer aus dem Baltischen, und das ist meine Tochter. Ich bin nun auch Kartoffelmensch geworden. Allerdings, für heute wäre ich froh, hätte ich nur eine Handvoll von den ›bulbischen Gewächsen‹...« Und er deutete auf einen leeren Rucksack auf seinen Knien.
»Hat man Ihnen die Kartoffeln abgenommen?«
»Nein, ich habe erst gar keine bekommen. Ich habe den richtigen Ton zu den Bauern nicht gefunden...«
Dies wiederum war das Stichwort zu allgemeinen Betrachtungen über die Kartoffelbauern, wobei sich herausstellte, daß fast das ganze Abteil der Ansicht war, man sei auf den kleinen Höfen in der Lüneburger Heide weitaus besser aufgenommen als beispielsweise im fetten Holsteiner Land. »Je ärmer die Menschen, desto mehr Herz haben sie für die Armen«, sagte eine klägliche Frauenstimme. Aber der ehemalige Gutsbesitzer war nicht gesonnen, die Eingesessenen anzugreifen, sondern er machte, obwohl selber Flüchtling, gegen die Flüchtlinge Front.
»Die Flüchtlinge«, sagte er, »sind die großen, bequemen Straßen durch die nahrhaften Gegenden gewandert und haben wie die Termiten rundum alles kahlgefressen. Davon stammt die Abneigung gegen jede Art von Schnorrerei in den fetten Gegenden. Klug der Flüchtling, der sich von Anfang an sagte, daß die armen Gegenden, weit weg vom Verkehr – die sogenannten Notstandsgebiete –, jetzt Himmelreiche geworden sein müßten. Denn was früher als pure ›Not‹ galt, dürfte heute als ein kleines Paradies gelten. Wie klug der Flüchtling, der in den Tagen der Auswanderung gleich zur Rhön, zum Hunsrück, zur Eifel wanderte!«

Ein Bauernhof in der Lüneburger Heide. Die Bauersfrau, groß, blond, mit klarlinigem Gesicht, hat an diesem Tage schon mehr als fünfzig Kartoffelbesuchern die Tür aufgemacht. Sie weiß, daß sie eine Nachbarin hat, der ein »Nein!« leicht über die Zunge kommt. Aber sie bringt das nicht übers Herz. Schon deshalb nicht, weil sie ihre Nachbarin nicht ausstehen kann. Die alte Feindschaft macht sie gütig. Sie weiß sogar, daß ihrem Nachbarn, der nach dem Zigaretten-Tauschverfahren fünf Zentner Kartoffeln an einen Hamburger Besucher abgab, eine Kartoffelmiete mit achtzig Zentner Inhalt beschlagnahmt wurde. Sie weiß schließlich auch, daß rund die Hälfte aller Kartoffelbesucher nichts von ihrem Schatz nach Hause bringt. Aber wenn sie die ausgehungerten Gesichter sieht, vermag sie nicht, kühl zu bleiben.

»Es ist ja vielleicht Unsinn, was ich tue«, erklärt sie. »Anstatt daß ich einem Familienvater 'ne Menge gebe, mit der er den Kindern die hungrigen Mäuler ein paarmal stopfen könnte, teile ich das bißchen, was ich hergeben kann, in lauter kleine Teile. Dem eine Handvoll, dem nächsten und übernächsten, und so weiter. Sie sagen ›Danke schön‹ und ›Es läppert sich zusammen‹ und sind schon froh, wenn jeder zehnte Bauer ihnen eine Handvoll gibt. Vorläufig geht es ja noch. Ich habe im Keller zwei große Kisten mit Kartoffeln für die Kartoffelleute aus der Stadt bereitgestellt. Aber wenn die Kisten leer sind, ist Schluß. Und täglich kommen neue, täglich kommen mehr Menschen. Was soll bloß werden?« so sagt die Frau. »Was soll bloß werden?«

Die Polenballade von Bardowick

Im Garten eines halbzerstörten Hauses werkelt ein Mann in Hemdsärmeln. Nach einer milden Regennacht strahlt die Sonne. Und man glaubt, dem Gemüse zusehen zu können, wie es wächst. Was aber ist dem Haus passiert? Eine Bombe? Ein Brand?

»Nee, die Polen!« sagt der Mann. »Die Polen von Bardowick...«

In den klaren Frühlingshimmel ragen bäuerisch gedrungen die beiden Domtürme.

»Was glauben Sie«, sagt der Mann und klemmt den Griff seines Gartenrechens in die linke Achselhöhle, »was glauben Sie, wie wir zu diesen Türmen hinübergeblickt haben, viele, viele Monate lang! Am Pfingstsonntag mußten wir 'raus. Ende März durften wir erst wieder 'rein. Zehn und einen halben Monat guckten wir uns die Augen nach den Domtürmen aus. So lange war Bardowick Wohnstatt für die Polen...«

»Na, sehen Sie! Und jetzt sind Sie rechtzeitig zur Frühjahrsbestellung doch wieder heimgekommen!«
Der Mann wischt sich den Schweiß von der Stirn. »Aber das Haus«, sagt er, »mein Haus! Es war früher ein Spezereiladen. Hier ist auch noch die Schrift an der Wand...« Die Inschrift heißt: »Inhaber Gustav Mey.« Ich lese sie und finde nichts Besonderes an ihr, wo doch sonst in Bardowick, dem Marktflecken bei Lüneburg, einst die berühmte Stadt Heinrichs des Löwen – nächst Trier auch die älteste deutsche Stadt, wie man weiß –, alles alt, würdig und behäbig-bedeutungsvoll erscheint.
»Wenn man Holz bekäme«, so beginnt der Mann von neuem, »so könnte man das Haus wohl wieder in Ordnung bringen. Aber wo gibt es Holz? Das werden sich die Polen auch gesagt haben, als sie die Herren von Bardowick waren.«
Der Mann im Garten lacht ein bißchen; er würde vielleicht hell auflachen, wenn der Scherz nicht auf seine eigenen Kosten ginge.
»Die Polen in meinem Hause«, sagt er, »nahmen einfach, als es kalt in Bardowick wurde und als sie kein Holz bekamen, die Treppengeländer – rin in den Ofen, die Dielen – rin in den Ofen, die Balken aus den Zwischenwänden – rin in den Ofen. Bis das Haus zusammenkrachte! Ich will nicht sagen, daß es böser Wille war. Manche Leute meinen ja, daß sie sich an meinem Hause rächen wollten, weil es in den Kriegsjahren als Unterkunft für 65 Polen benutzt worden war. Aber an Rache glaube ich nicht – es sind ja auch genug andere Häuser zu Schaden gekommen, die zur Zeit des Krieges keine Polenlager waren. Es wird wohl mehr eine Art von Großzügigkeit gewesen sein, so'n gewisser Schwung.«
Energisch nimmt der hemdsärmelige Mann sein Gartengerät, um die unterbrochene Arbeit fortzusetzen. Sein zerbrochenes Haus schaut zu.

Das alte Gildehaus in Bardowick mit seinem tief herabgezogenen Strohdach ist der Amtssitz des Bürgermeisters. Eine wuchtige Erscheinung, so thront er hinter dem Schreibtisch, und gewichtig klingt auch seine Stimme, aber Bürgermeister ist er bloß im Nebenamt.
»Man kennt meine Firma sogar in Hamburg«, sagt er stolz, »Gartenbau und Landwirtschaft.«
Da sitze ich also dem Bürgermeister einer Ortschaft gegenüber, die

vor Jahrhunderten eine der bedeutsamsten Städte Deutschlands war und die nach Normalgesetzen der Entwicklung heute eine blühende oder wenigstens eine stark bombardierte Großstadt hätte sein müssen. Aber das Schicksal der Stadt, die groß war und dann zerstört und geplündert wurde, wollte es anders, weil eben jener Fürst, der sie am meisten begünstigte, Heinrich der Löwe, triftige Gründe hatte, ihr böse zu sein. Die Bardowicker hatten sich gegen ihn empört. Da ließ er ihre Stadt vernichten, am 28. Oktober 1189. Und seither liegt Bardowick abseits der großen Straße, eine kleine Ortschaft mit einem wuchtigen Dom!
Der Bürgermeister sagt, indem er auf das Wappen deutet, das drei Möhren im Bogen eines zinnenbewehrten Tores zeigt: »Schon unsere Vorfahren haben auf dem Schlachtfeld keine guten Erfahrungen gemacht, desto bessere aber in den Gärten und den Obstgründen! Uraltes kultiviertes Land, das alljährlich dreimal Ernten liefert. Deshalb konnten wir es zuerst gar nicht glauben, als es vor einem Jahr hieß, wir müßten räumen; an unserer Statt sollten jetzt die Polen in Bardowick wohnen. Aber es traf uns Bardowicker nicht allein. Zuerst kamen kleine Dörfer wie Tespe, Büttlingen, Brietlingen an die Reihe. Viele von den Leuten aus diesen Dörfern zogen anfangs zu uns, so daß wir nicht mehr 2500, sondern 3000 Einwohner waren. Sie pilgerten dann gleich mit uns weiter, als es auch um Bardowick Ernst wurde und wir nur Pferd und Wagen, nur ein bißchen Gepäck und unsere Kleider mitnehmen durften. Wir wurden auf 47 umliegende Dorfgemeinden verteilt. Immer die Domtürme in Sicht und nicht nach Bardowick hineindürfen! Bis auf die Fälle, in denen wir mal einen Passierschein bekamen!«
Und dann erzählt der Bürgermeister noch, daß nach zehneinhalb Monaten der Verbannung den Einwohnern der Stadt mitgeteilt wurde, die Polen würden als Entschädigung bare 3000 Mark bezahlen wollen. Freiwillig, ohne Forderung und Zwang. Das war doch großzügig, nicht wahr? Aber die Bardowicker sind noch großzügiger gewesen und haben keinen Pfennig angenommen.
Wie vor Jahrhunderten schon, als sie die große Zerstörung hinter sich hatten, haben sie auch diesmal nach der kleinen Zerstörung angefangen, ihren Kohl zu bauen. Heute ist das Städtchen an Blumen und Kohl und an Blumenkohl wieder reich und an allen Gemüsen, die Gott schon im Paradies wachsen ließ. Aber wie man damals lange nach der Katastrophe noch überall »Leonis vesti-

gium«, des Löwen Spur erkannte, so erkennt man heute allenthalben natürlich noch der Polen Spur...
Man geht durchs Städtchen, man spricht mit den Leuten, man sitzt im »Gasthof zur Post« beim Dom, wo ein Wirt bedient, dem der niederdeutsche Schalk gehörig die Rede würzt.
Ja, nun sie heimgekehrt sind, liegt ihnen wieder das Lachen näher als das Weinen, obwohl sie alle beim jüngsten Zwischenfall der uralten Bardowicker Historie ihr Teil an Besitz verloren haben. Jetzt, da die Verbannung vorüber ist, jetzt kommt vieles ihnen komisch vor, wie denn die tragische Groteske nun einmal ein Charakteristikum der Geschichte von Bardowick zu sein scheint. Und da man alles das hört und sieht, begreift man: Dies wäre ein Stück fürs Theater oder besser noch: fürs Kino. Titel: Die Polenballade von Bardowick...

»Man muß die Sache auch mal vom Polenstandpunkt aus betrachten«, hat allerdings einer in Bardowick gesagt, »dann sieht die Lage etwas anders aus...
Gut also! Der Krieg war zu Ende. Jenen Polen, die sich gerade in dieser Ecke Nordwestdeutschlands aufhielten, wurde Bardowick als Wohnsitz angewiesen. 5000 Polen zogen ein. Sie waren arm. Sie hatten als Landarbeiter oder im Rüstungswerk genauso geschuftet wie die deutschen Männer, die nicht eingezogen worden waren. Freilich hatten sie bedeutend mehr gehungert. Viele hatten im Konzentrationslager gesessen. Viele waren – soweit sie frei blieben – all die Jahre mißtrauisch beäugt, laut beschimpft oder leise verachtet worden; plötzlich hatten sie den Krieg gewonnen. Während ringsum alles zusammenbrach, hatten sie verständlicherweise Lust, das Leben ein bißchen zu genießen. Das englische Wort ›High life‹ hatten sie rasch gelernt. Und so sind sie nach Bardowick gezogen.«

Das ist leichthin gesagt. Aber darf man, wenn man gerecht sein will, das Polenschicksal der Vergangenheit so schnell abtun? Nein, man darf es nicht!
Es gibt viele Polen, die sagen, es stünde durchaus nicht fest, daß ihr Vaterland den Krieg gewonnen hätte. Fest stünde bloß, daß Deutschland ihn verloren hätte! Und es ist ja auch viel mehr geschehen, als daß die Polen »mißtrauisch beäugt, laut beschimpft

oder leise verachtet wurden«. Die meisten von den eineinhalb Millionen Polen, die zur Zwangsarbeit nach Deutschland geschleppt wurden, befanden sich in der Sklaverei. Und was die Polen in den Konzentrationslagern der SS vom Hunger bis zur Marterung durchgemacht haben, das ist zuletzt doch sogar allen jenen deutlich geworden, die es nicht wahrhaben wollten. Viele kehrten nicht zurück aus den KZs. Gar nicht zu reden von den furchtbaren Dingen, die in Polen selbst geschahen.

Da ist die Vernichtung von Warschau, die Vertreibung von Menschen aus zwei großen Gebieten im Gouvernement Radom und Lublin; da ist die ganze Vernichtungswut der Nazis gegen Polen, die sich bei allen Gelegenheiten austobte. Ja, was den Bürgern von Bardowick geschah, das ist – stellt man das eine dem anderen gegenüber – vergleichsweise ein winzig kleiner Tropfen im Verhältnis zu einem Meer der Leiden. Das muß bedacht werden, wenn man zuhört, was die Bürger von Bardowick erzählen.

»Tja«, sagen sie, »das war nun so: Nachdem die Polen so Schreckliches durchgemacht hatten, beschlossen sie jetzt, mal richtig zu wohnen. Hinein in die Vorratskammern, die immer noch recht gut ausgestattet waren. Hinein in die Betten, die die Ehepaare sozusagen noch warm hinterlassen hatten. Man drückte auf einen Knopf: Rundfunkmusik. Und was stand dort an der Wand? Die Nähmaschine! Man konnte wenig damit anfangen, es sei denn, sie zu verkaufen. Richtig, die Kühe im Stall! Sie muhten und rasselten mit ihren Ketten. Es war ihnen gleichgültig, ob sie von Deutschen oder Polen ihr Futter bekamen. Aber die Polen hatten lange genug fremde Kühe gefüttert. Und nicht nur die Milch, auch das Fleisch der Kühe ist schätzenswert. High life! Zwanzig Hochzeiten an einem Tage war der Durchschnitt, siebenundzwanzig Trauungen der Rekord. Fünfzig Schnapsbrennereien hatten sich aufgetan in dieser Stadt, die sonst mit drei Gaststätten auskam. Drei Geistliche versahen die Seelsorge, und es ist durchaus möglich, daß es genug zu beichten gab im Bardowick dieser Tage. In einem alten Gasthof aber war die Schule eingerichtet. Da saßen die Kinder Kopf an Kopf und mit brav gefalteten Händen, die Kinder, die nichts von polnischer Geschichte hatten lernen dürfen und nichts von ihrer Heimat.«

»Vergeßt nicht, was den Polen einst von den Deutschen angetan wurde, ehe ihr weitererzählt. Bedenkt es!«

»Wir bedenken es! – Auf den Äckern reifte die Saat, auf den Feldern wuchs das Korn mit dem Unkraut um die Wette. Da ernteten sie, obwohl sie nicht gesät hatten; aber das Unkraut ließen sie stehen, mochten auch die einheimischen Bauern rote Köpfe kriegen, wenn sie, die Hände in den Hosentaschen, schüchtern vorübergingen. High life! Endlich konnte man ein bißchen davon nachholen, was man in der Fron bei den Deutschen versäumt hatte. Was? Um Eier zu holen, mußte man extra in den Hühnerstall gehen? Viel einfacher, man schlug die Glasscheiben dieser pinselig-sauberen Küchenschränke ein, um die Hühner dort unterzubringen und griffbereit bei der Hand zu haben. Der Winter kam. Niemand konnte sagen, wie lange das Märchen dauern konnte. Holz hacken? Holz holen? Scheite zum Trocknen aufschichten? Die Möbel ergaben doch ebenfalls krachtrockenes Holz. Und da es ohnehin kalt war, konnte man getrost die Kaldaunen der geschlachteten Kühe gleich in den Keller werfen, denn der Geruch würde sich erst im Frühjahr mit der beginnenden Hitze bemerkbar machen. Harmonikaspiel und Tanz, viel Besuch von anderen Polen, die nicht das Glück hatten, in des Löwenherzogs Stadt zu wohnen. Lange, lange Nächte. Und dann die Pakete mit Kaffee, Zigaretten und Schokolade.«

Die Leute von Bardowick wissen viele Geschichten, aber sie bemühen sich auch, gerecht zu sein.

»Es gab nun freilich auch Polen – Pfarrer, Lehrer, ehemalige Offiziere und Intellektuelle verschiedener Berufe –, die meinten, man müsse sich brav und still, am Ende sogar noch barmherzig oder gentlemanlike benehmen! Aber diese Leute haben ja immer mit dem Finger auf Dinge gewiesen, die eigentlich nicht sein sollten. Es sollen Klaviere ›schwarz‹ verkauft worden sein? Sämtliches Handwerksgerät des Malermeisters von nebenan? Und was die Klaviere betrifft – es sollen auch welche in Stücke zersägt und verheizt worden sein? Ja, soll man denn frieren und zittern, kaum, daß man den Krieg gewonnen hat? Im Ernst: Die guten Leute, die Pfarrer und Lehrer, die sich nicht bereichern, obwohl sie Gelegenheit übergenug hätten und nur zuzugreifen brauchten, die sind bewundernswert und geben ein Beispiel. Aber sie stören doch auch zuweilen.«

Klingt es nicht beinahe gönnerhaft, was die Leute von Bardowick erzählen?

»Im Lande ringsum war Kälte, aber die Schornsteine von Bardowick rauchten. Im Lande ringsum herrschte die Not, aber in den engen Straßen von Bardowick roch es nach Braten. Zwar sagt ein Sprichwort: ›Ein Schnäpschen dann und wann ist eine Gabe Gottes, aber eine lange Reihe Schnaps hat der Teufel hingestellt.‹ Doch wer will das auseinanderhalten? Tanzen, Lachen, Lieben, Spiel – und plötzlich war das Märchen aus.«

Wollte Gott, daß alle Schwierigkeiten, die zwischen den Polen und den Deutschen bestanden und noch bestehen, so geringes Ausmaß hätten wie hier in Bardowick! Wolle Gott, daß es sich auch anderwärts noch einmal zum Guten und zur Gerechtigkeit wenden möge zwischen den Polen und den Deutschen! Denn was ist – als Revanche – dann wieder mit den Deutschen auf der anderen Oderseite geschehen, seit die Polen ihr Reich auf deutsche Kosten ausweiteten! Bedenkt man's recht, so haben die Bardowicker Grund, nur lächelnd sich ihrer Abenteuer zu erinnern.
»Als die Polen davongezogen waren, als die Bauern von Bardowick wieder anspannten, und als die Pferde die Ohren spitzten und die Nüstern blähten, weil sie den alten Stall witterten, da begann doch wieder eine schönere Zeit. Mochten die Hausfrauen auch die Hände überm Kopf zusammenschlagen beim Eintritt durch die Wohnungstür, mochten die Männer auch brummend oder böse schweigend durch die Zimmer, die Ställe, die Werkstätten und über die Felder und Äcker gehen, es lag doch etwas in der Luft, das nach Anfang, nach Aufbau, nach Hoffnung duftete.«
»Seht«, sagten die Ostflüchtlinge, die mit den Bardowickern wieder eingezogen waren, »ihr habt doch eure Heimat wieder! Verloren hat schließlich jeder etwas, und es ist doch egal, auf welche Weise. Ihr seid doch wieder zu Hause, habt eigene Arbeit vor euch, könnt wieder anfangen!«
Und die Leute von Bardowick packten Spaten und Besen, machten Ordnung, so gut sie konnten, gingen aufs Feld und fingen die Arbeit an.

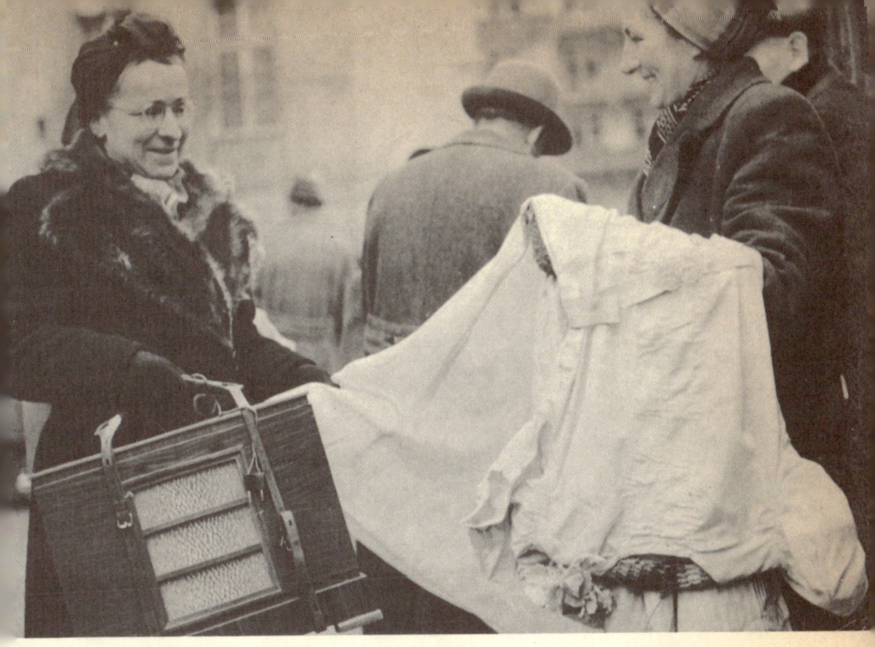

Radio gegen Kleid

Gelegenheit! Echte Borsten!

Ende einer Hamsterfahrt: Trotz flehentlicher Blicke müssen die mühsam ergatterten Kartoffeln herausgerückt werden.

Gespräche im Schatten der dänischen Grenze

Schon das junge Mädchen, das am Ausgang von Hamburg winkte, um bis Flensburg mitgenommen zu werden, war ein Flüchtling. Ostpreußin. Sie trug ein verwaschen grünes Kopftuch, ihr Gesicht war frisch und hübsch, doch was sie sagte, klang voller Bitterkeit: »In einem Haus zu wohnen, in einem Lande, wo einen niemand gern hat, Gott bewahre! Die Leute sagen: ›Jeder neue Flüchtling macht drei neue Dänen.‹ Dergleichen hat sogar schon in einer Zeitung gestanden.«

»Was sagen die Leute von Schleswig-Holstein?«

»Sie sagen: ›Wir haben im Leben nicht gewußt, was die Ostpreußen für Menschen sind. So faul, so liederlich und immerzu untertänig im Benehmen! Wenn die Ostpreußen auch Deutsche sind, dann danke! Dann verzichten wir; dann sind wir schon lange Dänen‹...« Das Mädchen fügte hinzu, daß die Leute, die dies sagten, die »Idealisten« seien.

»Und deshalb wollen sie dänisch werden?«

»Nein, hauptsächlich wegen der Speckpakete, die sie bekommen, wenn sie dänisch werden wollen!«

»Sind es viele Menschen, die so denken?«

Das junge Mädchen zuckte die Schultern.

»Das können wir Flüchtlinge so genau nicht wissen. Wir sitzen in den Stuben, die natürlich lieblich aussehen, weil wir die Kartoffeln, wenn wir welche haben, unterm Bett aufbewahren müssen. Wir sitzen auf der Bettkante und sehen unsere weißen Finger an.«

Sie hob eine Hand, die lange nicht gearbeitet hat. »Meine Hauswirte«, sagte sie, »sind beschäftigt, herauszukriegen, ob sie Verwandtschaft in Dänemark haben. Viele suchen nach solcher Verwandtschaft. Sie bilden sich ein, daß sie besser wären als die anderen, die ohne dänische Verwandte Dänen werden wollen, eben nur wegen dem Speck.« Nach einer Weile fügte sie hinzu: »Ich interessiere mich nicht für Politik, aber neulich hat ein kommunistischer Redner bei uns gesagt, daß die Dänen, die sehr moralische Leute seien, nicht viel Freude an denjenigen haben würden, die sie mit Speck einhandeln. Die ganze Sache mit allem Drum und Dran sei einfach schmuddelig und schmutzig. Und ich meine: Der Mann hatte recht!«

Einer ist im Schleswiger Land, der keine Schwierigkeiten hätte, dänische Verwandtschaft ausfindig zu machen: der Herzog von Schleswig-Holstein-Glücksburg, der auf Schloß Grünholz wohnt, der Vetter des Königs von Dänemark. Er hat 60 Flüchtlinge in seinem Schloß und ist für seine Person ins Dachgeschoß gezogen. Es ist nicht so, daß der Herzog eine Rolle im öffentlichen Leben spielte: »Ich bin gewöhnt, Privatmann zu sein. Es fällt mir nicht schwer, mich zurückzuhalten. Aber wer mich nach meiner Meinung fragt, kann sie hören!«

Er ist eine schlanke Erscheinung von jenem kühlen Temperament, aus dem dann und wann Herzlichkeit und Humor hervorblitzen. Und zunächst wägt er das Für und Wider eines Anschlußgedankens ab, als sei er persönlich unbeteiligt. Da seien die wirtschaftlichen Schwierigkeiten im ganzen englisch besetzten Zonenbereich, wo immer noch mehr von Abbau als von Aufbau gesprochen werde. Da sei die Tatsache des ständig schwindenden Vertrauens auf die Zukunft. Da seien die Pläne einer Bodenreform, die allen Landbesitz von mehr als 2000 Morgen gefährdeten. Da seien einerseits die Flüchtlinge, die nirgendwo so dicht aufeinandersäßen wie im Lande zwischen Nord- und Ostsee und die das Leben auf den Bauernhöfen mehr als erträglich einengten. Da seien andererseits die Maßnahmen der Denazifizierung. Wie in keiner andern Landschaft seien damals in Schleswig ganze Teile der Bevölkerung geschlossen in die Partei eingetreten. Sie fürchteten nun, vor den ostpreußischen Flüchtlingen zurückstehen zu müssen, von denen natürlich kaum einer das braune Parteibuch im Gepäck herübergebracht hätte...

Es zeigte sich später, bei der Fahrt durch das ganze Schleswiger Gebiet und bei dem Aufenthalt in Stadt und Land, daß diese Fragen immer wieder angerührt wurden. Es war nicht die Ansicht des Herzogs allein, daß die Separatisten unter den Schleswigern von höchst egoistischen Gründen bewegt würden: Sie wollen der Not der Gegenwart, der Unsicherheit der Zukunft, dem Gefühl, von der ganzen Welt moralisch verurteilt worden zu sein, für ihre Person entgehen. Sind sie erst Dänen, so sind sie niemals Mitläufer der Nazis gewesen.

Im Gespräch auf Schloß Grünholz tauchte aber noch eine andere Erklärung auf: Die Herrschaft einer Art Psychose. »Glauben Sie mir!« sagte der Herzog. »Viele, die sich der dänischen Minderheit angeschlossen haben, um Speckpakete zu bekommen, gehören gar nicht zu den Hungernden! Mancher, der seine Kartoffeln im Keller und regelmäßig seine Milch im Topf hat, weil er schließlich nicht umsonst auf einem Gut oder Bauernhof arbeitet, konnte nicht ruhig schlafen, ehe er nicht zu seinem Deputat auch noch das Dänenpaket erhielt.«

So trifft man also in Schleswig Menschen, die allein durch den Anblick von Hungernden getrieben werden, eilig nach Hause zu gehen und dank der Dänen tüchtig zu essen? Es muß wohl so sein!

Auf die Frage, ob nicht vielleicht auch manches Politische für die Abtrennungspläne spräche, richtete sich der Herzog in seinem Sessel auf: »Was könnten wir Dänemark nützen? Ein Agrargebiet ohne Industrie einem Agrarstaat? Und nun umgekehrt: Einmal wird sich wohl die Not auch in unserem Lande wenden. Unserem Deutschland aber, das immer vornehmlich von der Industrie wird leben müssen, werden wir, die wir Bauernland bestellen, helfen können, und dann wird es auch für uns wieder erträglich sein.«

Was aber die Dänenpolitik betrifft, so wiederholte der Herzog ein Wort, das er neulich einem gewiß nicht ohne Spekulation auf Schloß Grünholz weilenden Besuch aus Dänemark gesagt hatte, ein Wort, das aus seinem Munde nicht weniger schroff klang als das jenes kommunistischen Redners, von dem das ostpreußische Mädchen im Auto erzählt hatte. Der Herzog und der Kommunist, der Grundherr und der Arbeiter – in diesem Punkt waren sie ein und derselben Meinung: Schleswig sei deutsch und müsse auch deshalb deutsch bleiben, damit der deutsche Name nicht aufs neue belastet werde, denn aussteigen aus gemeinsamem – und gemeinsam verschuldetem Schicksal: pfui Teufel!

Ein schöner, alter Bauernhof zwischen weiten, wohlbestellten Feldern. Menschen von jener Gastfreundschaft, die erwärmt in dieser Zeit, die seelisch überall so unterkühlt erscheint. Allerdings, daß die Probleme dadurch einfacher werden, kann man nicht gerade feststellen.

»Wie werden wir die Flüchtlinge los?« klagt der Bauer Schmidt, der zugleich der hiesige Ortsvorstand ist. »Die wissen alles besser, kritisieren auf Deibel komm raus! Aber daß sie mal mit anfassen – selten! Bis elf Uhr in den Betten liegen und dann umherspazieren! Wenn ein Fremder durch unsere Gegend kommt, hört er nur Ostpreußisch auf den Straßen, weil wir Einheimischen ja schließlich

auf den Feldern sind und nicht mitreden können. Sehen Sie: Wenn wir zu den Dänen gingen, dürften die Ostpreußen nicht mit...«
Dies spricht der Bauer von den Flüchtlingen, obwohl er selbst, wie er zugibt, auch wieder Glück mit ihnen gehabt hat.
Es kam ein Mann zu ihm und fragte um Arbeit, ein Ostpreuße. Er holte bald seine Familie nach.
»Wir arbeiten ausgezeichnet zusammen und können uns nichts Besseres wünschen. Wenn alle Flüchtlinge so wären, dann wäre es leichter! Aber die Flüchtlinge sitzen hier und dort schon auf den entnazifizierten Posten in den Ämtern, und wenn sie reden, kommt genau das heraus, was wir Schleswiger als ›preußisch-stur‹ bezeichnen und noch niemals ausstehen konnten. Was haben die Preußen uns seit Bismarcks Zeiten gebracht? Vier Kriege, zwei davon mörderisch wie nie, gefallene Söhne in jedem Haus, Unsicherheit und Jammer, Militarismus und Nationalsozialismus. Sie können sicher sein, daß es nicht bloß ›Speckdänen‹ sind, die den Anschluß an Dänemark wollen.«
So geht das Gespräch eine Weile, bis es dem Bauern, dem es offenbar guttat, den »Flüchtlingsärger« sich vom Herzen zu reden, einfällt, daß auch der »Dänenidealismus« seine Schattenseiten habe. Wie verdächtig, daß ausgerechnet die wildesten Nazis von einst zu den Dänen wollen! Dabei ist es noch gar nicht so lange her, daß sie den deutschen Minderheiten jenseits der Grenze zuriefen: »Ihr da drüben, heim mit euch ins Reich!« Bedächtig und nachdenklich, wie es alter Bauernart zukommt, fügt der Bauer Schmidt hinzu, daß allerdings auch Mut dazu gehöre, sich offen für die dänische Seite zu erklären.

Der Regen rauschte auf Flensburg nieder, die Stadt, die aus langer Tradition eine Zeitung der dänischen Minderheit besitzt, ein Blatt, das, wie es heißt, zwar wenig gelesen, doch viel abonniert wird – wegen des Papiers, wie die Leute sagen. Der derzeitige Bürgermeister gehört der dänischen Minderheit an. Er ist Däne von Geburt, aber er hält sich abseits von den Fragen, die die Gemüter erregen, ob es dabei um Speck oder um ideelle Güter geht. Und es gibt keine Stimme in der grenznahen Stadt, die nicht diese Zurückhaltung und die Klugheit der dänischen Politik hervorhöbe.
»Es ist zweifellos so«, sagte Dr. Fuglsang, der Direktor des Flensburger Museums, einer der besten Kenner des Grenzgebietes und

seiner Geschichte, »daß die dänische Initiative, so groß sie ist, allein durch das Verhalten der Menschen auf deutscher Seite ausgelöst wurde. Die Anziehungskraft des wirtschaftlich Glücklicheren wirkt sich nun einmal aus. Daneben aber weiß jedermann, daß Dänemark nicht nur wirtschaftliche Vorzüge hat. Dieses Land ist stolz darauf, ein Rechtsstaat zu sein. Kennen Sie die Inschrift am Eingang des Obersten Gerichts zu Kopenhagen? ›Mit dem Recht muß das Land gebaut werden‹...«

Das eben ist es auch: Anderswo bei Grenzlandkämpfen, beispielsweise im Osten, wo mit Schlagworten wie »Kulturgefälle« gearbeitet wurde, sah der zivilisatorisch Fortgeschrittene gern auf den Menschen jenseits der Grenze herab, und Haß und Verachtung galten als wirksame Propagandamittel. Nichts davon an der dänischen Grenze! Selbst der schärfste Gegner des Anschlußgedankens achtet die Besonnenheit, die im dänischen Reichstag zu Wort gekommen ist, wo der Sprecher der Sozialdemokraten, der frühere Sozialminister Hedtoft, erklärte: »Für viele deutsche Südschleswiger ist der Wunsch, aus dem deutschen Zusammenbruch herauszukommen, größer als die wahre Zuneigung zu Dänemark!«

So sprach auch die dänische Loyalität, als Bertel Dahlgaard, der Wortführer der Radikalliberalen und frühere Innenminister, warnte: »Es ist die Frage, ob wir unser Schicksal, ja vielleicht unsere ganze staatliche Existenz, an eine Politik knüpfen sollen, die voraussetzen muß, daß Südschleswigs bisher mehr als 95 Prozent ausgesprochen deutsche Bevölkerung in eine Bevölkerung verwandelt wird, die innige Liebe zur dänischen Kultur und zum dänischen Volk empfindet.«

So sprach die dänische Vorsicht, als Außenminister Rasmussen eine Abstimmung in Schleswig erst nach einer ganzen Reihe von Jahren wünschte. Allerdings hat ein »Südschleswigscher Ausschuß«, der sich in Dänemark fast unmittelbar nach der Befreiung des Landes gebildet hat, in einem von mehr als einer Million dänischer Staatsbürger unterzeichneten Aufruf verlangt, daß bis zur Abstimmung Südschleswig nicht nur in verwaltungsmäßiger Beziehung von Holstein getrennt werde, sondern »voll und ganz der dänischfeindlichen Verwaltung von Süden her entledigt werden müsse«. Auch ist bereits eine Umfrage nach dem amerikanischen Gallupsystem veranstaltet worden, bei dem 44 Prozent von 2357 befragten dänischen Bürgern die Oberhoheit über Schleswig der UNO zuspre-

chen möchten, während 34 Prozent sich für Dänemark und neun Prozent für – England entschieden.
Dr. Fuglsang gab dem Interesse der Dänen an einer baldigen oder späteren Grenzveränderung mit leichtem Lächeln auch folgende Erklärung: »Sie haben nur diese kurze, 60 Kilometer messende Grenze. Weitere Grenzsorgen haben sie nicht.« Und er deutete an, daß die Dänen in diesem Punkt von alters her ein bißchen romantisch seien, mit Fahnen und Girlanden und so...
In der Kneipe, bei schlechtem, teurem Rübenschnaps, nannte ein Flensburger Bürger – wie ich am Nebentisch hörte – einen anderen Kneipengast einen Verräter. Der erwiderte: »Nee! Gerade nicht! Von Verrat an unserer Art kann keine Rede sein! Gerade umgekehrt!«
Auf diese Weise erfuhr ich, daß es Leute gibt, die gar nicht verheimlichen, im Besitz eines gewissen Parteibuches gewesen zu sein, und die sich auch heute noch altgewohnter Schlagworte von »Blut und Boden« und von der »Reinheit nordischer Art« bedienen. Sie wollen »nordisch« bleiben. Und so gesehen, ist es Treue, was sie nach Dänemark zieht...

Ich suchte den Syndikus der Handwerkskammer auf. Der zitierte sarkastisch ein in bürgerlichen Schichten gehörtes Wort: »Ich bin deutsch so lange, bis wir dänisch werden.« Oder: »Ich bin für deutsche Kultur, aber für dänische Butter.«
»Und was hat es mit den Speckpaketen auf sich?«
Antwort: »Es stand jedem gebürtigen Schleswiger frei, sich der dänischen Minderheit anzuschließen. Tat er's, so erhielt er monatlich: zwei Pfund Butter, ein Pfund Speck, ein Pfund Wurst, ein Pfund Käse, vier Pfund Nährmittel, zwanzig Pfund Kartoffeln, ein Schwarzbrot, ein Weißbrot. Dies wenigstens war die Dänengabe im April. Rechnen Sie sich aus, was das für eine vier- oder sechsköpfige Familie ausmacht! Dreitausend Kalorien täglich pro Mann und Magen kommen heraus, wenn Sie das hinzuzählen, was es auf Karten gibt! Andererseits haben wir das Gefühl, daß unsere Sache, die deutsche Sache, vom Süden her ein wenig vernachlässigt wird. Es ist nicht gut, daß es ganze Dörfer gibt, wo die Lehrer ausnahmslos ostpreußischer Herkunft sind. Weil die Einheimischen sich darüber ärgern, fordern sie ›Heimatschulen‹. Das sind Schulen der dänischen ›Minderheiten‹, und sie schießen wie Pilze aus dem

Boden, so daß die reichsdänischen Lehrer, die von drüben herübergeschickt werden, kaum mehr ausreichen. Wer die Augen aufmacht, sieht allerlei. Da wenden zum Beispiel Beamte, die immer noch von den Rechtsnachfolgern des Deutschen Reiches Lohn empfangen, ihren Einfluß auf, für die dänische Sache, sprich ›Minderheiten‹, zu arbeiten.«
Diese Andeutung hat später ein Beispiel gefunden. Es wurde nämlich erzählt, daß elf deutsche Lehrer auf Grund des alten Genfer Status zum Schutz der Minderheiten an neugegründete dänische Schulen überwiesen würden. Zunächst hatten die elf sich geweigert; sie seien Deutsche...

Dies ist nun einer der wenigen Männer, die offen für die Loslösung Schleswigs eintreten: der Schriftsteller Dr. H. P. Jacobsen. Er hat einen Roman geschrieben – »Peter Nogensen« –, der in Deutschland und Dänemark zugleich erscheinen soll und zu dem Holger Andersen, der Präsident der dänischen Grenzvereinigung, ein Vorwort verfaßte, in dem die Sätze stehen: »Bismarcks Theorie von Blut und Eisen führt in gerader Linie zur Gegenwart. Der Einmarsch in Schleswig-Holstein 1864 liegt auf einer Ebene mit dem Einmarsch in Österreich 1938 und in die Tschechoslowakei 1939.«
Dr. Jacobsen aber erklärt: »Trotz dieser Anschauung lehnt die dänische Mentalität jeden Zwang in der Grenzlandfrage ab.«
»Und der sanfte Zwang der sogenannten Speckpakete?«
»Ist soeben gestoppt und wird neu geregelt!« erwidert Dr. Jacobsen in seinem von dänischen Farben geschmückten Arbeitszimmer. »Man hat dies so geändert, daß die Anwärter erst sechs Monate und demnächst sogar neun Monate warten müssen. Es gibt natürlich Speisung für die Kinder in den Schulen. Der dänische Standpunkt sagt: Wir legen auf die ›Speckdänen‹ keinen Wert, aber wir wollen helfen. Wir wollen keine Gewaltaktion. Aber kommen die Südschleswiger freiwillig, so sollen sie herzlich willkommen sein!«

Niebüll, nahe der Nordseeküste, ist die kleinste Kreisstadt, die wir jemals sahen. Im Amtsgebäude des Oberkreisdirektors ist auch der Pastor aus Stedesand zugegen. Mitglied des Schleswig-Holsteinischen Landtages und dank seiner Persönlichkeit, die er auch schon gegen die Naziherrschaft zur Geltung gebracht hat, ein populärer Mann. Er erzählt von den Kindern aus Westerland, die früh um sieben Uhr zum Festland herüberfahren, um rechtzeitig zur Schule zu kommen, nachmittags um vier Uhr erst Gelegenheit haben, nach Hause zurückzukehren und niemals mehr als drei oder vier Schnitten Brot für diese lange Schulreise mitbekommen.

»Wir brauchen Schulspeisung«, sagt der Pastor. »Dann wird den ›dänischen Minderheiten‹ der Wind aus den Segeln genommen. Es kommt darauf an, die Nerven zu behalten«, sagt der Pastor. »Es ist wie eine Psychose. Als Deutschland noch im Schwung war und seinem Untergang entgegenraste, war das Abspringen während der Fahrt verboten. Jetzt kommt die Reaktion: ›Raus aus Deutschland, das uns in den Dreck geschickt und in Blut und Jammer erstickt hat!‹ Ich begreife, daß es Leute gibt, die so die Nerven verlieren. Aber es kommt darauf an, den Zweiflern über den Schock hinwegzuhelfen! Zwar – wir können keinen Speck, wir können nur den Glauben an Deutschland bieten, das nicht immer ›preußisch-stur‹, nicht immer diktatorisch, nicht immer verbohrt und rücksichtslos war, sondern auch andere, bessere Eigenschaften besitzt. Wir Deutsche haben auch Eigenschaften, auf die stolz zu sein sich auch heute noch lohnt.«

In Schleswig sind die drei ersten gewählten Vertreter des dortigen Kreises in einem Raum versammelt. Zwei Vertreter der SPD, ein Mitglied der CDU.

Was hatte Dr. Jacobsen am Tage zuvor behauptet? »Wenn durch zentralistische Organisationen, wenn durch Parteidisziplin eine Einstimmigkeit der Meinung erzwungen werden sollte, dann fliegen in Schleswig sowohl die SPD als auch die CDU glatt auf!«

Und nun habe ich hier einen Sozialdemokraten auf wichtigem Posten getroffen, der sich für den Anschluß an Dänemark entschieden hat. Kein Zweifel, das Wort vom »Speckdänen« trifft auf ihn nicht zu. Ihn so zu nennen, wäre die schwerste Beleidigung für einen Mann, der betont: »Man kann diese Sache nicht mit Schlagworten, sondern nur mit dem Recht entscheiden.« Er wehrt sich auch gegen den Ausdruck »Separatist«. Er sagt: »Wer hier geboren ist und für seine Heimat eintritt, der kann doch kein Separatist sein!«

Aber recht klar sind solche Argumente nicht. Er sagt, daß der Krieg und der Kriegsausgang eine natürliche Hinwendung zum Norden gebracht hätten. Er sagt, sogar alte Leutchen, Siebzigjährige, nähmen jetzt das Bismarckbild von der Wand. »Ich stamme von hier«, sagt er. »Ich will endlich Ruhe für meine Heimat.«

Aber die Kernfrage ist doch wohl, ob die Eingesessenen in Schleswig Deutsche sind oder nicht. Daher erinnert der Gesprächspartner aus den Reihen der CDU an jene Abstimmung, die im Jahre 1920 den nördlichen Zipfel des Landes, von den Dänen »Nordschleswig« genannt, an Dänemark brachte, und an die Reichstagswahlen am 7. Dezember 1924, also in einer Zeit, da man wirklich von Freiheit und Demokratie reden konnte.
Damals hat sich herausgestellt, daß in diesem Gebiet, welches die Dänen »Südschleswig« nennen, der Anteil der dänischen Minderheit verschwindend gering ist.
Jeder hat dies damals anerkannt, und so ist es begreiflich, daß die deutschbewußten Kreise heute klagen: »Was ist das für Recht, nach dem die ›dänischen Minderheiten‹ heute schon 90 Schulen im Lande unterhalten?«
Der dritte in der Runde ist der Vertreter der Gewerkschaften, Vorbrook mit Namen, Sozialdemokrat und, wenn auch nicht hier gebürtig, doch seit 1928 im Lande.
»Ich habe in der Nazizeit für dänische Zeitungen geschrieben und viele Schwierigkeiten dadurch gehabt«, sagt er. »Also darf niemand behaupten, daß ich ein Feind der Dänen sei. Und daher sage ich zu den neuen sogenannten ›Minderheiten‹: ›Wenn ihr die Courage gehabt hättet, euch unter der Nazizeit für Dänemark zu bekennen, hätte ich Respekt vor euch gehabt.‹ Aber heute? Es ist die Sehnsucht so vieler Deutscher, ins Ausland zu gehen, um sich vor den Forderungen der Gegenwart zu drücken. Und in Schleswig soll es Leute geben, die nicht bloß ein bißchen Gepäck, sondern Haus und Hof, Grund und Boden ins Ausland mitnehmen sollen? Und diese Leute wollen obendrein noch Idealisten sein? Ich bin Sozialdemokrat, also einer von denen, die in der Nazizeit als ›Untermenschen‹ galten. Ich weiß, wo die Arbeiter stehen: Sie bleiben treu. Als ob ich nicht jeden Tag von neuem feststellen könnte, wer die neuen Dänenfreunde sind! Glauben Sie mir: Die Leute mit den berühmten goldenen Parteiabzeichen haben ihre Kinder in dänische Schulen geschickt! Da ich zufällig Vorsitzender des Entnazifizierungsausschusses bin, erlebte ich folgenden Fall unter vielen Fällen: Eine Frau, ehemals deutschnational, jetzt ›dänische Minderheit‹, wird Abgeordnete im Stadtparlament. Ihr Fragebogen bringt es heraus: Sie war Blockleiterin im ›Deutschen Frauenwerk‹, könnte also weder in Deutschland noch in Dänemark einen öffentlichen Posten

bekleiden. Glauben Sie mir: Der südschleswigsche Gedanke der materiellen Verbesserung ist zu primitiv, als daß man nicht wüßte, was hier gespielt wird. Da lobe ich mir den Arbeiter, der erklärt: ›Ich war nie ein Nationalheld, aber ich werde auch nie ein Nationallump sein!‹ ...«

»Was wird sich stärker erweisen, der Gedanke an Deutschland oder die Sorge um das persönliche Wohl?« So fragte ich auf der Heimfahrt einen jungen Mann, der am Straßenrand gewinkt hatte und bis Rendsburg mitgenommen werden wollte.
Er sagte: »Ich weiß nicht, was ich tun soll. Mein Vater war Deutscher, er ist gefallen. Meine Mutter lebt und ist eine echte Dänin. Ich glaubte, Deutscher zu sein, und bin als Schwerverwundeter heimgekommen. Ich mische mich nicht in den Streit, und wenn die Leute mich drängen, so antworte ich ihnen mit der Frage: ›Darf ich wenigstens Mensch sein?‹ Dann machen sie dumme Gesichter.«
Er sah mich an. Ich hoffe, eine aufmerksame Miene gemacht zu haben, denn ich war gerade dabei, eine lange Kolonne britischer Militärfahrzeuge zu überholen.

Friedvolles Heidedorf

Sonntag. Die tiefgezogenen Dächer des Heidedorfes benehmen sich genauso, wie die Dichter es in den guten alten Zeiten sonntags wollen: Sie blicken freundlich durchs Gebüsch.
Auch die Schornsteine spielen mit: Sie blasen liebliches Dampfgekräusel in die sonnenerfüllte Luft und lassen darauf schließen, daß es mittags etwas Gutes zu essen gibt. Was die Dorfkinder betrifft: sie jauchzen; was die Hunde angeht: sie bellen und beißen nicht. Weit in der Ferne tun auch die Glocken, was sich gehört: sie läuten. Die Mädchen tragen schon am Vormittag weiße Kleider. Auch Gesang kommt vor: aus dem Garten und aus der Küche. Nur eines fehlt: der Dichter, der träumend am blitzenden Bach steht und dieses Klischee der Dorfatmosphäre genießt.

An seiner Statt sind zwei englische Offiziere erschienen. Sie stehen am Flüßchen und angeln, wobei sie mittels ihrer Tabakpfeifen angenehmen Geruch verbreiten. Sie stehen bewegungslos, obwohl sie gar nichts fangen. Kurz, es ist Sonntag. Und richtig: Da muht ja auch eine Kuh, da wiehert ein Pferd.

Was mich betrifft: Ich gucke aus dem Fenster des Autos hinaus und bin gewiß: Hier gehen die Alteingesessenen mit den Neudörflern Arm in Arm spazieren, und niemals kommt es vor, daß Bauernfrauen die Töpfe der Flüchtlinge vom Herd schubsen, worauf diese – auch nicht faul – jenen heimlich ins Essen spucken, wie es anderswo schon vorgekommen ist.

Da schabt etwas am Wagendach, pustet durchs Fenster und mir warm in den Nacken; ein Pferd. Aber was für ein Pferd! Langer Kopf und große Augen, reiche Mähne und schlanke Flanke, starke Schenkel und zarte Fesseln – ein Vollblut, ein Reitpferd aus Ostpreußen. Doch auf der gleichen Weide, an deren Zaun ich »parke«, seh' ich auch noch ein anderes »Roß« unter den einheimischen Tieren grasen: einen vierbeinigen Dreikäsehoch, nicht größer als eine ausgewachsene Dogge, ein Liliput-Pferd, wie man es sonst nur im Zirkus oder im Zoo bewundern konnte. Aussteigen und den nächsten Heidebauern fragen, der des Weges kommt!

Oh, das ist eine Geschichte für sich: Es war einmal hierzulande ein großmächtiger Gauleiter (und wenn er sich nicht umgebracht hätte, so lebte er – vielleicht! – noch heute). Der hatte sein Pläsier daran, in der großen tausendjährigen Epoche ganz kleine Pferdchen zu züchten. Als aber nun alles zu Ende war, da stellte sich heraus, daß jene, die im Gauleiterhaushalt dienstverpflichtet waren, noch rückständigen Lohn zu bekommen hatten. Da mußte das Pony als Schadenersatz dienen und gelangte so ins Heidedorf, wo nun statt des Gauleiters die Kinder mit ihm spielen, Bauernkinder und Flüchtlingskinder. Denn wirklich, es ist ein freundliches Dorf, nicht nur, wenn sonntags von fern die Glocken läuten...

Zwei Dutzend Häuser ungefähr, und drüben in einem anderen Dörfchen, das gleichfalls zur Dorfgemeinde zählt, noch einmal ein Dutzend Häuser. Insgesamt haben hier und drüben 312 Eingesessene gewohnt. Dann sind 317 Flüchtlinge dazugekommen. Wo sind die Dichter, die dieses Heidedorf besingen, das friedliche Dorf, in dem die Flüchtlinge auch als Menschen gelten?

Wir lassen den Wagen stehen, und der Bauer nimmt mich mit in sein

Haus. Da sagt die Bauersfrau: »Sie sehen so städtisch aus. Haben Sie Nähseide?« Und der Bauer sagt: »Die Ernte steht gut. Hätten wir Dünger genug gehabt, stände die Ernte wunderbar. Das Dumme ist, daß die Schweine fehlen. Ein gemästetes Schwein wird in diesem Winter Museumswert haben.«
Bald stehen Gäste aus Lüneburg an der Tür. Sie wollen feststellen, ob man in dieser Gegend Torf stechen könnte. O ja, das Moor ist da, aber es fehlt an Geräten und an Erfahrung. – »Es ist eine interessante Zeit«, sagt der Bauer. »Sehr oft werde ich gefragt, ob man die Heide urbar machen könne. Das würde den Ostpreußen neue Arbeit, vielleicht eine neue Heimat geben. Aber es sind nur bestimmte Areale, die sich noch kultivieren lassen. Die weite Heide insgesamt ist zu arm, zu trocken, zu sandig. Wenig Aussicht«, meint der Bauer. »Aber was man versuchen kann, soll man versuchen! Nur die Nerven behalten und sich nicht verrückt machen lassen durch zu viele und zu große Pläne!«
In der Mühle sitzt eine junge Gutsbesitzerin aus dem Osten, die im letzten Kriegsjahr mit einem großen Treck und zwanzig Pferden ankam. Ihre Leute – meist Polen – sind wieder abgewandert. Zwei alte feine Damen sind noch da, Hausdamen, voll von Erinnerungen und alten Schloßanekdoten; sie sitzen und nähen und stricken fürs Dorf. Sie haben zu tun. »Schauen Sie mal aus dem Fenster. Wie schön doch die Rosen blühen!« Die zwanzig Pferde – darunter eins von edelstem Geblüt – sind auch noch da. Sie arbeiten bei den Bauern.
Die einstige Gutsherrin reitet nicht mehr, nie mehr! Sie ist nachmittags in den Wald gegangen. Die Bickbeeren sind reif. Es ist im grünen Gesträuch eine schwarze, perlende Fülle.
Als es Abend wird, rollt ein schwerer Gummiwagen aus einem Hoftor: Die reifere Jugend hat sich zu dem Tanzvergnügen gerüstet, das im nahen Kirchdorf stattfindet, wo außerdem ein Karussell aufgetaucht ist. Sobald der schwere Wagen mit der jungen Fracht davongefahren ist, rücken die Heidehäuser in der Dämmerung nah zusammen.
Was noch zu melden wäre, ist höchstens dies: Die Engländer standen noch immer am Bach, in hohen Stiefeln und friedlichen Gemüts. Sie hatten nichts gefangen und außer dem Anblick des hübschen Dorfes nichts erlebt, rein gar nichts. Aber den Hauch des Friedens – den haben sie wohl gespürt.

Das tägliche Brot und das Dach überm Kopf

In Hamburg – so repräsentativ es sich da und dort auch noch in seiner Zerstörung und Armut gebärden möchte – ist es augenblicklich nicht Sitte, die großstädtischen Mülleimer, die schweren Kanonenöfen mit Deckeln gleichen, in dunklen Hinterhöfen zu verstekken, sondern man stellt sie auf die Straße vors Haus, mitten in die Öffentlichkeit des hellen oder regengrauen Tages. Das ist noch ein Erbe der Kriegszeit und hatte einmal den Zweck, Personal der städtischen Müllabfuhr einzusparen, um wieder ein paar starke Männer mehr an die Front oder in die Rüstungsfabriken zu schicken. Die starken Männer, soweit sie wiederkehrten, sind aber heute höchstens noch mittelstark. Und es wäre wohl ein Frevel an der Heiligkeit des Gesetzes von der bestmöglichen Ausnutzung der Kalorien, sie zu ihrem schweren Los auch für nichts und wieder nichts die schweren Eimer über enge Stiegen und dunkle Gänge tragen zu lassen. Indes haben noch andere Menschen von der Tatsache, daß die Mülleimer wie graue Säulenstümpfe einfach auf der Straße stehen, ihren Nutzen...

Hamburg, Parkallee. Eine Straße im leidlich unversehrten Viertel. Wohl hat die Bombe hie und da ein Loch in die Häuserzeile gerissen. Das gleicht dann sofort einer häßlichen Zahnlücke in einem recht gepflegten Gebiß. Immerhin, die Straße mit ihren weißen, schmukken Häusern hat noch viel vom verblichenen Glanz des Hanseatischen und viel von jener idyllischen Unschuld, die dem nahen Innocentiaplatz den Namen gab. »Zone A«, nickt der Eingeweihte: Es ist das Viertel, das für die englische Behörde geräumt werden muß. Hier stehen die hübschen Villen noch reihenweise. Und reihenweise stehen die Mülleimer.

Und dies ist nun – Gott sei es geklagt! – der Ort, das Großstadtleben von heute an einem besonderen Zipfel zu fassen. Kein Vogelsteller, der nach vielfältig erprobten Gesetzen seine Schlingen auslegt, hat es so leicht, seine Beute zu fangen, wie der Chronist dieser Gegenwart, der sich zu den Mülleimern begibt. Er braucht nicht lange zu warten: Die Vögel kommen angeflattert, der Hunger treibt sie herbei.

Fünf Uhr nachmittags. Da kommt die Frau in Schwarz, die – bis auf die ausgetretenen Schuhe – noch auffallend gut gekleidet ist und sich zu Tode schämt, als sie angesprochen wird. Nein, sie will es nicht wahrhaben, daß sie die Mülleimer geöffnet hat, fünf Mülleimer der Reihe nach. Ihre Hände sind schmutzig von Asche und Dreck, aber sie leugnet es ab, die Eimer durchwühlt zu haben, weil sie etwa nach Eßbarem suchte.

»Ich sammle Holz«, sagt sie und setzt die Worte fein und wie auswendig gelernt und tadelt sogar die Leute, die so unverantwortlich sind und Holzstücken in den Müll werfen. Sie sagt: »Es ist mir um das Holz zu tun. Ich habe Angst vor dem Winter.«

Dabei herrscht die Hochsommersonne an diesem Tag, und aus ihrem mit Papier bedeckten Einkaufsnetz schauen vertrocknete Kartoffelschalen heraus...

Drei Minuten später kommt der Einbeinige angehumpelt, der im Kriege Unteroffizier war und der Nacht für Nacht dort schläft, wo die Arbeiterviertel Hamburgs »total flach« liegen, in einem Kellerloch, »so dumpf und stickig, daß der Schützengraben ein Erholungsort dagegen war«. Er trägt ein kleines Säckchen an einer Schnur über der Schulter. »Da tu ich den Schiet, den man noch fressen kann, 'rein und rühr' es abends durcheinander und koch es auf und schling es 'runter.«

Er sucht auch Blechstückchen und hämmert daran herum in seinem Kellerloch und verkauft sie dann als Aschenbecher. »Heimarbeit«, sagt er.

Es kommen viele zu den Mülleimern. Die einen mit zögernden Schritten, wie angezogen und abgestoßen zugleich, und verschwinden schnell, wenn sie sich beobachtet sehen; die andern schlendern gemächlich näher und sprechen sich leichthin aus: »Es ist ja nicht, daß das Lebensglück davon abhängt, aber man interessiert sich doch – nicht wahr? –, was da so drin ist in den Eimern. Und ob Sie's glauben oder nicht: Manche Leute schmeißen da Sachen 'rein, die noch ganz brauchbar wären.«

Wie sie alle auf die Mülleimer-Inhaber schimpfen, falls sie, was selten ist, noch »ganz brauchbare Sachen« finden, wie Kartoffel- oder gar Apfelschalen! Wie sie Ausflüchte suchen in der Verlegenheit!

Einer allerdings, ein Sechzigjähriger, was sagt er? »Ich sage es frei heraus: Das war noch nie in Deutschland oder gar in Hamburg so, daß anständige Leute in den Mülleimern kramen mußten! Das war noch nie! Warum soll ich mich schämen? Im Müll zu wühlen, das ist eine schöne Tagesbeschäftigung für einen Pensionierten, mein

Herr; sie füllt einen restlos aus. Was wollen Sie? Man holt noch mancherlei heraus. Oder wollen Sie von den Kalorien leben, die heutzutage nach den Karten auf weißen Tellern im Restaurant serviert werden?«

Plötzlich steht ein kleiner Junge da. Barfüßler. Blonder Schopf und Schatten unter den Augen. Ich halte ihn an, und ein Arbeiter, der um halb sechs Uhr angeradelt kommt, argwöhnt, daß dem kleinen Burschen Unrecht geschähe. »Lassen Sie den Jungen zufrieden!« ruft er von weitem.

Zufrieden – was ist das für ein Ausdruck?

»Bist du zufrieden, Junge?«

Er hat ein Stück Kartoffel von der Größe einer Kastanie gefunden, hat eine angefaulte Stelle herausgebissen und ausgespuckt und den Rest gegessen, roh. Er schaut auf, fürchtet, Unrecht getan zu haben und verjagt zu werden. Gleich wird er heulen. In seinen Augen steht nicht bloß die einfache Jungenangst; nein, da steht schon die graue Lebensangst der Erwachsenen unserer Tage.

Der Arbeiter hat einen Fuß auf die Bordkante gesetzt. »Wenn ich solche Jungens sehe«, sagt er, »denke ich an Rußland: Da standen sie auch immer ohne Schuhe vor unseren Unterkünften und schrien: ›Pan, dai mnje chleb!‹ Herr, gib mir Brot. Ich denke immer, so'n Junge spräche kein Deutsch.«

Und wie um es auszuprobieren, wird der Junge gefragt: »Wo bist du her? Wo wohnst du?«

Er stammt aus der Bundesstraße und spricht das »st« hübsch hamburgisch getrennt, reines, gutes Hochdeutsch.

Da stößt der Sarkasmus aus dem Arbeiter hervor: »Kannst du auch beten, Jung? Dann bete mal: Unser täglich Brot gib uns heute – aus dem Müll...«

Er sagt es mit sehr lauter Stimme und hat Zornadern an den Schläfen. Und der Junge kennt wohl dieses Gesicht von Erwachsenen und rennt davon.

Aber auch der Arbeiter erzählt, daß er nach Fabrikschluß mit ziemlich großem Umweg regelmäßig durch eine dieser Straßen führe, wo es doch hin und wieder etwas »Extraes« gäbe, als da sind Gemüsereste und Kartoffelschalen. Er steigt nicht vom Rad, er kippt mit dem Fuß einfach die Deckel der Mülleimer hoch und schaut hinein: »Ich habe vier Karnickel auf dem Balkon: Die füttere ich aus dem Müll. Einmal will ich noch Fettlebe machen.«

Sechs Uhr nachmittags. In der verflossenen Stunde sind zweiundzwanzig Menschen an die Mülleimer herangetreten. Und danach dürfte es nicht zuviel gerechnet sein, wenn man annimmt, daß jeder Mülleimer in Hamburg mindestens ein halbes dutzendmal täglich durchsucht wird. Tatsächlich hat ein Freund, der in der Parkallee wohnt, noch sehr spät, als kein Mensch mehr auf der Straße war, die Deckel der Mülleimer klappern gehört.
Was braucht der Mensch, gleichgültig, ob er den Krieg gewonnen oder verloren hat, ob er in Reichtum oder in Armut lebt? Das tägliche Brot und das Dach überm Kopf!
Ich habe ein Zuchthaus gesehen: Dies hatten sie alle, das Dach und die vier Wände und den Blechnapf mit dem Essen. Ich hörte einen, der im Ausland war, die Meinung aussprechen, die Deutschen benähmen sich, als hätten sie alle im Zuchthaus gesessen und als wüßten sie vorderhand noch nicht, was sie in der Freiheit anfangen sollten. Das stimmt! Sie gehen hierhin und dorthin, stehen herum, reden dies und das und haben noch nicht wieder begonnen, recht eigentlich zu leben. Aber es stimmt auch, daß viele in den Großstädten nicht wissen können, wo sie hingehen sollen, wie sich nähren und wie zwischen geborstenen Wänden hausen.

Lerchenstraße 23. Ein einzelstehendes, schmales Haus. Ringsum Steingeröll eines Bombentreffers. Die Baupolizei hat schon längst herausbekommen, daß dieses Haus nahe daran ist, zusammenzukrachen. Die Familie K. – über eine schmale Treppe erreichbar – wohnt hier denn auch auf eigene Gefahr.
Die Mutter lag dreißig Wochen im Krankenhaus; der Sohn kam nach kurzem Krieg aus kurzer Kriegsgefangenschaft und aus dem Lazarett zurück. Er war erst sechzehn Jahre alt, als sie ihm die Milz wegoperierten. Er hat noch andere Narben. Ihn nackt zu sehen, sei ein Jammer, sagt seine Mutter. »So jung und schon ein halber Mensch!«
Mutter und Sohn – das ist noch nicht die vollständige Familie. Sie sind zu neun Personen, wenn sie beim Abendbrot zusammensitzen, und der Tisch ist nicht groß genug, diese Hamburger Familie daran Platz nehmen zu lassen, so daß die Stunde der Mahlzeit einem improvisierten Lagerleben gleicht. Aber darum keine Sorge. Die meiste Sorge gebührt dem Haus.
Der Krieg höchstselbst sitzt noch in diesem Hause. Das ist wie eine

Krankheit. Nachts ein Rascheln und Knistern – da meldet sich der Krieg zu Wort, emporgetaucht aus der Vergangenheit. Die Risse in den Wänden, die Andenken der Bombennächte, vertiefen und verbreitern sich. Sie haben die Risse schon mit Lehm verschmiert, Mutter und Sohn. Vergeblich. Sie haben die Löcher mit Tuchfetzen verstopft. Wenn der Wind erwacht, pfeift er ungebändigt durch die Ritzen und macht sie breiter und schüttelt an den Wänden, bis einmal das Haus zusammenbrechen wird. In solchen Windnächten gleicht dieses Haus einem Verrückten, in dessen Innerem all die Geschehnisse wieder wach werden, die einst zu seinem Wahnsinn führten. Das Haus spielt noch einmal Bombenkrieg. Die Wände schwanken, Türen springen auf und knallen zu, als sei der Luftdruck von Bombeneinschlägen aufs Neue wirksam. Dann springen die Bewohner aus den Betten, kleiden sich an, bereit, über die schwankende Treppe ins Freie, in die Sturm- und Regennacht zu stürzen. In den Keller aber getrauen sie sich nicht. Denn dort sind die Ratten.

Manchmal steigt aus dem Abflußbecken der Wasserleitung ein so widerlicher Moordunst hervor, süßlich dumpf wie Leichengeruch, und verbindet sich mit dem wehenden Kalkstaub, so daß die Bewohner nasse Tücher vor Nase und Mund halten müssen, als säßen sie noch einmal im Branddunst einer Bombennacht. Lerchenstraße 23...

Gleichfalls in der Lerchenstraße steht das Hinterhaus, das einem zerfallenen Schuppen ähnelt. Zerborstene Wände. Nur eine halbe ausgezackte Mauer trennt den Wohnraum des alten Arbeiterehepaares von der dunklen, dumpfen Ecke, in der ein mehr als 60 Jahre alter ehemaliger Schlachtermeister haust, dem die Bombe Geschäft und Wohnung wegschlug. Vorn kocht die Frau aus Gemüseabfällen eine unsagbar übel duftende Brühe. Sie hat den Kochherd aus ihrer Wohnung gerettet und dazu eine Inschrift, wie ordentliche Leute sie lieben: »Eigener Herd ist Goldes wert.« Sie hat den Spruch über das Becken der Wasserleitung gehängt und schwärmt davon, wie hübsch es war in der alten Behausung, wo sie eine gute Stube hatten, obwohl der Mann nur ein einfacher Arbeiter war, und sie hatten alle Woche frische Laken auf den Betten.

Und sie klagt, wie entsetzlich es an kühlen Tagen in diesem Loch hier zieht aus allen Fugen und daß sie zu Tode kommen, wenn sie noch einen Winter wie den letzten darin aushalten müssen.

Drinnen, jenseits der halben Wand, tönt Stöhnen wie von einem Tier. Dort rumort der Schlächtermeister; er wollte zum Hof hinaus, wollte austreten, hat's aber nicht länger aushalten können und quält sich nun wieder auf das Feldbett, auf den Strohsack. Seine Hände sind geschwollene weiche Pranken. Er hat zwei Feinde, und sie wachsen ihm über den Kopf: Herzbeschwerden und Hunger.
Die Nachbarn jenseits der halben Wand helfen ihm, so gut sie es vermögen, so gut, wie nur die Ärmsten zu helfen wissen. Daß jener einst reich war, sie haben es vergessen, der heute nur noch stöhnen und mit den Zähnen knirschen kann, wenn die Schmerzen ihm die Sinne nehmen.
In der Nähe des Karl-Muck-Platzes ist ein Kellergewölbe, das einmal der Luftschutzraum des Hauses war. Dort lebt eine Mutter mit neun Kindern. Die sind neunzehn, achtzehn, sechzehn, dreizehn, elf, acht, sieben, sechs und vier Jahre alt. Die Enge, die Not, wohl auch die lange Trennung in der Zeit, da er Soldat war, haben den Mann, den Vater, nicht zurückfinden lassen. Er wohnt anderswo, irgendwo.
Die Mutter und ihre Kinder kämpfen einen verzweifelten Kampf gegen die Unordnung, gegen die Verzweiflung, gegen den Unrat. Der älteste Junge hat sich darangemacht, Zwischenwände zu mauern. Man sieht es den Mauern an, daß nicht gerade ein Fachmann am Werke war. Aber die Mauern mußten sein! Es stehen so viele Betten aller Größen, aller Stile herum, daß der dunkle Raum in seiner ganzen, ungeteilten Größe einer unterirdischen Kasernenstube glich, und dieses Bild hatte der älteste Sohn, der schon Soldat war, lange genug vor Augen gehabt, um seiner überdrüssig zu werden.
Sie haben die Wände geweißt und gestrichen. Es ist schon eine Art Manie der Töchter geworden, immerfort den Staub von den zusammengebettelten Möbeln zu putzen. Aber wie sollte sich das ändern lassen, daß kein Lichtstrahl des Tages in dies Kellergewölbe fällt? Auch kann niemals gelüftet werden.

Ich habe Kellerräume gesehen, in denen schwangere Frauen »wohnten«. Und der Anblick jener jungen Frau ist unvergeßlich, die mitten im Gespräch plötzlich kopfüber auf den Tisch kippte, kalkbleich im Gesicht und in Zuckungen verfiel und endlich in eine erlösende Ohnmacht sank. Vorzeitige Wehen? O nein, die Nachbarinnen

wußten Bescheid: Es war nur der unter den armen Leuten übliche »Anfall«, ein Magenkrampf, hervorgerufen durch Unterernährung, ausgelöst dadurch, daß diese Frau einen mehr oder minder reifen Apfel, ein Geschenk von mildtätiger Hand, zu sich genommen hatte.
In Hamburger Krankenhäusern kann man die Babys sehen, die unter solchen Umständen geboren wurden: Sie sind ausgezehrt, noch ehe sie das Licht der Welt erblickt haben, sie haben Hunger schon im Mutterleib gelitten. Ihre Gesichter gleichen denen von bösen Greisen, die in einem langen Leben vieles, vieles erfahren haben, nur nichts Gutes.

Im Viertel von St. Pauli wohnen in Kellerräumen, die keine Tür voneinander trennt, zwölf Personen. Einer der Räume ist schmal und lang, eigentlich ein Stück Korridor. Zwei Betten stehen hintereinander, die Ruhestatt für vier Personen.
Das war alles, was das Hamburger Wohnungsamt dieser aus der russischen Zone heimgekehrten Hamburger Familie bieten konnte. Trübes Licht, quälende Enge. Aber das Schlimmste ist ein entsetzlicher Geruch, ein Konglomerat von erstickenden Gerüchen, aus dem der »Duft« von Lysol hervorsticht. Neben dem Wasserbecken – »wir haben immerhin fließendes Wasser«, sagt die Frau des »Hauses« – springt die roh gemauerte Wand zurück und öffnet den Blick auf das Becken einer Toilette. Keine Tür trennt diesen der »Hygiene« gewidmeten Raum vom »Wohn- und Schlafzimmer« der vierköpfigen Familie. Doch wird die Toilette von allen zwölf Bewohnern der Kellerräume benutzt. Kaum daß einer seine Notdurft verrichtet und nachgespült hat – »wir haben gottlob auch in der Toilette fließendes Wasser« –, stürzt die Frau, die praktisch im selben Raum wohnt, mit der Lysolflasche herbei. Der Mann, das Oberhaupt der vierköpfigen Familie, erinnert sich: So hat es im Schützengraben gerochen an unerträglich heißen Sommertagen – »aber da war wenigstens oben, wo man die Flieger kurven sah, frische Luft«. Die Frau sagt: »Niemals ist man mal allein, jeden Augenblick geht einer durch aufs Töpfchen ... Und wo sie heutzutage alle diese Magengeschichten haben ...«
Wir müssen hinzufügen, daß die Tochter der Familie, ein sauber gekleidetes, hübsches Mädel, 15 Jahre zählt. Wie muß in ihren Augen die Welt aussehen, der sie entgegenblüht?

Auf dem Heimweg hörte ich aus irgendeinem Hause eine Schallplatte klingen: Es war das schöne, traurige Negerlied »Nobody knows the trouble I have seen« ...

Die Wallfahrt nach Kevelaer

Der Rhein strömt breit dahin. Bald wird er sich ins Meer verströmen. Er gibt nicht mehr acht auf das Werk der Menschen. Sie haben die Trümmer alter Brücken in sein Strombett getrieben. Und um aufragende Schornsteinspitzen gesunkener Dampfer bricht sich die Schaumwelle, als führe drunten eine Unterwasserflotte spazieren. Der Rhein aber ist erhaben über alles dies ...
Drüben liegt Xanten. Die Mauern stehen noch vom Xantener Dom, doch nicht viel mehr. »Auf eigene Gefahr« kann man auch noch durch das alte Stadttor fahren, das aussieht, als sei schon Siegfried hindurchgeritten auf seinem Zug nach Worms. Rumpelt jetzt einer der schweren zweirädrigen Bauernkarren durch, wie sie am Niederrhein wie in Holland, Belgien und Nordfrankreich Sitte sind, dann löst sich oben, aus dem Mittelalter, zuweilen ein dicker grauer Stein und erschrickt mit seinem Gepolter drunten die Leute aus dem 20. Jahrhundert, die es doch verlernt haben sollten, leicht zu erschrecken.
Ich habe in Xanten übernachtet. Die Wirtin des Gasthauses klopfte an die Tür: »Wollen Sie nicht aufstehen? Es ist ein schöner Morgen!« Da fällt mir ein: »Willst du nicht aufstehn, Wilhelm, zu schau'n die Prozession?«
Freilich, Prozessionen hat es hierzulande viele und große gegeben. Die größten waren die Prozessionen der Panzer und Kanonen. Und dies ist keine gottgefällige Prozession gewesen, die da auf Raupenschleppern und mit Motorengesang auf denselben Straßen ratterte, auf denen sonst die Pilger zogen!
An einer Kurve der Straße nach Kevelaer, dort, wo man von fern den verwundeten Dom von Xanten traurig noch einmal herüberwinken sieht, hat sich plump und ungeschlacht ein einzelner überschwerer Panzer im Graben niedergelassen. Noch immer hält

er das Rohr böse lauernd auf die nächste Wendung der Straße gerichtet. Er scheint intakt, der Panzer. Es ist, als könne er noch schießen. Etwas wie Drohung liegt in der Luft unter dem wolkenlosen Himmel.
Und plötzlich hört man ein Scharren und Trappeln von Füßen. Was für ein Gemurmel menschlicher Stimmen hebt an, seltsam schwebend zwischen Sprache und Gesang? Hellere, lautere Stimmen treten hervor. Klingen sie nicht wie ferne Kommandos? Und blitzt und funkelt und schimmert es drüben, zwischen den Weidenbäumen, nicht wie von Fahnen?
Man lehnt am Panzer zwischen Traum und Wachen und schaut in die Richtung, die das Kanonenrohr zeigt, und strengt die Augen an, um deutlich zu sehen, was im nächsten Augenblick aus der gegenseitigen Kurve der Straße hervortreten muß.
»Gegrüßt seist du, Maria, voll der Gnade ...«
Es sind Pilger, die in das Schußfeld des toten Panzers treten. Eine Prozession. »Es flattern die Kirchenfahnen, es singt im Kirchenchor ...« Dies also ist auf den Straßen am Rhein so geblieben, wie schon Heine es beschrieb und wie es immer war.
Priester und Ministranten im weißen Kittel, Vorbeter mit helleren Stimmen, in der Hand den Stab mit dem Kreuz an seiner Spitze, den sie senken, wenn der Chor der Betenden ein neues Ave Maria anstimmt. Die Pilger gehen in zwei Reihen, die Füße im Staub. Betend ziehen sie am drohenden Panzer vorüber. Nach Kevelaer.
»Steh auf, wir wollen nach Kevelaer, nimm Buch und Rosenkranz; die Mutter Gottes heilet dir dein Krankes Herze ganz.« Alte Leute und Kinder, Frauen und Männer. Und manchem Tuch sieht man an, daß es vor kurzem noch ein graugrünlicher Soldatenrock gewesen ist. Mag sein, daß manche derbe Hand, die jetzt den Rosenkranz hält, damals in der Prozession der Panzer und Kanonen auf derselben Straße die »Knarre« getragen hat. Mag sein, daß viele jetzt im Leib ein »krankes Herze« tragen, wie Heine es nannte.
Die Straßen sind ziemlich gut am Niederrhein. Soweit sie während der Kämpfe gelitten haben, sind sie schon wieder instand gesetzt. Nur die vielen kleinen Holzbrückchen, die über Wassergräben und Bäche führen – enger, schnell zusammengebauter Notbehelf nur –, sie ächzen und seufzen, wenn ein Auto, ein Pferdewagen oder eine Pilgerkolonne darübergeht.
Und dies ist dann Kevelaer selbst: Wohl die einzige leidlich gut

erhaltene Stadt im kriegsgezeichneten Zipfel des niederrheinischen Landes. Die Stadt der Mutter Gottes mit dem Kapellenplatz als Mittelpunkt. Da ist der von alten Bäumen beschattete Platz mit der großen Kerzenkapelle und der kleinen Gnadenkapelle. Es ist der Platz, auf dem die Pilger unter freiem Himmel niederknien in schmalen Gebetsstühlen oder auf nacktem Boden.
Autos fahren vorüber, in den Geschäften werden Holzpantinen und Heiligenbilder verkauft, Hausfrauen kommen vom Markt mit der Einkaufstasche. Kinder tollen spielend umher, sie aber knien und beten.
Ein junger Kaplan kommt mit einer Schar Vierzehn- bis Achtzehnjähriger. Den Jahrgängen nach müssen sie wohl auch die Phrasen und den Drill der »Hitler-Jugend« noch miterlebt haben; aber jetzt sehen sie aus wie die Wandervögel von ehedem. Offene Schillerkragen, nackte Knie. Sie scheinen nicht müde, mühsam und beladen, nein, keineswegs. Sie sind fröhlich und leicht wie Menschen, die nicht für sich, sondern für andere beten.
Sie knien vor dem Schreine nieder, darin das kleine, mit klaren Linien gemalte Bildnis der Maria mit dem Sohne ins Freie des grünen Platzes schaut, stehen auf und studieren aus der Inschrift der Gnadenkapelle die fromme Historie von dem Handelsmann Heinrich Bußmann, der vor mehr als 250 Jahren beim Gebet an einem einsamen Kreuz eine Eingebung hatte: Er solle eine Betstätte errichten, die fromme Wohnung für ein Marienbild, das er da und dort finden würde. Denn die Geißel des Krieges und der Pest hatte das Land am Niederrhein geschlagen, und die Menschen vergingen vor Krankheit und Not.
Maria aber, die Trösterin der Betrübten, wollte, daß ein Gnadenort entstünde, damit sie helfen könnte. Und seither klingt an dieser Stelle das Gebet: »Consolatrix afflictorum, ora pro nobis.«
Und die Jungen gehen leise wie auf Zehenspitzen um die Gnadenkapelle herum, die andere Inschrift zu lesen, nach der anno 1892 laut dem Krönungsdekret des Kapitels der Patriarchal-Basilika von Sankt Petrus zu Rom beschlossen wurde, das Bild der allerseligsten Jungfrau, der Trösterin der Betrübten, mit einer goldenen Krone zu krönen. Sie lesen's andächtig, die Jungen, und einer knappert gedankenvoll einen Apfel dabei, den ihm wohl einer der Obstbäume am Prozessionswege mehr oder minder freiwillig in die Hand gegeben hat.

Möglich, daß einem Fremden, der nicht nur fern von Kevelaer, sondern auch fern dieser frommen Sphäre lebt, das Bild der staubbedeckten Menschen, die auf offenem Platz beten, sehr befremdend vorkommt. Aber hier wirkt und lebt das kirchengläubig Fromme so innig mit dem Alltäglichen zusammen, daß das Profane hier und dort einer heiteren Arabeske im Hintergrunde eines religiösen Bildes eines mittelalterlichen Malers gleicht. Wo anders gibt es das, daß Tür an Tür mit einem Restaurant »Zur Stadt Ruhrort« ein »Gasthof zum St. Augustinus« liegt?
Auch Pilger müssen schlafen. Warum nicht in einem Hotel, das einen ihrer Reise angemessenen Namen trägt? 500 Schlafgelegenheiten sind in Kevelaer verfügbar. Wo gibt es ähnliches in einer Zeit, da selbst in abseits gelegenen Städtchen und außerhalb der »Saison« ein Hotelzimmer rar ist wie ein Laib Brot?
Die Leute von Kevelaer sagen, die englische Militärbehörde habe von Anfang an Rücksicht darauf genommen, daß die Prozessionsgäste nicht unter freiem Himmel schlafen könnten, sondern – so alt und gebrechlich viele sind – wenigstens ein Strohlager zur Ruhestatt haben müßten. Die deutschen Behörden ihrerseits haben veranlaßt, daß die Ostflüchtlinge, die auch Kevelaer aufnehmen mußte, möglichst aus dem katholischen Teil Ostpreußens, dem Ermland, oder aus Schlesien stammen.
Übrigens gibt es wirklich noch jene Ecclesia catholica, die der katholischen Kirche den Namen gab: Ein Jeep fauchte des Weges, stoppte wie überrascht längsseits des Platzes der Gnadenkapelle, ein Soldat sprang heraus und kam mit sportlich wiegenden Schritten herbei, um sich vor dem Gnadenbilde Mariens auf die Knie niederzulassen. Für den Betrachter war's ein zum Nachdenken stimmendes Bild, in dieser Zeit, die nicht mehr Krieg und noch nicht Frieden ist, die britische Uniform im Kreise der Betenden und Hilfesuchenden am Altar Mariens zu sehen.
Es geht eine Welle neuen religiösen Lebens durch das Land. Sie ist freilich nicht zu spüren, wenn man die Büros und Geschäftshäuser der Großstädte besucht, wo mehr Plackerei herrscht als Handel und Wandel, wenn man in den Fabriken steht, deren Maschinen immer noch nicht arbeiten wollen. Doch wer sich dem Zug der Wallfahrer nach Kevelaer anschließt, der spürt, wie die Erlösung vom Druck der Not unserer Tage die Menschen zu den alten Altären gehen heißt: aus Dankbarkeit oder herbeigezwungen von neuen Nöten.

In der großen Gnadenkirche am Kapellenplatz in Kevelaer kann freilich vorerst noch nicht gebetet werden, und die Orgel ist stumm. Das Innere ist zerstört und ausgebrannt. Aber in der Kerzenkapelle, über deren Altar die mit schneeigem Seidenmantel geschmückte holzgeschnitzte Mutter Gottes freundlich auf die Gemeinde herniedersieht, in diesem geräumigen Gotteshaus, an dessen Wänden die Inschriften und frommen Stiftungen all der Frommen glänzen, die hier Heilung von Krankheit, Erhörung ihrer Bitte, Tröstung in ihrer Trübsal fanden, dort schimmern die Kerzen. Dort klingen wie rinnendes Wasser die gemurmelten, geflüsterten Worte des Ave Maria. »... Bitt' für uns, jetzt und in der Stunde unseres Todes...«

Heimkehrer aus Ost

Ein Lager in Holstein. Von Baracke zu Baracke zieht eine Gruppe von Männern, denen man ansieht, daß sie in einem merkwürdigen Zwischenstadium leben: nicht mehr Soldaten und noch nicht Zivilisten. Wenn sie da und dort wartend umherstehen, liegt etwas wie Hilflosigkeit in ihrer Versammlung. Aber ein Zuruf genügt, und sie stellen sich mit schweigender Geschäftigkeit in Reih und Glied auf, wie sie es als Soldaten und Gefangene lange genug gewohnt waren.

Es ist Vormittag. Sie ziehen von Tisch zu Tisch, zeigen Papiere vor und erhalten Papiere ausgehändigt. Am Nachmittag werden sie frei sein.

Diese kriegsgefangenen Soldaten, die aus russischen Lagern kommen, haben ihre Familien bis zur Stunde noch nicht wiedergesehen. Sie wissen nichts vom gegenwärtigen Leben in Deutschland, wissen so gut wie nichts vom Alltag der westlichen Zonen. Und es ist fraglich, ob dies günstig oder ungünstig ist für den Versuch, die Wahrheit über die russischen Kriegsgefangenenlager zu erfahren...

Es ist niemals leicht, die Wahrheit zu finden. Aber dieser Fall ist besonders wichtig! Wenige sind bisher aus den russischen Lagern zurückgekommen. Es sind die Heimkehrer dieses Transportes, der mehr als tausend Männer umfaßte und der Aufsehen genug erregt hat, und ein paar Hundert, die vorher schon entlassen wurden. Hunderttausende, ja, Millionen aber blieben in russischer Gefangenschaft.

Darben sie? Hungern sie? Ist es ihr Schicksal, in der Fremde zugrunde zu gehen? Oder darf man hoffen, daß sie eines Tages alle heimkehren werden, die Kriegsgefangenen der russischen Lager? Und wie werden sie heimkehren? Werden sie noch die Kraft haben, ein neues Leben aufzubauen, ein neues Heim, eine neue Heimat? Die Wahrheit über die russischen Lager zu erfahren, bedeutet die Klärung der Frage, ob Millionen ihrer Angehörigen daheim nachts ruhig schlafen dürfen oder nicht.

Diese Gefangenen also kommen geradenwegs aus Rußland. Sie sind noch unberührt von neuen Sorgen. Sie dürften also klar und eindeutig sein in dem, was sie äußern. Andererseits jedoch fehlt ihnen die Möglichkeit zu vergleichen. Sie sagen: »Wir haben gehungert«, und einige deuten auf Schwellungen an Handgelenken und Füßen. Aber sie wissen nicht, daß in unseren westlichen Großstädten Menschen ebenfalls mit Hungerödemen umherlaufen, und diese sind doch weder in Gefangenschaft noch in der Fremde gewesen und sind doch Menschen, darunter Halbwüchsige und Kinder, die noch nicht einmal Zwangsarbeit leisten mußten.

Es gibt eine wichtige Frage, und sie heißt: Wie lebte die russische Zivilbevölkerung, während die deutschen Kriegsgefangenen darbten?

So verschiedenen Alters, so verschiedenen militärischen Ranges die Männer waren und in so verschiedenen Gegenden des weiten Rußland sie gelebt hatten – hier war die Antwort einhellig: Die russische Zivilbevölkerung lebte nicht besser. Und einer sagte: »Als es in unserem Gebiet ein paar Monate nach Kriegsschluß der Zivilbevölkerung besser ging, da ging es auch uns Gefangenen besser. Laßt uns bloß wünschen, daß die russische Bevölkerung bald reichlich zu leben hat! Ich denke an unsere Kameraden, die noch bleiben müssen ...«

»Man hört, daß – wie soll ich es sagen? – die Sterblichkeit unter den Gefangenen sehr groß ist?«

»Rußland ist ein unterschiedliches, weites Land, und was ich nicht selbst erlebt habe, das glaube ich nicht.« So leitet der Gefreite T. seine Antwort ein. Er war Sanitätsdienstgrad sowohl bei der Truppe als dann auch in Gefangenschaft: »Wir hatten immer an die dreißig

Mann auf einer Krankenstube. Kaum eine Nacht, in der nicht zwei oder drei Mann starben. Das war, noch ehe der Waffenstillstand kam.«
Und ein anderer, der Obergefreite K., erzählt, daß sein Kriegsgefangenenlager im Waldsteppengebiet an der Wolga, das seit 1943 bestand, mit zweitausend Mann durchschnittlich belegt gewesen sei, aber schließlich einen Friedhof mit sechstausend Gräbern hatte. Derselbe Mann, ein junger, straffer Kerl, erzählt die Geschichte, wie er mitten im Kriege aus dem Gefangenenlager flüchtete, weil er's nicht länger hatte aushalten können. Er irrte durch Mittelrußland, keine Uniform, sondern nur noch Fetzen am Leibe. Halb toll vor Hunger und Entbehrung, kam er schließlich in jenen Zustand, in dem man sein Leben für eine Brotkrume wagt. Da ging er, nachdem er sich tagelang versteckt hatte, in der Nähe des Frontgebietes am hellichten Tag in ein Bauerndorf und geriet in die Hütte eines Mannes, der sich derzeit als Anführer russischer Partisanen im Kampf gegen die Deutschen hervortat. Die Frau erkannte sofort den Deutschen in dem Jungen, der um Arbeit fragte, und erwiderte in gebrochenen Sätzen: »Nix arbeiten! Essen!« Und bedeutete ihm, daß er dableiben solle, bis er wieder zu Kräften gekommen. Was auch geschah.
Dieses Erlebnis bietet der Kriegsgefangene als Erwiderung auf die Frage, ob ein allgemeiner Haß in Rußland gegen die Deutschen herrsche. »Es sind einzelne, die hassen«, wirft ein anderer ein, »das breite Volk haßt nicht. Mein Gott, wie oft haben wir ein Stück Brot zugesteckt bekommen, wenn wir durchs Dorf in der Nähe unseres Lagers zur Arbeit marschierten!«

Natürlich war nicht ein Lager wie das andere. Ein gewesener Offizier war in einem Barackenlager im Sumpfgebiet der Wolga. Ratten, Wanzen, Ungeziefer aller Art. Aber er ist gerecht genug zu sagen, daß dies in solcher Gegend nicht zu verwundern sei.
»Bedenken Sie die Sümpfe! Dort haben die Ratten von jeher das Primat gehabt, und die Menschen konnten sich immer nur mühsam gegen sie behaupten. Du legtest ein Stück Brot auf den Tisch und ließest es fünf Minuten aus den Augen – verschwunden! Der Tisch war leer, als hätte da nie ein Stück Brot gelegen. Du zogst mit deinen Kameraden zur Arbeit, du drehtest dich um: Ein Zug von Ratten marschierte hinterdrein ...«

Das Lager, in dem ein früherer Feldwebel gefangen war, hundert Kilometer südlich von Moskau, war weder mit Tischen noch Schränken und Stühlen ausgestattet. Die zweitausend Gefangenen schliefen auf Holzpritschen. Wände und Fußböden waren feucht, schon halb verfault. »Das lag am Klima«, erzählt er, »und doch auch wieder nicht am Klima allein. Es gab immer wieder Zeiten, in denen auch von seiten der Gefangenen nicht das geringste zur Ordnung und Sauberkeit getan wurde. Einige waren zu müde, andere zu hoffnungslos. Niemals Briefe von zu Hause! Und Müdigkeit und Hoffnungslosigkeit – das wirkt ansteckend, mein lieber Mann! Viele von uns wuschen sich nicht mehr: Es fehlte ja auch an Seife. Sie flickten die Löcher im Rock nicht mehr, sie stopften keine Strümpfe mehr. Sie ließen sich fallen, sie gaben es auf, sie waren allmählich an den Dreck gewöhnt und blieben darin liegen.«
»Ist nie der Versuch gemacht worden, Tische, Betten, irgendwelches Mobiliar selbst zu zimmern?«
»O ja, dieser Versuch ist einige Male gemacht worden. Aber – weiß Gott, auf welchen Wegen – die Möbel verschwanden regelmäßig in die Behausungen des Wachpersonals. Bis eines schönen Tages ... ja, das war ein tolles Ding! Eines Tages standen plötzlich die komischsten Möbel auf dem Platz vor unserer Baracke: runde Tische, auf denen bloß die Spitzendecken fehlten, einen Kaffeeklatsch zu inszenieren, zerbrechliche Polsterstühle, die sogar einmal vergoldet gewesen waren (man sah es noch), schließlich als Trumpf ein Bürodrehstuhl, der nun mit Leidenschaft und Unermüdlichkeit ausprobiert wurde, ob er sich auch wirklich drehte. Es waren Möbel aus Deutschland angekommen; Kriegsentschädigung ... Sie waren nicht für uns bestimmt. Und von da an durften wir die selbstgezimmerten Sachen behalten!«
»Hat es viele Schwierigkeiten mit dem Wachpersonal gegeben?«
Als diese Frage gestellt wird, steht etwa ein Dutzend der entlassenen Kriegsgefangenen im Kreise. Und die Antworten sind nicht mehr so eindeutig wie zuvor.
Einer lebte unter Aufsicht einer ungarischen Wachmannschaft und hatte keinen Grund zu klagen.
Ein zweiter weist darauf hin, daß in seinem Lager neben dem russischen Kommandanten der deutsche Mittelsmann eine besonders wichtige Rolle spielte. »Und dieser Deutsche war ein Schwein.«
Ein dritter, ein früherer Hauptmann, erzählt, daß sie von Zeit zu

Zeit »gefilzt« wurden, das heißt: Man durchsuchte ihre Habseligkeiten und behielt, was gefiel.
Andere meinen: »Wir haben unsere Arbeit getan und kaum gespürt, daß wir Wachen hatten! Wir Soldaten lebten unter uns. Wir teilten unter uns die Arbeit ein. Die Russen sahen wir selten!«
Einmütig wird die Darstellung, als von Kontrollen die Rede ist. Diese Kontrollkommissionen kamen aus den großstädtischen Zentralen, vielfach aus Moskau, und bestanden aus Angehörigen des NKWD, der Nachfolgeorganisation der GPU, und hatten den Auftrag, die Behandlungsmethoden, denen die Kriegsgefangenen unterlagen, zu prüfen; sie hatten auch Vollmachten, Mißstände abzustellen. »Diese Kommissionen griffen durch, prompt und schnell. Das hat manchem Kameraden geholfen. Was wahr ist, meine Herren, muß wahr bleiben.«
Und der Kreis der Umstehenden bestätigt es mit nachdrücklichem Kopfnicken.
»Was war das Schlimmste an der Kriegsgefangenschaft?«
»Jede Kriegsgefangenschaft ist schlimm, egal in welchem Lande. Man ist Gefangener, verstehen Sie! Aber das Schlimmste war, daß wir keine Post erhielten, niemals Post, und daß wir uns auch nicht bemerkbar machen konnten für unsere Leute daheim. Ich hatte nie das Glück, eine Rote-Kreuz-Karte zu erwischen. Wer hatte das Glück? Nur wenige! Es gab ganz einfach keine geeignete Organisation. Man lebte so allein, so außerhalb der Welt – das war das Schlimmste. Viel schlimmer war das als die schwerste Arbeit, schlimmer als das Gefühl, niemals richtig satt zu werden. Es muß sehr schwer sein für diejenigen, die nie in Rußland waren, sich solch ein Lagerleben vorzustellen. Ich sehe schon, manches ist ganz anders, als man's hier erwartet.«
»Wie meinen Sie das?«
Aber er bleibt stumm. Er kann es nicht erklären. Vergebene Mühe. Er ist müde. Er will nun endlich die Papiere haben, die ihm noch fehlen. Er will nach Hause.
Ein anderer aber nimmt den Faden auf: »Die Offiziere bis zu denen im Hauptmannsrang mußten arbeiten. Die höheren arbeiteten nicht und wurden dafür auch nicht entlassen. Für ihre Arbeit kriegten die Offiziere, gleichgültig ob Hauptmann oder Leutnant, mehr Lohn als die Unteroffiziere und Soldaten. Ich habe das heute morgen einem von der Torwache dieses Lagers hier erzählt: Er glaubte es

nicht. Aber die Offiziere kriegten wirklich mehr ausgezahlt und kriegten auch mehr Tabak, wenigstens auf dem Papier. In unserem Lager bei Dnjepropetrowsk konnte man die Offiziere nicht von uns gewöhnlichen Soldaten unterscheiden. Aber ich habe von Lagern gehört, da wollten die Russen, daß die deutschen Offiziere ganz zackig gegrüßt wurden.«
Man spürt: Er war nicht einverstanden damit, er hatte sich in dieser Hinsicht etwas anderes versprochen.
»Die Russen sind ganz schöne Preußen!« sagt er trocken.

»Wie war es mit der Arbeit und dem Hunger? Habt ihr gehungert, weil die Arbeit so schwer war?«
»Sehr richtig!« erwidert einer, der ehemalige Gefreite P., der bei Stalinogorsk gefangen saß. »Hunger und Arbeit hingen zusammen. Aber einige haben nicht gehungert. Wenn es zum Beispiel Handwerker waren, Schneider oder Schuster, da kriegten sie natürlich manches zugesteckt, als sie anfingen, für die Leute aus den Dörfern zu arbeiten. Wir andern aber mußten mächtig 'ran. Ich selbst bin Bergarbeiter von Beruf und an Arbeit gewöhnt. Aber zuletzt ging es mir doch über die Kräfte. Ich war so niedergeschlagen, und alles war mir zu dumm: Du hättest mich in einen Wassergraben stoßen können, zum Versaufen, ich hätte mich nicht gewehrt, es wäre mir egal gewesen. So wurde ich vierte Kategorie...«
Und dies, die Einteilung der Menschen in Kategorien, scheint eins der Kernprobleme zu sein. Diese Einteilung steuert im geheimen das ganze Lagerleben der Gefangenen und erklärt gut die Hälfte aller Geheimnisse. Denn wenn ein Teil der aus Rußland Heimkehrenden ausschaut, daß es einen Hund erbarmen könnte, wie kommt das? Er ist Kategorie IV, entlassen, weil er die verlangten Arbeitsquoten nicht mehr schaffen konnte. Die niedrigste Kategorie – die Gruppe der Ärmsten der Armen, müßte man meinen – trägt die Nummer V. Und doch trifft man unter dieser Gruppe Männer, die recht gut aussehen. Erklärung: Der Kategorie V ging es so schlecht, daß die Männer, die von den Ärzten in diese Gruppe überschrieben wurden, vor ihrer Rückkehr in Erholungslager kamen, um wieder aufgepäppelt zu werden.
»Kategorie I und II sind diejenigen, die in Rußland die Arbeit machen«, sagt der Unteroffizier M. »Auch die Kategorie III arbeitet noch. Ich weiß das genau, denn ich bin ja so peu à peu in der

Stufenleiter der Kategorien nach unten gesunken. Als ich in I und II war, mußte ich beim Umgraben eines Ackers – wir hatten natürlich nur Spaten dazu – 200 Quadratmeter schaffen pro Tag. In der Kategorie III wurden nur noch 100 Quadratmeter verlangt, in der IV. Kategorie wurde ich zur Entlassung vorgeschlagen, rutschte aber leider gleich bis V durch. Ich hatte etwas nachgeholfen ... ich wollte nach Hause.«

»Kann man das? Kann man nachhelfen?«

Da bisher nur Arbeitsunfähige zur Entlassung kamen, haben einige natürlich versucht, die »Flucht in die Krankheit« zu wählen.

»Es ist wahnsinnig gefährlich«, erklärt ein SS-Mann, der aus russischer Gefangenschaft zwar entlassen, aber in diesem Holsteiner Lager noch festgehalten wird, damit seine Vergangenheit überprüft wird. »Ich hab's probiert. Man tauscht bei der Bevölkerung Brot gegen Machorka ein. Das Brot ist weg, der Tabak wird aufgeraucht. Dann hat man nichts mehr zu fressen als die obligate Wassersuppe, hernach fängt es an ... Leider kommen nun Magengeschichten, Durchfall und so weiter. Es kann passieren, daß man anstatt in Kategorie V gleich ins Grab weitersinkt. Nee, besser nicht!«

Weil aus Rußland bisher so wenige Soldaten heimgekehrt sind, werden die Heimkehrer immer wieder nach denen gefragt, die zurückbleiben. Werden sie durchhalten?

Der ehemalige Oberleutnant drückt es so aus:

»Junge Menschen halten besser durch als ältere. Wer durchhalten will und sich nicht sinken läßt, hat größere Chancen als ein anderer, der leichter ›weich‹ wird. Man kennt das Problem der ›Flucht in die Krankheit‹ ja auch im Alltagsleben ... Wer innerlich positiv zur Arbeit steht – unabhängig davon, für wen und welchen Zweck er arbeitet –, dessen körperliche Kräfte halten länger vor. Auch hilft die Gemeinschaft viel. Denn es ist nicht gleichgültig, mit wem man die Baracke teilt. Es kommt auch darauf an, ob die Arbeit zweckmäßig organisiert ist. Wir hatten zum Beispiel einmal den Befehl, Kartoffeln vom Acker zu einer Sammelstelle zu tragen. Der Acker lag fünf Kilometer entfernt. Wir stellten unsere ›Brigaden‹ zusammen: Je zwei Mann trugen 40 Pfund Kartoffeln. Für 40 Pfund also hatten je zwei Mann hin und zurück zehn Kilometer zu laufen. Vier Touren war die vorgeschriebene Tagesleistung. Und sehen Sie: 40

Kilometer zurückzulegen, um 160 Pfund Kartoffeln zu transportieren – das ist Unsinn, ist unrationell. Und das verärgert. Abgesehen davon, daß die Kartoffelträger morgens nur einen Liter Wassersuppe und 300 Gramm Brot, mittags dreiviertel Liter Suppe mit der gleichen Brotration und abends 400 Gramm Brot mit einem Hirsebrei erhielten. Die Lagerleitung begriff, daß dies nicht ausreichend war, und spendierte zusätzlich einen Kartoffelbrei. Aber das half alles nichts. Dabei war die unzureichende Nahrung nicht einmal so schlimm wie das Hauptübel: die unrationelle Arbeit, die einen seelischen Druck hinterließ, als handelte es sich um eine Bestrafung.«

Werden sie alle heimkommen eines Tages, die Kriegsgefangenen in Rußland? Einer, der Unteroffizier gewesen, erwidert: »Unmöglich ist das nicht! Wir sind ja auch gekommen, wir, die Schwächeren; die Stärkeren sind noch geblieben.«
Und einer, der Offizier war, fügt hinzu: »Sie werden ganz andere Menschen geworden sein, stark im Dulden, stärker im Hoffen, ganz neue Menschen.«

»Ich heiße Siegfried J.«, beginnt einer, der sich ungefragt zu Wort gemeldet hat. »Mein Gefangenenlager hatte die Nummer 437. Es liegt bei Tscherepowieze in der Nähe von Wologda im nördlichen Rußland. Bis Moskau beträgt die Entfernung 600, bis Berlin 2000 Kilometer. Wie Tscherepowieze auf deutsch heißt, weiß ich nicht. Es ist für mich ein Name für Einsamkeit und Verlassenheit. Die Landschaft ist flach, besteht aus Wäldern und Sümpfen, und ich habe dort einige Menschen kennengelernt, die ich mit einem Spaten oder sonst einem Gegenstand erschlagen könnte, wenn ich nicht wüßte, daß Mord und Totschlag endlich aufhören müssen, damit die Welt zur Ruhe kommt. Ich muß leider sagen, daß die Menschen, von denen ich spreche, Deutsche sind. Aber man muß vergessen.«
Er macht eine Pause, schluckt einige Male und sagt: »Eines Tages werde ich hoffentlich den Namen des deutschen Majors vergessen haben, der einem armen Landser das letzte Stück Brot stahl und zur Erklärung – nicht zur Entschuldigung – einfach meinte: ›Wenn ich doch Hunger hatte!‹ Überhaupt muß ich sagen, daß die Offiziere bei uns im Lager meist eine schlechtere Haltung zeigten als die Soldaten und daß sie im Bemühen, sich Erleichterungen und Einfluß zu

verschaffen, die Grenze der Anständigkeit oft überschritten. Diese Feststellung fällt mir nicht leicht, denn ich bin selber Offizier gewesen. Aber was soll man von dem Major denken, einem Angehörigen der NSDAP seit 1931, der am 1. Mai 1946 aus freien Stücken ein Huldigungs-Telegramm an Stalin sandte? ›Wir wollen arbeiten! Wir demonstrieren für Wiedergutmachung!‹ telegrafierte er. Als danach auch diejenigen zur Arbeit geführt wurden, die bisher davon befreit gewesen, herrschte großes Erstaunen. Nun arbeiteten alle – bis auf den Major, der auch in der neuen politischen Situation den rechten Ton getroffen hatte.«

Er zündete eine Zigarette an und fuhr fort: »Von solchen Beispielen könnte ich leicht eine ganze Sammlung herausgeben. – Als ein Offizier, der bis zuletzt sehr aktiv in der NSDAP gewesen war, jetzt aber mit bemerkenswerter Geschwindigkeit das politische Hemd gewechselt und sich schon zum kommunistischen Propaganda-Redner des Lagers aufgeschwungen hatte, sich in einem seiner Vorträge über die deutschen Konzentrationslager verbreitete, sprang der einstige kommunistische Jugendführer Auermann auf, der drei Jahre im KZ zugebracht hatte, und verbat es sich, daß Leute aus dem Kreise der KZ-Bewachung plötzlich das große Wort über die dort geschehenen Greuel führten. Worauf der andere es erreichte, daß Auermann, der eigentlich hätte entlassen werden müssen – er hatte willig seine Arbeit geleistet, obwohl er einen Pneumothorax trug –, für diesmal noch im Lager festgehalten wurde.«

»Gab es viele vom Schlage Auermanns?«

»Nicht viele. In jedem Falle aber waren Leute wie Auermann vorbildlich in ihrer Kameradschaft, während die neuen Kommunisten in unserem Lager, die rasch den Mantel nach dem Wind gehängt hatten, bald zum Schrecken ihrer Umgebung wurden. Sie waren stalinistischer als Stalin, und ihr Inneres war ein Gemisch von nationalsozialistischer Sturheit mit neuer kommunistischer Radikalität. – Als in den zu Moskau gedruckten ›Nachrichten für Kriegsgefangene‹ die Meldung stand, daß in der amerikanischen Zone die deutschen Arbeiter vor Entkräftung an der Drehbank zusammenbrächen, wohingegen aus der russischen Zone im selben Blatt nur Lobenswertes gemeldet wurde, wagten es einige Kameraden, die Meldung anzuzweifeln. Die politischen Lagerpropheten – Deutsche also – griffen ein, und die ›Meckerer‹ hatten ihren mangelnden Glauben durch erhöhte Arbeitsleistung zu büßen.«

»Können Sie erklären, warum die Deutschen und nicht die Russen die große Rolle spielen?«

»Lager 437 enthielt 5000 Gefangene. Es waren Offiziere und Mannschaften, die von 50 russischen Offizieren und ebensoviel russischen Soldaten bewacht wurden, von denen die meisten wenig über 17 Jahre zählten. Der russische Lagerkommandant war korrekt, ja, von menschlicher Güte. Die russische Bewachung, durchweg einfache, brave Burschen, störte uns wenig. Sie waren eher Leidensgenossen als Unterdrücker. Sie besaßen nicht viel mehr als wir. Sie aßen – wie wir – aus alten Konservendosen. Sie waren – wie wir – verurteilt, in der Einsamkeit zwischen Wäldern und Sümpfen zu leben. Wir hätten leicht aus dem Lager entkommen können. Aber die Tatsache, daß die im Komsomolzen-Verband geeinigte russische Jugend in den Gebieten von Tichwin und Leningrad mit großem Erfolg den nationalen Sport betreibt, flüchtige Deutsche zu fangen, veranlaßte uns, die Fluchtbegierde immer wieder einzudämmen. Obwohl nur wenig bewacht, saßen wir also fest. Und dank der geringen Bewachung lag die Organisation innerhalb des Lagers, zum Teil auch die Lenkung der Arbeitskolonnen, in deutschen Händen. Diese Vertrauensmänner ohne Vertrauen bildeten den ›Deutschen Klub‹. Sie arbeiteten nicht und genossen unter vielen anderen Vorteilen zum Beispiel das Recht, daß sie ein Schild ›Konferenz. Nicht stören!‹ an einer Tür anbringen durften, hinter der sie andauernd große Dinge beratschlagten, angefangen von Schikanen bis zu Telegrammen an Stalin.«

»Woher kamen die Männer vom ›Deutschen Klub‹?«

»Einige kamen aus den Reihen des Komitees ›Freies Deutschland‹ und hatten bis zum Kriegsende die Fahne ›Schwarz-Weiß-Rot‹ geführt; die meisten aber – zum Beispiel einer der ›Lagerphilosophen‹, der SA-Standartenführer gewesen war – kamen, wie gesagt, aus der Nazi-Partei. Sie alle hatten Schulungskurse absolviert und veranstalteten jetzt selber Vorträge. Sie alle füllten irgendwelche Akten aus, hielten Besprechungen ab, trafen Anordnungen. Wenn sie selber durch die NKWD-Abordnungen vernommen wurden, pflegten sie zu beteuern, daß sie niemals auf Russen geschossen und überhaupt unablässig die deutsche Kriegsführung sabotiert hätten. Einige von ihnen waren zu guter Letzt dann nicht wenig erstaunt, als ihnen von russischer Seite gesagt wurde: ›Mögen die anderen entlassen werden, die armen Teufel, die gekämpft haben und verwundet sind! Die Verräter aber, die hier das große Wort führen, bleiben noch ein bißchen in Gefangenschaft.‹ Ja, sogar dies kam vor!«

»Ein salomonisches Urteil!«

»Allerdings! Wenn die Hintergründe solcher wahrhaft weisen Urteile auch nicht immer durchschaubar waren, so lag doch hierin ein wenig Trost und Gerechtigkeit und die Ursache dafür, daß die Männer vom NKWD mit ihren schmucklosen Uniformen und eigenartigen bläßlich grünen Mützen beim einfachen Landser nicht so gefürchtet waren, wie man denken sollte. Im Lager von Tscherepowieze hausten – ich sagte es schon – 5000 Kameraden. Auf dem Lagerfriedhof aber lagen 16 000 Kameraden. Sie starben nicht etwa, weil die Russen so grausam waren, nein, sie starben an der Grausamkeit Rußlands. Im Frühjahr zum Beispiel war es nachts noch sehr kalt, während bei Tage die Sonne tropisch glühte. 75 Grad Temperaturunterschied – welcher vom Krieg geschwächte Körper hält das aus!«

»Sie glauben, daß noch viele Gefangene in den sowjetischen Lagern sterben werden?«

»Wie soll ich diese Frage beantworten? Wir lagen auf riesigen Holzpritschen, je hundert Mann auf einer Pritsche. Jeder hatte eine Decke. Aber das enge Beieinander brachte es mit sich, daß fast jede Krankheit ansteckend wirkte. Freilich, viele begrüßten die Krankheit, weil sie auf Entlassung spekulierten oder weil sie hofften, sich vom Übermaß der Arbeit erholen zu dürfen. Wer die Ruhr hatte, trug eine Stuhlprobe zur russischen Chefärztin. Wer die Ruhr nicht hatte, konnte eine Probe kaufen. Sie kostete zuerst 1200 Gramm Brot, später, als jeder zweite Mann ruhrkrank war, 600 Gramm. Einige erzeugten die Ruhr künstlich, indem sie Seifenwasser tranken.«

»Geschah das, weil sie hofften, in eine günstige Kategorie eingeteilt zu werden?«

»Ja, denn die Einteilung wurde in regelmäßig wiederkehrenden ärztlichen Untersuchungen korrigiert. Die Untersuchung ging so vor sich: Wir traten zu Hunderten, zu Tausenden an, machten eine Kehrtwendung, und die Chefärztin, die aus dem Baltikum stammende Frau Dr. von Seitz, schritt die Front ab. Jetzt ließ jeder, der ihre Schritte kommen hörte, die Hose herunter. Nach dem sich nun darbietenden Anblick, ob einer eine glatte runde oder verschrumpelte faltige Hinterfront besaß, wurde die Kategorieeinstellung überprüft, wurde bestimmt, wer mehr oder weniger arbeiten und Nahrungszulage erhalten müßte.«

»Gab es eine offizielle Regelung, was schwere und was leichte Arbeit sei?«

»Schwere Arbeit war Holzschlagen, bei der selbst in großer winterlicher Kälte 2,2 Festmeter geschafft werden mußten. Viel leichter war unsere Arbeit vorm Pflug. Zwölf bis vierundzwanzig Gefangene ersetzten ein Pferd, ein anderer Gefangener spielte den Bauern hinterm Pflug. Die Köpfe gesenkt, die Stirnen am Boden, die Rücken gekrümmt – so zogen wir, die weder Traktoren noch Pferde oder Kühe zur Verfügung hatten, Furche auf Furche ab. Bald war die Welt so eintönig grau wie die Erde, die sich unter unseren stolpernden Füßen dehnte.«

»Gab es niemals Erholung?«

»Doch, abends! Dann lernten wir, daß die SED dic Partei des Aufbaues sei. Wir sprechen auch vom Essen. Seit wir ein Kabarett hatten, in dem Männer Frauenrollen spielten, war sogar das Thema Weib, das lang vergessene, wieder ein Gesprächsstoff geworden. Aber zu dem, was man sexuelle Nöte nennt, kam es nicht. Unser Leben war mit Arbeit und ›Kohldampf‹ ausgefüllt. In unserm Innern war nicht viel Platz. Nur Platz für die Sehnsucht nach Hause...«

Damit schloß der Heimkehrer seine Erzählung. Es hatten sich um uns etwa sechzig Männer versammelt, die aufmerksam ihrem Kameraden zuhörten und zusahen, wie ich meine Notizen machte. Ich warf hin und wieder einen Blick auf die Umstehenden, um in ihren Mienen zu lesen, ob es nicht etwa nur Zustimmung, sondern auch Zweifel oder gar Ungläubigkeit gäbe. Es gab nur Zustimmung. Wir haben ohne Zweifel ein Stück Wahrheit erwischt, ein großes Stück Wahrheit.

Küche …

… und Bad zugleich

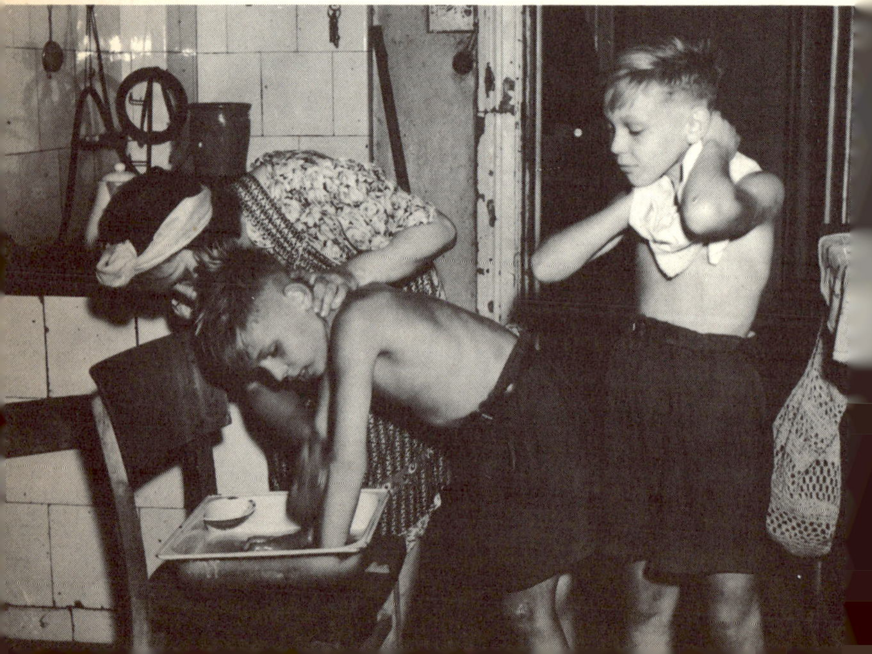

Nissenhütten

Heimkehrer aus West

Es ist unmöglich, nicht zu vergleichen. Die Heimkehrer, die aus Rußland kamen, waren ärmlich gekleidet, manche in Lumpen gehüllt, und ihre Schuhe waren kümmerliches Flickwerk, Potpourris aus Holz, Leder- und Stoffresten. Diese hingegen kommen aus England und tragen eine Uniform, sattbraun wie Herbstlaub und von flottem Schnitt; viele haben neue Schuhe.

Die andern hatten tiefe Schatten unter den Augen und Hungerödeme an den Gelenken. Diese sind gut genährt und fürchten, daß in dieser Hinsicht das schlechte Leben erst beginnt.

Die Heimkehrer aus Ost hatten etwas Dumpf-Geduldiges, sie hatten etwas von der Verhaltenheit verängstigter Leute, die plötzlich ein Licht vor sich sehen, an das ihre Augen, aber noch nicht ihre Herzen glauben. Die Heimkehrer aus West aber treten frei und sicher auf und sprechen von Zukunftsplänen, die heute gefaßt und morgen schon verwirklicht werden sollen.

Erinnern wir uns an die Begegnung mit den Heimkehrern aus den östlichen Lagern, so könnte man fast meinen, daß diese hier ganz andere Menschen seien. Ja, es ist unmöglich, nicht zu vergleichen!

Dies bestätigt auch der Arzt, der im Entlassungsverfahren die Aufgabe hat, ziemlich gründliche Körperuntersuchungen vorzunehmen. Er sagt: »Die Kriegsgefangenen, die aus Rußland kommen, schleppen noch manche Leiden mit sich, die man erst später erkennen wird. Aber die Gefangenen aus England sind meist viel besser ernährt worden, als die Deutschen in Deutschland. Was sie an Krankheiten mitbringen, sind keine Folgen von Entbehrungen; sie haben höchstens mit Asthma zu tun. Sie wissen: die feuchte Luft in England ...«

Ein Heimkehrer aus Rußland ging so weit, die Heimkehrer aus England überhaupt nicht als Kriegsgefangene gelten zu lassen. »Sie waren doch bloß«, so sagte er, »PW's«.

»P.W.'s« – War Prisoner. Oder »P.O.W.« – Prisoner of war. Das waren sie also. Und mehr waren sie nicht. Sie verstehen es denn auch meisterlich, ihre Gespräche mit englischen Worten zu würzen. »Oh, mein Farmer, der war absolut o.k. Sind ja schließlich keine schlechten Workers gewesen, der Franz und ich!«

Einer mischte dahinein sogar noch etwas bayrische Mundart: »Als wir in dera Brauerei g'schafft ham', unserer acht Mann hoch, da

ham' ma täglich unsere vier bis sechs Hoalbe Starkbier g'habt... not so bad, mein Liaba!«
Was berichteten doch die Rußland-Heimkehrer, die, ob Offizier, ob Mann, allesamt nach Tagesnormen arbeiten mußten? Wie, wenn man dieselbe Frage nach der Arbeitsnorm stellte – nur um des Vergleiches willen? Und ob zum Beispiel ein großer Unterschied herrschte zwischen der Behandlung in jener Zeit, da noch gekämpft wurde, und in der Zeit danach?
Einer, der Offizier war, ein junger Westfale, antwortet: »Solange noch Krieg war, blieb unser Lager geradezu verschwenderisch mit Stacheldraht und mit Wachposten ausgestattet. Man machte seinen Spaziergang hinter Gittern, und die Augenblicke waren selten, in denen am andern Ende des Zaunes nicht irgendeine schußfertige M.P. auf unsereinen gerichtet war. Im Lager war die Behandlung kühl, aber korrekt. Nach Kriegsende gab es aber bald Erleichterungen. So durften wir uns schließlich auch außerhalb des Lagers im Umkreis von drei Kilometern völlig frei bewegen. Ich hörte jetzt von Lagern, in denen sogar der Stacheldraht gefallen ist: Dort dürfte das Leben bald zivile Formen angenommen haben.«
Ein Feldwebel, ein Berliner, mischt sich ein: »Solange noch Krieg war, haben sich in unserem Lager einige Dienstgrade geweigert, egal welche Arbeit zu tun. Sie hatten von da an viel Langeweile, aber von Bestrafung oder irgendeinem Druck konnte keine Rede sein. Nach Kriegsschluß haben sie sich dann aus freien Stücken zur Arbeit gemeldet. Das wurde anerkannt.«
»Und was geschah im Falle von Krankheiten?«
»Wenn wir krank wurden, kamen wir in ein Lazarett, vornehmlich mit deutschen Ärzten. Ja, eigentlich war das wie in Deutschland. Ich bin in einem solchen Krankenhaus droben in Schottland gewesen. Wir lagen da, hörten von den Kämpfen in Frankreich und am Rhein und wußten: Es würde sicher schiefgehen. Wir hatten Grund, mehr Angst um euch in Deutschland zu haben als ihr um uns.«
Und plötzlich meldet sich einer zu Wort, der noch eine weitere Vergleichsmöglichkeit hat, ein junger Schlesier, der in amerikanischer Gefangenschaft »überm großen Teich« lebte, bevor er nach England kam:
»Drüben hausten wir in riesigen Lagern beinahe privat«, sagt er. »Betten mit Sprungfedermatratzen, lieber Mann! Von unserem Verdienst konnten wir kaufen, was wir wollten, und die Honigku-

chen, die wir sonntags machten, waren berühmt, auch bei unseren Wachmannschaften. Die Betten bauten wir, wie wir wollten, oder auch nicht. Aber nun England! Es fing mit einer großen Enttäuschung an. Wir waren von Amerika nach Belgien gebracht worden. Traurige Lagerunterkünfte und wenig zu essen. Wie wir uns da auf Deutschland freuten! Aber denkste! Wir kamen nach England. Essen und Behandlung sehr angenehm. Aber warum ging es bloß wieder militärisch zu? Das konnten wir nicht verstehen, da wir in Amerika zu halben Zivilisten geworden waren. Wir mußten sogar wieder das ›Bettenbauen‹ lernen. Dies hat mich stark ans Preußische erinnert. Aber eigentlich konnt' ich nicht klagen, in keiner Weise, bloß – man war Gefangener. Man war halt nicht zu Hause...«
»Wurde Arbeit nach Tagesnormen verlangt?«
»Beg your pardon, nach was? Tagesnormen?«
»Nee«, erwidert einer, der aus Minden stammt. »Ich speziell hab' mit vierzig Kameraden in einer Zuckerfabrik gearbeitet. Wir hatten eine eigene Baracke, drei Kilometer entfernt. Wir hatten 'nen Autobus für die Fahrt. Die Fabrik lag in der Nähe von Birmingham, war von deutschen Ingenieuren mit deutschen Maschinen eingerichtet worden, ein hochmodernes Werk. Wir kriegten als Sonderverpflegung zusätzliches Essen: morgens Suppe, vormittags Tee, täglich ein halbes Weißbrot, ein Stück Wurst, einen Klacks Butter. Unter den englischen Arbeitern hatten wir keinen zum Feind. Bloß einmal – na, die Sache ist friedlich beigelegt worden: Die englischen Arbeiter meinten, ob wir mit böser Absicht die Durchschnittsleistung steigern wollten... Sie verstehen: Wir Deutsche kamen vom Fach, aber sie waren nicht so bewandert; sie waren aus allen möglichen Berufen in diese Fabrik verschlagen. Uns ging die Arbeit besser von der Hand. Na ja, wir haben uns geeinigt. Wenn Sie das mit Tagesnormen meinen...?«

Aber eines hatten die Gefangenen aus Rußland nicht anders erzählt: daß sie bei näherer Berührung von Mensch zu Mensch keinem Haß begegnet sind. Wenn Menschen zusammen arbeiten müssen – was und wo es auch sei –, so hören sie auf zu hassen.
»Wurde Geld für die Arbeit gezahlt? Und welches Geld?«
Der masurische Bauer W., der mehr Fragen als Antworten auf den Lippen hat, weil er nicht begreifen kann, daß er nie wieder seine Heimat sehen soll, hat einige Geldscheine zum Andenken aufgeho-

ben. Einfache Scheine mit der Inschrift: »Prisoners of war-camp. No 632. Working company.« Sie galten nur im Lagerbereich, aber die Gefangenen erhielten darauf, was sie an Kleinigkeiten brauchten. Nun hat der Bauer W. daran kein Interesse mehr.
»Ob man nicht heimlich nach Masuren gehen kann?« wiederholt er ständig seine Frage, »ich kann ziemlich viel Russisch.«
In England hat er kein Wort der britischen Sprache gelernt. England liegt schon weit hinter ihm. Er hat dort immerfort Heimweh gehabt. Da steht er nun und weiß nicht, wohin. In England, sagt er, habe er einem Bauern geholfen, den Hof, der früher nur Weide- und Viehwirtschaft betrieb, soweit umzustellen, daß Kartoffeln und Hafer, auch etwas Weizen angebaut wurden. »Es waren gute Leute, oben in Schottland. Sie haben mich nicht gern gehen lassen. Aber ich wurde krank, Rheuma. Ich vertrug die Luft so schlecht.«
»Sind Sie auf die ›Weiße Liste‹ gekommen, weil Sie bei Ihrem schottischen Bauern Jahr um Jahr ordentlich gearbeitet haben?« Aber er weiß nicht, daß es »weiße«, »graue«, »schwarze« Listen gibt.
»Sind Sie denn nie gefragt worden, ob Sie in der Partei waren oder nicht?«
»Ja, ich bin gefragt worden. Ich war in der Partei. Ich wurde trotzdem entlassen. Weil ich fleißig war? Ich weiß es nicht. Aber was soll das alles! Jetzt stehe ich hier und will nach Hause.«
Einer meint, es sehe ganz so aus, als ob man in Deutschland mehr über jene Listen erfahren hätte, als dies in den englischen Lagern möglich war.
»Wir wußten wohl, daß es solche Listen gab und daß die ›Weißen‹ zuerst heimkommen sollten. Aber wir wußten nichts Genaueres. Klar, daß die wildesten Nazis noch ein Weilchen aushalten müssen. Aber ich glaube, daß man im großen und ganzen nicht so sehr nach dem vorhandenen oder fehlenden Parteibuch als nach dem Charakter und dem Benehmen gefragt und danach die Entscheidung getroffen hat. Meint ihr nicht auch?«
Seine Kameraden stimmten zu, sie haben dieselbe Beobachtung gemacht.
»Habt ihr denn erlebt, daß es überzeugte Nazis gab, die in den englischen Gefangenenlagern an ihrem Glauben festhielten?«
Ein Arzt antwortet darauf, ein früherer Truppenarzt, der in englische Gefangenschaft geraten war und sich dort bereit erklärt hatte, Vorträge über die nazistische Rassenirrlehre zu halten.

»Es war im Lager 16«, erzählt er. »Als ich nach meinem Vortrag die dichtgefüllte Baracke verließ und mich durch das Menschengewühl an der Tür drängte, wurde mir von hinten ein Strick um den Hals geworfen. Ein Ruck und ... da hob der Posten das Gewehr und schoß in die Luft. Ich kam mit Halsschmerzen, aber heil davon. Den Strick habe ich zum Andenken aufgehoben... Wem ich dieses Andenken verdanke, kam niemals heraus.«
Nun ist der halbe Tag in Gesprächen vergangen. Anmeldung, Abmeldung, Untersuchung, Aushändigung der Papiere – alles wickelt sich rasch ab. Einige haben schon Angehörige getroffen, haben sie reden lassen und sind dann ein wenig kleinlaut geworden. Ist es, weil sie aus Deutschland nicht so viel Gutes hörten, wie sie aus England berichten konnten?
»Ja, ja, wir wissen schon«, winkt einer ab. »Wir werden hier weniger zu essen kriegen, und was die Arbeit, das Wohnen, das ganze Leben betrifft, na ja... wir hatten's drüben vielleicht in mancher Hinsicht besser. Macht nichts! Wir sind daheim. Und schließlich: Die Freiheit ist doch das Beste von allem, nicht wahr?«
»Die werden sich wundern...«, brummte skeptisch einer vom »Stammpersonal«, durch dessen Hände schon so viele Entlassungspapiere gegangen sind.

Zerbrochene Stadt am Rhein

Es war schon tiefe Dämmerung, als ich in Köln ankam. Jedoch, wenn man eine Straße in der Jugend oft gegangen ist, dann stellt sich auch in befremdender Dunkelheit das Gefühl nicht ein, man sei hier fremd. Es gibt ein mechanisches, ja, ein körperliches Erinnerungsvermögen. So wie ein Pianist sich nicht erst zu erinnern braucht, wie ein vertrautes, wenn auch lange nicht gespieltes Stück zu greifen sei – er »hat's in den Fingern« –, so ist es bei der Wiederkehr in eine heimatliche Stadt: Alles mag anders geworden sein, und dennoch kennt man sich aus, denn »man hat's in den Füßen«.
Also gehe ich den »Ring« hinunter in der Dunkelheit. Nirgendwo Licht. Und so spüre ich die Trümmer mehr, als daß ich sie sehe. Es

ist eine Ahnung, ein beklemmendes Gefühl. Ich gehe vor mich hin und will in die Gegend, wo einst das Opernhaus stand. Bin ich denn überhaupt auf dem richtigen Wege? Der Kopf hat's vergessen. Die Füße wissen es noch. Doch davon werd' ich nicht klüger.
Aus einem Trümmerhaufen ragt ein steiler, schmaler steinerner Keil empor. Ein Mann schlendert vorüber. Und im Gespräch erfahre ich, daß er dort wohne, in dem Keil! »Man steigt über Geröll« – sagt der Mann –, »findet eine Leiter, klettert hoch, und da ist dann ein Zimmer, einigermaßen schwebend zwischen Himmel und Erde.« Und der Mann sagt, daß ich dort schlafen könnte, denn sein Vater hätte unglücklicherweise ins Krankenhaus gebracht werden müssen. »Wenn Se mit dem Vatter sing Matratz' vorliebnehmen wolle, leven Heer...«
Also: Man sagt noch »lieber Herr« in Köln. Die alte Höflichkeit und die kölnische Grandezza – alles das ist noch vorhanden. Und es sei eingestanden: Beim Einschlafen hatte ich Angst vorm Erwachen. Ich hatte in der Dunkelheit Furcht vor dem Licht des Tages und doch eine große Sehnsucht, den »Tünnes« und den »Schäl«, die »Rheinkadetten« und all die vertrauten Typen wiederzusehen, die unbedingt noch in diesen Stadtmauern sein müßten, falls es sein sollte, daß vom alten heiligen Köln noch irgend etwas übrigblieb...
Es hat in Köln vor dem Kriege rund 250 000 Wohnungen gegeben, in denen 770 000 Menschen wohnten. Es gab Ämter und Behörden, Kaufhäuser und Kaffees, Kirchen, Theater und Hotels. Und manchmal machten sich die Kölner fein und fuhren nach Düsseldorf, wo es eine Variante zum Berliner Kurfürstendamm gab, nämlich die »Kö«, die Königsallee. Wie elegant gekleidet waren da die Leute! Wie sie mit zierlich spitzen Fingern die Kaffeetasse zu halten wußten! Und jedesmal waren die Kölner froh, wenn sie aus Düsseldorf dann wieder nach Hause kamen. In Köln faßte man derber zu. Hier war man herzhaft, aber weniger elegant. Auch lachte man öfter und lauter. In Düsseldorf war alles neu, in Köln alles alt: die Kirchen und das Lachen, die Männerchöre und der Karneval. Der Dom stand ruhig da und schaute auf das Treiben hernieder. Gestern, in Düsseldorf, hat niemand anders als im Tone sanften Mitleids von Köln gesprochen. Und eben dies hat mich schon ängstlich werden lassen. Denn so liebenswürdig beide Städte waren, hat es doch ehedem eine alte Rivalität gegeben. Und wenn die Düsseldorfer mitleidig sind, das läßt für die Kölner Schlimmes

befürchten. Und in der Tat: Düsseldorf wurde Landeshauptstadt, und Köln...

Keine Ämter und Behörden mehr, keine Kaufhäuser und nur noch fünf Kaffees, keine Kirchen mehr, sondern nur noch Betsäle, in denen die ruhmvollen Organisten an einem lächerlich kleinen Harmonium oder am Klavier sitzen. Theater, die in der Universitätsaula oder sonstwo spielen, und nur noch drei Hotels, notdürftig hergerichtet, mit 73 Betten nur noch sieben größere Restaurants. Was wäre da noch zu erreichen im Wettbewerb mit Düsseldorf!

Düsseldorf hat 50 Prozent des Wohnraums verloren. Köln, die meistzerstörte deutsche Großstadt, hingegen mindestens 80 Prozent. Düsseldorf hat – beklagenswert genug – die Hälfte von dem verloren, was es besaß; Köln hingegen ist, was sein materielles Dasein betrifft, eigentlich kaum noch vorhanden. Düsseldorf ist eine fast aufgeräumte Stadt, und dies – als neue Hauptstadt – nicht nur im wörtlichen Sinne. Köln ist so schwer getroffen, daß alle aufgewandte Arbeit die Bilder der Zerstörung nicht wesentlich hat ändern oder beschönigen, geschweige denn verschönern können. Von den 250 000 Wohnungen, die es vor dem Kriege gab, sind nur 50 000 übriggeblieben, unter denen noch die meisten mehr oder minder beschädigt waren. Und doch hat heute Köln wieder mehr als 500 000 Einwohner. Mit anderen Worten: Köln ist zerbrochen, aber die Kölner sind sich gleichgeblieben in ihrer Liebe zur Vaterstadt.

Der nächtliche Gastgeber in dem Zimmer inmitten des keilförmigen Ruinenturmes am Opernhaus hat dargelegt, was von diesen Kölnern berichtenswert ist. Er erzählte, wie er mit etwa 40 000 anderen Kölnern während der Tage der großen Kämpfe im linksrheinischen Köln verblieb. Dies alles ist ihm heute wie ein wirrer Traum. Und er erzählte von dem, was man Aufbau nennen muß, obwohl der ethische Wert dieses Begriffes hier vielleicht nicht immer gerechtfertigt erscheinen mag. Tag für Tag seien Hunderte zurückgekommen; schließlich zweitausend heimkehrende Kölner, Tag für Tag.

Die meisten kamen mit leeren Händen. Zunächst gingen sie umher oder standen in Gruppen beieinander und diskutierten mit Leidenschaft. Bald wurden sie kleinlaut. Und wenn der liebe Gott auf sein heiliges Köln herniedersah – so meinte der Gastherr, während er, auf seiner Matratze liegend, ins Dunkel hineinplauderte –, dann habe er vielleicht nicht viel Freude an seinen Kölnern gehabt. Es müsse für den lieben Gott ein Anblick gewesen sein ähnlich dem eines Ameisenhaufens, betrachtet aus menschlicher Sicht, der von Pferdehufen zertrampelt worden: Man sieht die Ameisen durcheinanderrennen, durcheinanderkrabbeln auf Unebenen und liliputkleinen Abhängen, und jede trägt ein Stücklein Holz, das im Vergleich zur Größe der Trägerin einem riesigen Balken entspricht.

So haben die Kölner das zusammengetragen, was sie brauchten: Pappe, Bretter, Türfassungen und Fensterrahmen, ja, sogar schwere Möbelstücke, und nicht alle haben gefragt, woher die Sachen stammten. Viele haben auf dem Schwarzen Markt die nötigen Baustoffe gekauft. Und das – so sagte der Gewährsmann – sei noch eine moralische Form der Anschaffung gewesen. So sei alles vorwärtsgegangen, sozusagen in emsiger Heimlichkeit, und oft habe der Kölner zur Rechten nicht gewußt, was der zur Linken tat.

»Kaum hatte man einen Trick gefunden, eine Lichtleitung ins Notquartier gelegt zu kriegen, da knipste – päng! – auch der Nachbar eine elektrische Birne an.«

Kurzum, es hat nicht lange gedauert, da war der riesige Trümmerhaufen namens Köln durchsetzt mit Lichtpünktchen. Auch die Straßenbahn ist ziemlich rasch in Gang gekommen, sogar die Müllabfuhr, nur an der Gaszuleitung hapert es und wird es wohl noch lange hapern.

»Bei uns ist alles provisorisch«, sagte der Kölner, »aber ich weiß'n Kellerloch: Da gibt's hin und wieder noch'n gutes Tröpfchen.« Sprach's und traf Anstalten, den Schlaf des Gerechten zu schlafen.

Am andern Morgen lag spätsommerliches Sonnenlicht über der Stadt. Diese Helle war erbarmungslos. Zuviel der neuen Bilder!

Wer kannte einst die Hohe Straße nicht? Sie ist eine der berühmtesten Straßen der Welt gewesen, wenn auch so eng, daß Autos dort nicht fahren konnten. Sie besaß glanzvolle Auslagen, und die Häuserwände schienen sehr hoch. Vom Himmel blieb nur ein kleiner Ausschnitt übrig, und dadurch hatte diese einmalige, geliebte Straße etwas von einer Halle. Ein seltsam hallender Ton schwang auch immer in der Hohen Straße, ein Ton zwischen Gemurmel und Geplauder, zwischen Geräusch und Musik: der Herzton Kölns.

Straßen wie diese sind wohl nicht eigentlich gebaut worden, sie sind gewachsen. Windgeschützt und eng wie die Hohe Straße war, trug sie durch die Jahrhunderte ein Stück jenes städtebaulichen Geheimnisses, nach dem Köln errichtet worden war. Denn Köln war eine Stadt, darin zu wohnen. Köln besaß zu seiner Größe und Würde den deutlichen Charakter einer anheimelnden Beschaulichkeit. So war die Hohe Straße eine Art Interieur. Heute aber fällt das Tageslicht in ein schmutziges, kümmerliches Steinbett. Grausam. Die Hohe Straße ist nicht mehr.

Sie sind alle nicht mehr, die berühmten Straßen Kölns. Was von ihnen übrigblieb, ist einem vertrockneten Flußbett oder einem Saumpfad ähnlich. Wo einst Autos fuhren, steigt man auf einem fußbreiten Steg über Steingeröll und Unkraut hügelauf und hügelab. So sehen die Straßen, auf denen einst die solide Patina von Jahrhunderten ruhte, bisweilen aus, als hätten einsame Wanderer gerade erst einen Pfad getrampelt. Und wenn man dann auf dem Überrest einer Hausmauer eine Inschrift mit dem Straßennamen findet, wird man an ein russisches Sprichwort erinnert: »Wo in Sibirien ein Rentier gegangen, das nennen sie dort schon eine Straße.«

Gleichen aber die Straßen ausgebrannten Schluchten oder traurigen Pfaden durch Geröll, so gleichen die Plätze aufgeräumten Steinbrüchen. Man hat berechnet, daß, wollte man auf dem Heumarkt alle Trümmer der Stadt zusammentragen, ein 500 Meter hoher Berg entstünde. Dies mag ein Beispiel für die materiellen Werte sein, die Köln verlor. Wenn es – nach einem großen Wort – die geheime Sehnsucht jeden Bauwerks ist, Ruine zu werden (ein Satz, der sich in dieser Zeit so entsetzlich bestätigt hat), dann hat sich ebenfalls herausgestellt, daß ein Bauwerk, ist es erst im Zustand der Ruine angekommen, sich fortan dauerhaft erhält. Von den Ruinen jedenfalls, die Köln aus den römischen Zeiten geerbt hat, ist nichts weiter ruiniert worden. So liegt nun alles ruiniert nebeneinander, das Altertum und das Mittelalter, die Neuzeit und die jüngste Vergangenheit. Und doch träumen Romantiker von der Wiedererstehung des alten Stadtbildes mit allem stimmungsvoll Behäbigen und bunt Pittoresken und vergessen, daß eine derartige Modellstadt eine ebensolche Verlogenheit bedeuten würde, wie sie die Kölner »Altstadtsanierung« schon bedeutete, wobei man die mittelalterliche Fassade hütete, das Hausinnere jedoch in moderne Kleinstwohnungen umzugestalten versucht hatte. Die Realisten aber weigern sich lange, in irgendeiner Form »Zukunftsmusik zu machen«, lassen endlich aber durchblicken, daß sie Köln auf demselben Platz wiedererrichtet wissen wollen, im großen und ganzen sogar mit demselben historischen Zug der Straßen, jedoch mit Bauten eines Stils, der auf neue Weise die alten Ansprüche erfüllt, die von den Kölnern an ihre Stadt gestellt werden: Großzügigkeit, die Note des Anheimelnden und fröhliche Helle. Sollte dies gelingen, dann würde das alte Köln die modernste Stadt des Kontinents werden. Träume? Phantasterei? Es liegt im Wesen jeder Art von Zukunftsmusik, widerspruchsvoll zu sein...

Der Dom, der dunkle freigelegte Riese, beherrscht die Stadt viel mehr als je zuvor. Aber rings um die Kathedrale, deren Tore sonst immer offen waren für fromme oder nur neugierige Gäste, windet sich ein rostiger Zaun. »Zutritt verboten. Lebensgefahr!« Drinnen werkt eine Gruppe Arbeiter. Schuttberge türmen sich, wo Gott wohnte. Inmitten des Domes ein tiefer, tiefer Schacht. »Untersuchung der Fundamente«, sagt ein Vorarbeiter. Aber das ist es nicht allein. Denn dem Manne, der die Ausgrabung des Schachtes überwacht, kommt es auf die Ausgrabung an. Er gesteht es ein: Er ist Archäologe.
»Hier ist einer der Punkte«, sagt er und deutet in die Tiefe, »von dem die Archäologen seit langem wußten, daß es interessantere Plätze kaum in Europa gibt.«
Er meint, daß hier alter Kulturboden sei im engsten Sinne des Wortes. Die Erde gibt Münzen und Scherben und andere Dokumente heraus, die von Jahrtausenden erzählen. Die Münzen und Scherben aus römischer Zeit, deren Alter man genauer bestimmen kann als die Funde aus dem Mittelalter, sind in einem Regal gesammelt. Und was ist das drunten für eine rechtwinklige, in Stein gefaßte Mulde?
»Das Grab des Grafen Edmundus aus dem neunten Jahrhundert, einer der Stifter des alten romanischen Domes, der sich an der gleichen Stelle erhob wie der gotische Dom von heute.«
Für den Grafen Edmund wurde alljährlich am 16. November die Gedächtnismesse gelesen, jahrhundertelang. Und hier ist nun sein Grab. Aber diese Erde erzählt das Schicksal des Landes bis tief in die Römerzeit hinein. Zu denken, daß die Archäologen alleweil davon geträumt hatten, an dieser Stelle – mitten im Dom – einmal graben zu dürfen! Aber der heilige Ort verbot es.

Und da steht nun inmitten des Schutts, inmitten des gewaltigen Untergangs einer modernen Großstadt, inmitten der Kathedrale, die selbst in der Zerstörung noch Weihe atmet, der junge Wissenschaftler und sagt halb verlegen, halb mit sachlicher Überzeugung: »Ich hätte nicht gedacht, daß ausgerechnet ich das Glück haben sollte, im Dom zu graben ...«

Mitten in Köln liegt der Schwarze Markt. Und hier endlich ist Schäl in hundertfältiger Gestalt anzutreffen, Schäl, der Pessimist unter den Witzbolden, der Mann, der auf die Gefahr, daß er bald im überfüllten Stadtgefängnis, dem »Klingelpütz«, stecken wird, die absonderlichsten Sachen aus der Tasche zaubert: Von der Butter bis zur englischen oder belgischen Zigarette. Aber Tünnes, der Optimist, steht zu Füßen des Eigelsteintores, in den ehrlichen, biederen »Billigen Jakob« verwandelt, und seine Kostbarkeiten sehen entsprechend aus: Ein Karton mit Haarwicklern, eine gedruckte Anleitung für den Tabakanbau, Schlüsselringe – »Et fählt dann bloß noch de Dür zom Schlüsselring, äwer et is'n Anfang« – und ein Extragriff aus Holz zum Tragen schwerer Koffer – »... nemmen Se den Griff, leeven Heer, mer han all schwer ze draagen ...«

In einem Restaurant am Ring hängt ein schön gemaltes Schild an der Wand: »Schwarzhandel sowie das Verzehren mitgebrachter Getränke in diesem Lokal ist strengstens untersagt.« Da sieht man im Geiste den obdachlosen Gelegenheitsarbeiter Tünnes mit der traditionellen Flasche, wie er das, was er erwischt hat, irgendwo auf den Trümmern »verzehrt«, umgeben von den bunten Unkrautblüten im Geröll.

Der Geschäftsführer des Lokals indessen verteilt an die Kellner die streng legale Speisekarte. Ein ironisches Lächeln ist auf seinen Zügen, und auf die gleiche Weise lächelnd quittieren's die Kellner und verteilen weiter, so daß sich die gelächelte Ironie flugs im ganzen Restaurant verbreitet. Es ist schwer zu erklären, aber eben darin erkennt man, daß sich der kölnische Esprit nicht zugleich mit der Stadt in Schutt und Mörtel auflöste. So verwegen es klingt – man darf doch sagen, daß hier mit mehr Grazie gehungert und schlecht gewohnt wird als anderswo, und selbst in den überfüllten Straßenbahnen – die seltener geworden sind, weil viel vom einst so stattlichen Wagenpark eingebüßt wurde – herrscht mehr ironischer

Witz als böse Schimpferei. »Man kann alle Sachen mit etwas Grazie machen. Die Frage ist nur die: – wie?«
Der Kölner, der diesen Satz zitierte, verwies darauf, daß Köln mit Hingabe dabei sei, wenigstens sein kulturelles Leben aufzubauen. »Da man Düsseldorf so in Glanz und Sorgen der neuen Staatsgeschäfte sieht, bleibt uns nichts übrig, als uns ins Innere zu versenken.«
Liegt beispielsweise auch der Gürzenich, der herrliche mittelalterliche Festsaal, in Trümmern, so hat man das berühmte Gürzenich-Orchester doch wieder zusammengebracht. »Und waren Sie schon im Millowitsch-Theater?« so lautet eine Empfehlung. »Dort kann man unter Tränen und Trümmern lachen.«
Am Rhein stehen auch noch die »Ringkadetten«, die schon immer am Ufer standen und Gott einen guten Mann sein ließen. Ja, ich meine, selten haben hier so viele »Ringkadetten« gestanden wie heute, obwohl es wenig Hoffnung auf Gelegenheitsarbeit gibt. Auch der Rhein, auch wenn er dort wild aufschäumt, wo die Brückentrümmer im Wasser liegen, er ist der alte geblieben, der ewig gleiche.
Man steht am Ufer, trinkt diese wundersam leichte, ein wenig feuchte und neblige Luft, die immer überm Strom weht. Man sieht den Rhein in breiter Kurve näherkommen, sich hell erweitern: die große Geste des Stromes. Irgend etwas würgt einen im Halse...

Kumpel zwischen Kohle und Kalorie

Im Bergmannsheim einer Zeche zu Oberhausen sitzt ein schmaler Junge vor einer Kladde und schreibt. Er schreibt mit einer Handschrift, wie man wohl nur selten eine bei einem Bergarbeiter sah: so fein, gewandt, schnell.
Es ist Abend. In der »Wohnstube«, in der zwölf Eisenbetten stehen – immer zwei aufeinander – und grelle Buntdrucke an den Wänden hängen, spielen drei Männer Skat, einer putzt Stiefel, ein anderer zieht einen schnurgeraden, patschnassen Scheitel. Dieser aber sitzt und schreibt und hat ein verschlossenes, eigensinniges Gesicht.

»Was waren Sie, bevor Sie Bergmann wurden?«
»Student der Medizin«, erwidert er, hebt das Gesicht nicht von seiner Kladde und erklärt höflich, aber abweisend: »Ich notiere was über das Leben hier, ganz privat...«
Wenn ein solcher Junge sein Inneres aufschließen soll, darf man nicht gleich fragen; man muß selber erzählen. Und so begann ich von alten Werkstudententagen zu erzählen und wie Werner, der baumlange Jurist vierten Semesters, vom Steinschlag erwischt worden war und wie die Kumpels ins Knappschaftslazarett kamen, ihn zu besuchen.
Einer brachte eine Sammlung kräftiger Photos mit, um dem Patienten die Stunden des Alleinseins zu versüßen; ein anderer spendete das Buch vom tollen Bomberg. Eine Flasche Wacholder machte bis zur Neige ihre Runde um das Krankenbett. Das Zimmer dröhnte vor Gelächter, und Werner stöhnte: »Hört bloß auf, sonst krieg' ich vor Lachen 'nen zweiten Bruch!«
Der Werner und ich, wir hatten keine große Bedeutung unter Tage: Wir hatten Grubenhunde zu beladen und zu verschieben. Aber jung, wie wir waren, hatten wir junge Freunde. Das waren die Achtzehn- bis Fünfundzwanzigjährigen, die leistungsfähigsten Hauer, sozusagen die Matadore, die besten Jahrgänge, die vor Kohle arbeiteten. Helle Gesichter, leicht verkniffene Augen, dunkelblonde Schöpfe, eine fixe Umgangsweise, eine derbfröhliche, unvergleichlich großzügige Art, die Hände in die Hosentaschen zu stecken und in der Wirtschaft bedeutungsvoll-bescheiden daraus hervorzuholen, sei es, um das genossene Bier und den »Klaren« zu bezahlen, sei es wegen der bevorstehenden Schlägerei.
Diese temperamentvollen, witzigen Burschen, hart im Fußballspiel, verwegen beim Prügeln und in der Liebe, unermüdlich in der Arbeit, waren treu wie Gold, immer bereit, einander beizustehen. Und ein- oder zweimal in der Woche trafen sie sich im Männergesangverein. Sie waren Meister im Fluchen, aber im Chor sangen sie Lieder vom zarten Mondschein und blauen Blümelein. Sie nannten daheim ihre Mutter mit rauher Zärtlichkeit »Olle«, aber im Chor sangen sie, wobei Tenor- und Baritonsoli wechselten, vom »Lieb, lieb Mütterlein...« Teufel noch eins, wir haben prächtige Kerle kennengelernt, damals als wir Werkstudenten waren!
»Werkstudenten!« sagt der junge Mann und schiebt sein Schreibheft ärgerlich beiseite. »Werkstudent – pah, das war nichts! Das

war vielleicht ein Sport für Sie, ein Vergnügen. Sie sind damals freiwillig ins Bergwerk gegangen für ein paar Monate, und Sie wußten, wann Sie in den Hörsaal zurückkonnten. Aber ich? Ich bin nicht freiwillig hierhergekommen. Ich weiß auch nicht, wie lange ich aushalten muß.«
Er stockt einen Augenblick und fügt hinzu: »Ich habe eine Anzahl Kameraden hier in der gleichen Lage. Die sagen alle: Wenn man wüßte, wie lange dies alles auszuhalten sei, und wenn man wüßte, daß man dann nachher wieder zum Studium zugelassen würde oder sonstwie keine Denazifizierungsschwierigkeiten mehr hätte, so würde man diesem Leben hier eine ganz andere Einstellung entgegenbringen können. Manches, auch der Umgang mit den alten Kumpels, wäre sogar sehr schön. So aber ist es einfach zum Kotzen!«
»Und das alles schreiben Sie da in Ihr Heft?«

Er reicht mit halb verlegener, halb brüsker Wendung seine Kladde herüber. Es sind Eintragungen über Krieg und Frieden und Politik, kritische Halbwahrheiten, unausgegorene Gefühlssachen, scharfe Abrechnungen eines Enttäuschten, vielleicht Getäuschten, mit dem, was im »Dritten Reich«, aber auch mit vielem, was danach geschah. Aber da sind auch Notizen über das ungewohnte Bergmannsleben. Und da steht:
»...Die Arbeit unter Tage ist so quälend nicht. Die Vorgänge des Einfahrens, der stolperige, lange Trott durch Dunkelheit und Enge zur Arbeitsstelle, die Gewißheit, daß man nun Stunden um Stunden im tiefen Schacht, weit weg vom Tageslicht, aushalten muß, das alles ist bei weitem nicht so schlimm, wie ich's mir vorgestellt hatte. Bestimmt hat das Bunker- und Schützengrabendasein des Krieges uns mit dem Schoß der Erde vertraut gemacht. Die Angststimmung unter Tage – mit der sonst das Bergmannsleben beginnt – habe ich keinen Augenblick gespürt.«
An einer anderen Stelle steht:
»Doch, die Arbeit ist schlimm! Welch ein Irrsinn, daß ich vor Kohle arbeiten muß! Welch ein Irrsinn! Nach zehn Minuten schweißbedeckt. Nach einer halben Stunde Schwächeanfälle! Arbeit in allen möglichen und unmöglichen Körperverrenkungen, gebückt, halb liegend, kniend. Den alten Hauern macht dies nichts. Sie schaffen mit halber Muskelkraft die doppelte Leistung. Daran sieht man,

daß diese Arbeit gelernt werden muß wie keine andere. Es heißt, daß es sonst üblich sei, Neulinge zuerst in sogenannte Lehrlingsreviere zu stecken. Aber es heißt auch, daß hunderttausend Bergleute fehlen. Für mich steht fest, daß es keinen Ausweg gibt. Ich muß durchhalten und an die Situationen im Krieg denken! Hinein in ein Loch, und sieh zu, wie du fertig wirst! Aber – damals hatte man Kameraden, die halfen. Doch hier nützt es nichts, mit alten Hauern zusammenzuarbeiten. Man kennt ihre Tricks nicht, man behindert sie bloß. Man geht zugrunde ...«

Dies also steht am Anfang des Tagebuches dieses Bergarbeiters, der ein Student und aus Breslau ist. Gottlob aber zeigt die Kladde von Seite zu Seite auch, daß, als die Zeit fortschritt, manches besser wurde. Er ging nicht zugrunde. Die Schwächeanfälle vergingen, die Arbeit wurde leichter, und als es im vergangenen Monat die halbe Flasche Schnaps gab, die zwischen sechs und sieben Mark kostet und von der behauptet wird, daß sie unter Selbstkostenpreis abgegeben würde, da hat der ehemalige Student sich mit einem »alten, echten« Kumpel zusammengetan, das Vergnügen gemeinsam zu genießen. Er hat dabei zum erstenmal einen Fachmann über die Arbeit vorm Kohlenstoß sprechen hören. Und in der Erinnerung an diesen »Saufabend« wird die Sprache im Tagebuch zum erstenmal jung und unbekümmert: »Ein prima Kumpel! Ein prima Abend!«

»Haben Sie da nun endlich die richtigen Kumpels getroffen, die verwegenen, unermüdlichen, großspurigen und doch bescheidenen, die vor nichts Angst haben und doch so viel Hochachtung vor allem, was Können und Wissen heißt?«

»Die Kumpels haben zu viele Sorgen«, winkt er ab. »Und dann kommt es mir so vor, als ob die Kumpels von der Sorte, die Sie damals trafen, sehr selten geworden sind. Einer, der Erfahrung hatte, sagte: ›Die richtigen Kumpels sind gefallen, und der Rest wurde auf dem Schwarzen Markt zerstört‹ ...«

Als hätte ihm dieser Ausspruch, der eine große Übertreibung ist, neue Anregungen gegeben, packt der Junge die Feder und schreibt drauflos.

Das »Heim« der Bergleute, in dem abends Briefe und Tagebücher geschrieben, Skat gespielt, Rundfunk gehört und patschnasse Scheitel gezogen werden, liegt in unmittelbarer Nähe der Zeche. Ein Steinbau, nicht häßlicher als andere, aber auch nicht schöner.

Früher waren Betriebsbüros hier untergebracht. Jedoch, Buntdrukke an den Wänden und Decken auf den Tischen haben die kahlen Räume nicht sonderlich wohnlich gestalten können. Wo so viele Menschen wohnen und schlafen müssen, sieht es nun einmal nach Kaserne aus.
Ein aus Ostpreußen Vertriebener schimpft darüber und meint: »Wie beim Militär gibt es Unterschiede. Wieso kriegen die Hauer Steppdecken? Ich bin bloß Bauarbeiter und kriege 2380 Kalorien. Na, schön, die Untertagearbeiter bekommen 3500 Kalorien. Das ist gerecht; da will ich nichts gegen sagen. Aber Steppdecken?«
Es wird viel genörgelt. Die Räume sind zu groß und schlecht heizbar.
»Aber Heizmaterial ist vorhanden?«
»Na, das wäre ja noch schöner, wenn wir, die Bergbauarbeiter, nichts zu heizen hätten!«
Sie klagen darüber, daß sie nach Feierabend zu viel Zeit verwenden müssen zu flicken, zu stopfen, das Arbeitszeug in Ordnung zu bringen. (»Es heißt, es gäbe in Deutschland doppelt so viele Frauen wie Männer – wir merken nichts davon!«) Sie alle, die – ob freiwillig, ob unter sanftem Druck – kamen, sind innerlich noch allzusehr mit der Heimat beschäftigt, die sie verloren, mit den Gedanken an Angehörige, die sie nicht wiederfanden. Und ebenfalls wie beim Militär, wird vornehmlich vom Essen und Trinken gesprochen.
Es ist wahr, daß die Kumpels, die vorm Kohlenstoß schaffen, bei weitem mehr Kalorien erhalten als irgendein anderer in Deutschland. Aber ebenso wahr ist, daß auch 3500 Kalorien je Tag noch nicht ausreichen bei einer Arbeit, wie es schwerer keine gibt.
»Wir kriegen Graupen-, Grieß- und Grützeeintopf, Nudeln-, Gemüse- und Sauerkohleintopf. Kartoffeln sind im Essen drin, auch Fleischstückchen. Kostet fünfzig Pfennig, so ein Essen. Wird auch schon sein, daß die Kalorienrechnung dabei in Ordnung geht. Aber, mein lieber Mann, wenn wir drüben auf unserem Extraherd von unserer Extrazuteilung ein anständiges Stück Fleisch mit einem anständigen Stück Butter in die Pfanne schmeißen, gibt das ja vielleicht nicht so viele Kalorien fürs Kontrollbuch, aber doch auf jeden Fall mehr Mumm in die Knochen. Die Leute reden immer, als ob Kalorie gleich Kalorie wäre. Ich aber sage Ihnen: Anständiges Essen ist besser.«

Und wirklich, drüben, auf dem »Extraherd«, läßt einer Bratkartoffeln brutzeln. Man schnuppert unwillkürlich. Speck! Es riecht fast wie in guten, alten Zeiten.
Der Student schreibt weiter, die Skatspieler hauen wieder die Karten auf den Tisch; der mit dem patschnassen Scheitel hat die Schuhe geputzt und sich zum Ausgang vorbereitet. Er geht zum Gesangverein, er stammt aus dem Bergwerksgebiet von Eschweiler, drüben von der andern Seite des Rheins. Er hat auch in Oberhausen den Anschluß gefunden. Er singt Tenor. »Nun leb' wohl, du kleine Ga-a-sse.« Er ist vergnügt.

Ich habe einen alten eingesessenen Bergmann im Kreise seiner Familie besucht. Seit ihm die Luftmine das Häuschen wegblies, lebt er mit den Seinen zwischen Trümmern. Er sitzt unter der Lampe und studiert die Zeitung. Diese Leute, debattierlustig, aufgeweckt, ein bißchen eigenbrötlerisch, haben immer mit geradezu wollüstigem Interesse Zeitungen gelesen, wenn sie die Tage vom Sturm und Drang der Jugend hinter sich hatten. Das blankgeputzte Eßgeschirr an der Hand und Zeitungen, die aus den Taschen guckten – so kannte man den alten Kumpel. Er hatte ein ganz kleines Häuschen, einen ziemlich großen Garten, zwei, drei Ziegen, einen Radioapparat, einen Gesangverein, vielleicht einen Sparverein und eine Zeitung, die von der ersten bis zur letzten Zeile studiert wurde. Das war sein Leben. Daß er gut zu essen hatte, war selbstverständlich bei der »Knochenarbeit«. Darüber wurde nie geredet. Was ist dem Bergmann davon geblieben? Fast nichts!
»Ich bin dreiundvierzig, war im Krieg und in der Gefangenschaft und arbeite noch vor Kohle. Mit dreiundvierzig Jahren!«
Aber er klagt nicht, ist sogar ein bißchen stolz auf seine Leistung. Er wirkt erschreckend alt.
»Was denn«, meint er. »Soll ich die 3500 Kalorien verputzen, und meine Familie soll mir die Brocken ins Maul reinzählen müssen? Wir kriegen sowieso noch extra auf Zeche eine gute Suppe und zwei Schnitten Brot mit Wurst.«
Er findet alles »maßlos traurig« im Industriegebiet.
»Aber was willst du machen? Zuerst, als ich sah, daß alles zum Deibel war, hätt' ich mich am liebsten mit 'nem Beil vor'n Kopp geschlagen. Aber heute? Man hört ja vieles. Zum Beispiel von Nissenhütten, wo unsereiner mit Kind und Kegel 'reinziehen könn-

te. Ich finde das nicht schlecht. Man hat auch angefangen, die Kalorienmenge zu steigern in der Erkenntnis: Schüttet ihr uns oben Kalorien 'rein, kommen unten bei uns die Kohlen 'raus! Habt ihr Kohlen, könnt ihr vielleicht auch Kalorien dafür kaufen. Das geht im Kreis, Kalorien – Kohlen – Kalorien, immer rundum.«
»Wie kommt es aber, daß die Produktion bisher nur die Hälfte der Vorkriegsförderung erreicht hat? Oder muß man danach einen Direktor fragen, da Kohle nun mal das wichtigste Problem ist?«
»Nee, frag' mich! Wir kriegen die Hälfte Kalorien – also! Wir haben keine Wohnungen, kein anständiges Arbeitszeug, das wir – auch wenn wir's regulär kriegen – viel zu teuer bezahlen müssen. Wir kriegen nicht genug Lohn und müssen Sorgen für unsere alten Tage haben. Unsere Jungen sind weg, die Achtzehn- bis Fünfundzwanzigjährigen, wir konnten sie nicht anlernen für den Kohlenstoß; das danken wir unserm Führer. Es sind nicht genug Arbeitskräfte da, die den richtigen Schwung und Stolz haben. Wir wissen nicht, was mit den Kohlen geschieht.«
Er sieht über die Zeitung hinweg. Er sagt: »Wir brauchen Klarheit. Wir müssen wissen, was eigentlich los ist mit Deutschland. Kohle ist so gut wie Politik. Macht anständige Politik, und ihr kriegt Kohlen!« Und er haut auf den Tisch und sagt: »Dunnerkiel!«
Da hatte ich – in den Trümmern, bei einem Pott mit Bratkartoffeln – den alten, ewigen Kumpel wiedergefunden.

Wanderer im Dezembernebel

Immer ist der Fahrdamm feucht. Und immer, wenn einer am Wege steht und winkt, kommt der Wagen beim Bremsen ins Rutschen. Wo die Straße gepflastert ist, haften die Räder besser als auf Asphalt. Das wechselt immer in Ostfriesland, als ob sie sich nicht hätten klar werden können, wie sie die Straße eigentlich befestigen sollten: Pflaster, Asphalt, Pflaster, und der Nebel ist so dicht, daß die Autos, um sich gegenseitig zu warnen, mitten im Tag ihre Scheinwerfer angemacht haben, kleine gelbe oder weißliche Lichter; und der Nebel ist so feucht, daß der Scheibenwischer schnurrt, obwohl es gar nicht regnet.

Dies ist also Ostfriesland, und manchmal tritt ein Wall aus dem Dunst hervor: der Deich. Manchmal dehnen sich rechts und links nur Wiesen. Dann sind wir tiefer ins Land gefahren. Und abends braucht man ein Hotel: Das ist das Schlimmste.

In Bunde, drunten an der holländischen Grenze, ist kein Platz. Die Wirte machen die Tür nur eine Handbreit auf; es riecht von drinnen nach guten Zigarren, man spürt, daß ein Gelächter verstummt ist, als man anklopfte. »Nein, Platz haben wir ganz und gar nicht.«

Was macht das schon! Es liegen noch Gasthöfe genug auf dem Wege nach Emden. Und es ist erst Spätnachmittag.

In Weener, dem einsamen Städtchen, das zwischen fetten Weiden nichtsdestoweniger so zeitnah lebt, daß es sogar eine Montgomerystraße besitzt, kann man von einem Hotel ins andere fahren: Sie sind besetzt.

»Heutzutage sind viele Leute unterwegs«, sagt die Wirtin hinter einer leeren Theke. »Was haben Sie da in Ihrem kleinen Koffer?«

»Ein sauberes und ein schmutziges Hemd, Rasierzeug, Kamm und Handtuch. Warum?«

»Nur so... Nein, hier ist alles besetzt. Es sind so viele unterwegs. Vielleicht versuchen Sie es nebenan.«

»Ja, danke.« Schließlich fahre ich heraus aus Weener.

Es sind so viele unterwegs. Sie haben Rucksäcke und Mappen, es sind Frauen und Männer, alte und junge Paare. Wie Gespenster tauchen sie im Nebel auf und verschwinden. Städtisch gekleidete Gespenster. Was ist denn los, daß so viele auf der Straße sind?

Es ist Dezember. Vielleicht genauso ein Dezember wie in jener Zeit, von der es heißt: »Es begab sich aber zu der Zeit, daß ein Gebot von dem Kaiser Augustus ausging, daß alle Welt geschätzt würde... Da machte sich auf auch Joseph aus Galiläa, aus der Stadt Nazareth, in das jüdische Land...«

Kurz vor Leer, wo in den letzten Kriegstagen, diesen verrücktesten Tagen der vergangenen Epoche, die große Brücke gesprengt wurde, die gerade vor dem Kriege vollendet worden war, die einzige Brücke weit und breit, pendelt eine Fähre von einem Ufer der Ems zum anderen. Hüben und drüben stechen helle Lichter in den nebligen Abend, damit die Wanderer, die Pferdefuhren, die Autos nicht geradewegs ins dampfende Wasser geraten. Wie merkwürdig das aussieht: Die moderne Brücke, ein Zeichen höchster technischer Entwicklung und des Sieges der Menschen über die Natur, ist zum

Teufel gegangen; die stählernen Pfeiler ragen sinnlos ins Leere, und just daneben hat das Werkzeug der alten Zeit seine Arbeit wieder aufgenommen: die Fähre.
Aber es ist keine stilechte gute alte Zeit. Sie haben einen Dampfer, der die Fähre zieht oder schiebt wie eine Lokomotive einen alten Güterwagen. Eine heisere Glocke scheppert, dann weiß der Dampfer, daß er sich in Bewegung setzen muß, die Fähre gerät ins Schaukeln, und es ist, als klänge in diesem Glockenton das ganze Elend unserer Tage. Durch Nebeldampf und Kälte schaukelt die Fähre, als hole sie in der Unterwelt die Seelen über den Styx.
»Um halb neun geht die letzte Fähre«, sagt eine Stimme aus dem Dunkel, »dann ist das Land um Weener abgeschnitten. Wie spät ist es?«
»Verdammt! Es ist halb neun.«
Die letzte Fähre! Kaum daß sie sich in Bewegung gesetzt hat, heben schon die klagenden Rufe an von Leuten, die zu spät ans Ufer kamen und nun zurückbleiben müssen im abgeschnittenen Land. Ohne Unterkunft und Herberge in der Nebelnacht... Niemand holt sie mehr herüber.
Auch in Leer gibt's keine Unterkunft. Das haben schon die polnischen Offiziere auf der Fähre vorausgesagt, die in Leer mit vielen Landsleuten ihre Quartiere haben.
»Wir spielen nicht mehr Militär, wir haben keine Disziplin, wir gehen umher, sitzen am Ofen, schlendern ein bißchen umher und gehen wieder an den Ofen.«
Auf die Frage nach ihrer Heimat haben sie einfach gelacht. Und auf die Frage nach einem Hotel in Leer ebenfalls.
»Oder haben Sie Verbindungen?«
»Nein, keine.« – Sie haben die Schultern gezuckt und Zigaretten angezündet und sind frierend von einem Fuß auf den anderen getreten, die heimatlosen polnischen Offiziere. Menschen im Nebel, auch sie.
Es gab einen Übernachtungsraum in Leer, neben einem Kindergarten. Decken, Koffer, Mappen, Rucksäcke, fluchende Männer, klagende Frauen.
»Sie müssen das nicht machen mit den Liegestätten«, sagt ein älterer, etwas professoraler Herr in leicht berlinischem Akzent, »denn auf diese Weise werden Sie niemals Platz genug haben. Sie müssen Strippen in Bauchhöhe von Wand zu Wand ziehen, wie Gorki,

glaube ich, es beschrieben hat: Stehend hängt man in den Strippen. Sie können viermal so viel Menschen unterbringen, und außerdem werden Sie mir zugeben: Das hat uns gerade noch gefehlt...«
Der Raum ist überfüllt. Allzu viele sind unterwegs, als sei ein neues Gebot gekommen vom Kaiser Augustus. Und es werden auch Kinder geboren, die nicht zu Hause, im eigenen Nazareth, das Licht der Welt erblicken.
»Vorvorgestern, im Zug von Münster herauf«, sagt ein junger Mann, »hat sich ein Kind angemeldet. Der Zug ist zur nächsten Station gekommen. Dort hat es stattgefunden, im Bahnhof. Das Kind hat acht Pfund gewogen, und die Frau hundert. Fast ein Zehntel dieser Frau ist das Kind gewesen. Wenn man das so bedenkt...«
Es ist nichts mit Leer. Zehn Uhr abends. Von Gasthof zu Gasthof marschiert ein Zug von Menschen, die Rucksäcke und Mappen tragen. Es sind alles Leute aus dem Rheinland und dem Ruhrgebiet. Sie sagen: »Bis jetzt war die Zugverbindung günstig nach Ostfriesland herauf. Aber plötzlich sind so viele Züge ausgefallen: Wir sitzen fest.«
»Und wozu all die Strapazen, all die Fahrerei?«
»Na, wieso denn nicht? Dies ist ein fettes Land, und Weihnachten steht vor der Tür!«
Wenn man solche Antworten hört und das Aussehen der Leute vergleicht, so findet man schließlich heraus, was diese Landfremden in Ostfriesland wollen: Die einen wollen wenigstens einmal im Jahr, zur Weihnacht, ein bißchen satt werden, und sei es mit trockenem Brot, und sie vertauschen ihren letzten, armseligen Kram. Die anderen wollen die Butter zum Brot, den Speck, das Huhn, die Gans, das Spanferkel. Die einen sind die ungebetenen, die armen, die lästigen, die anderen die willkommenen Gäste. Denn wer viel holen will, der bringt viel mit. Erlesene Sachen, wie echten Pfeffer, seidene Gewänder, goldene Ketten, gleich den Königen aus dem Morgenlande, Gegenstände, die sich zu Weihnachtsgeschenken eignen.
»Was haben Sie in Ihrem Koffer?« fragen daher die Wirte, die zwar keinen Speck, aber vielleicht ein Bett für eine Nacht zu vertauschen haben. Und wenn man die Wahrheit von dem schmutzigen Hemd, dem Kamm und dem Rasierzeug sagt, so ist kein Bett mehr frei.
Zwischen Leer und Emden sagt ein Wirt: »Wie sollte ich keine

Zimmer und Betten haben? Betten genug. Aber es ist die feuchte Jahreszeit, und ich kann das Bettzeug nicht trocken kriegen. Nichts zum Heizen, nichts zum Trocknen. Und ohne Laken kann man bei mir nicht schlafen. Bei mir nicht!« Und er macht langsam die schwere Haustür zu.

Aber im nächsten Dorf, näher an Emden, kann man wenigstens im Gastzimmer sitzen, wo der Bierhahn tröpfelt; es ist freilich nicht schade um das schlechte Bier. Die kalte Stube ist voll von Menschen, Rucksäcken, Pappkartons; die Wirtsleute sitzen in der warmen Küche. »Was haben Sie in Ihrem Koffer ...?«

Nach Emden zur Nacht? Emden ist zerstört. Nein, nun wird's Zeit zu verhandeln. Ob die Herbergsuchenden vor zweitausend Jahren, die nach dem Gebot Augusti wanderten, auch verhandelt haben?

»Sind Ihre Betten alle belegt?«

»Teils belegt, teils vorbestellt.«

»Auf Ihre angesagten Gäste können Sie nicht rechnen. Es sind Züge ausgefallen. Es kommt kein Nachtzug mehr, und in meinem Koffer sind zehn englische Zigaretten.«

»Mal fragen ...«, murmelt die Wirtin und geht mit hallenden Schritten den Flur hinunter.

Mir kommt in Gedanken die einfältige Frage, ob Maria und Joseph auch hätten in einem Stalle unterschlüpfen müssen, hätten sie englische Zigaretten gehabt. Drüben auf dem Sofa, da sitzt so ein Paar: eine junge, hübsche Frau und ein alter, müder Mann; wahrscheinlich ihr Vater. Oh, was hier herumsitzt, hat nicht der Handel, das hat die Not hergetrieben. Und deshalb müssen sie alle hinaus auf die Straße, bis auf den einen, der nicht nur Rasierzeug und Kamm, sondern auch zehn englische Zigaretten im Koffer hat.

»Welch ein Zufall«, sagte die Wirtsfrau, »im Zimmer, in dem noch drei andere schlafen, ist ein Bett noch frei.«

»Und wo soll mein Wagen bleiben?«

Einer der Leute, die herumgesessen, dreht sich an der Türe um.

»Können wir nicht in Ihrem Wagen schlafen?«

»Ich fürchte, man kann ihn nicht im Freien stehenlassen. Wegen des Kühlerwassers. Sie verstehen.«

»Den Wagen können Sie in den Kuhstall fahren«, sagt die Wirtin.

»Und wir?« fragt der Mann an der Tür und stellt den Rucksack nieder. »Können wir nicht auch im Stall ...?«

»Nein«, sagte die Wirtin. So müssen sie alle hinaus auf die Straße,

und die Haustür wird zugesperrt. »Diese Leute«, sagt die Wirtin, »melken nachts an den Kühen herum, wenn man sie in den Stall 'reinläßt.«
»Allerdings, einen Ochs und 'nen Esel konnte man nicht melken...«
»Wieso?« sagt die Frau. Sie hat die Dezembernacht nicht verstanden. Zuviel Nebel überall, vielzuviel Nebel.

Der erste Schlafgenosse war ein Dauergast, ein Arbeiter aus dem Ruhrgebiet. Er hat dem Bergbau vorläufig entsagt und sich als gelernter Metzger ausgegeben. Es geht ihm glänzend, er macht Hausschlachtungen bei den Bauern und schickt wöchentlich zehn Pfund Fleisch nach Oberhausen, wo seine Frau und die fünf Kinder nun nicht mehr hungern wie zuvor.
Der zweite Schlafgenosse »macht in Pfeffer«. Das ist eine große Sache, solange die Hausschlachtungen dauern. Er wundert sich, daß unten im Stall ein Auto steht, welches keine doppelten Böden, keine geheimen Kästen hat, ein Auto, das nicht mit Schwarzbenzin fährt, sondern mit normalem Brennstoff, der Liter zu vierzig Pfennig.
»Wie machen Sie das?« murmelt er müde und schläft ein. Der dritte Schlafgenosse kam nicht, sein Bett blieb leer.
Draußen klappern Schritte auf dem Pflaster; alle halbe Stunde hört man sie draußen im Nebel gehen und husten, die Rucksack- und Mappenmenschen, die nach Emden wandern, wo sie in den Zug einsteigen wollen, in irgendeinen Zug nach Hause.
»Denn es war kein Raum in der Herberge...«

Alle Sorten Lager

Wenn man weiß, daß in einem Dorf bei Segeberg in Holstein eine Kegelbahn – sage und schreibe: eine Kegelbahn – den Flüchtlingen als Wohnraum angewiesen wurde, dann hat man Anlaß, die Feldwebelstuben auf Borkum zu loben. In Schleswig-Holstein, wo es so viele Heimatlose wie Eingesessene gibt, sind die Flüchtlinge am übelsten daran, auf Borkum wahrscheinlich am besten. Dort sind die Flüchtlinge nämlich in einer alten Kaserne untergekommen, die sogar Dampfheizung hat.

Das Dorf bei Segeberg heißt Ulzburg. Es wird bewohnt von 890 Einheimischen und 2300 Vertriebenen. Es hat, wie gesagt, eine Kegelbahn. Und die Kegelbahn hat 25 Fenster. An allen ist das Glas zerschlagen. Wie der Wind auch weht (und irgendein Wind bläst immer in dieser Landschaft), er zieht hinein.

Wo einst die Kugel rollte und die Kegelhölzer durcheinanderpurzelten, stehen Feldbetten. Im ersten Bett liegt ein Mann, hat den Mantel an und die Mütze auf dem Kopf. Als er seine Geschichte erzählt, gebraucht er Wendungen wie diese: »In Elbing schnappten sie meine Frau. Aber sie packten auch eine von meinen Töchtern und schleppten sie mit.« Mit den zwölf anderen Kindern – »wir hatten dreizehn« – hat der Mann sich dann westwärts geschlagen. »Neun Kinder sind mir schon kaputt«, sagt er. »Drei habe ich noch.«

Drei von dreizehn! Die anderen sind – wie sagte der Mann? – »schon kaputt«. Er sagte es in einem Tone, als erwarte er, daß auch die anderen Kinder...

Nun ja, dieser Flüchtling lächelte nicht, obwohl er ein Bett besaß, in dem er bequem in Hut und Mantel liegen konnte.

Der Mann auf Borkum, der mit seiner vierköpfigen Familie in zwei ehemaligen Feldwebelstuben der Kaserne wohnt, sagt: »Hier auf der Insel können Sie Leute sehen, die beinah zufrieden wären, wenn eben das Heimweh nicht wäre. Gleich auf demselben Flur ist so eine fast zufriedene Familie.«

Diese »fast zufriedene« Familie besteht aus Vater, Mutter, Sohn und Neffen. In jedem ihrer beiden Zimmer sind ein Feldwebelschrank und zwei Feldwebelbetten, dazwischen ein Tisch, darauf ein frisches, buntes Kopftuch, das zur Tischdecke avanciert ist. Die Fenster sind unwahrscheinlich blank geputzt.

»Nachts fällt immer der Leuchtturmstrahl herein«, sagt die Frau, »und dann liege ich mit offenen Augen. Das Licht kreist und kreist, und ich denke an zu Hause, an Schlesien, wo jetzt die Polen sind. Ich liege und male mir aus, daß wir eines Tages dorthin zurückkehren dürfen; wir haben uns ausgemacht, das zu glauben. Bis dahin möchten wir hier bleiben; denn wir haben es hier nicht schlecht. Der

Vater schneidet morgens das Brot, das Mittagessen hole ich aus der Lagerküche. Wir essen nicht im großen Eßsaal, wo so viel Lärm ist, wir essen hier in unserem Zimmer. Es ist besser so, denn wir sind reich gegen die andern. Wir haben einen Topf, vier Teller, viermal Tischbesteck. Vor und nach dem Essen beten wir, obwohl die beiden Jungen zuerst nichts mehr vom Beten wissen wollten, aber sie haben sich wieder daran gewöhnt. Abends und nachts – nun, das erzählte ich schon: Da ist der Schein vom Leuchtturm. Das ist schön, nicht wahr?«

In der ehemaligen Kaserne von Borkum gibt es auch ehemalige Mannschaftsstuben. Dort werden die »Neuen« untergebracht. Sechs oder acht Personen kommen in je einen großen Raum. Man wünscht ihnen »Gute Nacht« und läßt sie schlafen.

So auch gestern nacht. Aber heute morgen wußte es das ganze Lager, daß zwei der neuangekommenen jungen Mädchen nicht allein geblieben sind. Man spricht von »Ruhestörung« und von »öffentlicher Unzucht«. Die Mädchen ihrerseits sind darüber verwundert und reden von Unduldsamkeit.

Einer der bewußten Männer ist aus der Kriegsgefangenschaft gekommen, der andere sagte nicht, woher er kam. Er ist schweigsam, und es geht das Gerücht, daß er ein russischer Soldat sei, der aus der Besatzungsarmee desertierte.

Das eine der beiden Mädchen hat tiefschwarzes Haar und ist sowohl recht hübsch als auch ziemlich ehrlich. »Na ja«, sagt die Dunkelhaarige, »wenn Sie's partout wissen wollen: Mein erstes Lager ist das nicht! Aber hier auf Borkum ist es das beste Lager, das ich kenne. Ich weiß Bescheid, lieber Mann.« Und dann gesteht sie, daß sie von der Arbeitsstelle im Industriegebiet durchgebrannt sei, weil es dort zu wenig zu essen gab. »Erstens: Arbeit, zweitens: Hunger. Bißchen viel auf einmal, wie?«

Sie ist also ins nächste Flüchtlingslager gegangen, hat zwei Decken in Empfang genommen, eine Schürze, ein gebrauchtes, noch gut erhaltenes Kleid, hat die Sachen zum Schwarzen Markt getragen. Und auf ins nächste Flüchtlingslager. Nun also ist sie auf Borkum, und sie sagt: »Bei mir auf der Stube sind zwei, die es genauso machen, die Gerda und die Paula.« Ein schneller Blick: »Sie halten doch dicht? Oder sind Sie Kripo?«

»Nein, mich geht's nichts an.«

»Na, bitte!« sagt die Dunkelhaarige und macht die nächste Tür auf, um mit besonderem Stolz, als zeige sie ein Wundertier, auf eine Frau zu deuten, die Strümpfe stopfend auf der Bettkante sitzt: »Die hat«, sagt die Dunkelhaarige, »ein zweijähriges Kind von 'nem Russen und kriegt ein neues Baby von 'nem Amerikaner und hat die Stirn und sagt: ›Alles Vergewaltigung.‹ Bei der Figur...?« Die Frau auf dem Bett stopft ihre Strümpfe...

Im großen Speiseraum, der noch immer erfüllt scheint von stickiger, staubiger Kasernenluft, bilden die Neuen eine Gruppe für sich. Sie sitzen an Tischen und klopfen Karten. Zwei Halbwüchsige spielen »Fußball« mit einer alten Marinemütze. Ein Mädchen kreischt auf unter einer derben Berührung, ein bemerkenswert hübsches junges Ding. Wo kommt sie her? Was hat sie für Pläne?
»Nischt zu machen, lieber Mann! Die ist verheiratet, die Puppe!«
Die »Puppe« stammt aus Oberschlesien, aus Oppeln.
»Meine Mutter hat genäht, und wir waren so ganz arm nicht. Wir haben gut zusammen gelebt, Mutter, meine zwölfjährige Schwester und ich. Dann kamen die Russen. Das erste war: Sie haben die Frauen vorgenommen; auch meine Mutter. Und Mutti ist nachher zum Arzt gegangen mit meiner Schwester. Ich sollte das Mittagessen warm stellen, wenn es sehr spät wird, sagte meine Mutter. Sie ist mittags nicht wiedergekommen, sie ist überhaupt nicht wiedergekommen. – Als die Polen einrückten, wurde ich Hilfsarbeiterin im Lazarett, und nach vielen Monaten kam ich mit vielen anderen Mädchen nach Gleiwitz. Dort haben wir Trümmer aufgeräumt, und nachts waren wir in einem Lager eingesperrt. Draußen standen die Wachen, und vor acht Wochen, als sie besoffen waren, habe ich den Stacheldraht ein bißchen hochgehoben und bin getürmt. Nach Westdeutschland!«
»Und nun sind Sie verheiratet?«
Sie deutet auf einen Jungen, der drüben Karten spielt: »Das ist Eberhard, mein Mann.«

Eberhard hat ebenfalls seine Geschichte. Gefangen bei den Amerikanern. Schwarz über die Grenze, um in Posen nach dem Vater zu suchen. Gerade zurechtgekommen, um zu erfahren, daß dieser soeben erschossen wurde. Darauf ging Eberhard nach dem Westen zurück und traf Anneliese.
»Wo?«

»Im Lager Uelzen.«
»Und dort habt ihr geheiratet?«
»Geheiratet?« sagt Eberhard. »Wir haben uns nur als verheiratet ausgegeben. Aber sagen Sie mal: Wenn ich zur Lagerleitung gehe und es ansage – meinen Sie, daß die mir etwas machen können?«
»Nein! Machen können die nichts. Aber Sie werden nicht mehr im selben Zimmer schlafen dürfen. Und die Liebe...«
»Liebe? So'n Quatsch.«
Die anderen, die älteren »Lagerflüchtlinge« sagen, die Neuen, die Jungen, seien hoffnungslos verdorben. Sind sie das? Eberhard sagt: »Wir haben allerhand erlebt!«

Da ist Herta R. aus Stettin. »Wohnhaft gewesen in der ›Großen Lastadie 30‹...«, sagt sie. »Ich war nicht weit von Stettin in der ›Rüstung‹ mit 50 anderen Mädels, und als die Front näher kam, sind die deutschen Offiziere und die anderen feinen Herren einfach weggefahren und haben uns sitzen lassen. Plötzlich waren die Russen da. Dann kam das Natürliche...«
Und was das »Natürliche« war, sagt Herta auch. Es sind keine Ausnahmen gemacht worden.
»Ob hübsch, ob häßlich«, sagt Herta, »keine Ausnahmen. Dann haben wir Mädels Kühe nach dem Osten treiben müssen, eine Masse Kühe. Dann wurden die Kühe und wir in Waggons verladen. Eine Woche Fahrt, und wir waren in Orel.«
»Wo liegt Orel?«
»An der Oka«, sagt Herta, »das ist ein Fluß, und oben steht eine alte, kaputte Burg, und die Ufer gehen steil, steil hinunter.« Sie lügt nicht. Sie war wirklich in Orel.
»Die Mädels schliefen nachts mit den Soldaten und räumten tags die Trümmer auf. Was sollten wir machen? Lange Zeit, und wir wurden wieder verladen. Tag und Nacht, Nacht und Tag. Wo stiegen wir aus? In Serbien! Dort haben wir beim Bauern gearbeitet, monatelang. Dann wieder verladen, vierzehn Tage gefahren. Da waren wir auf einmal in Danzig, und sie sagten, wir kämen nach dem – Ural. Wieder nach Osten – oh, du mein Herr und Gott! Aber die Kranken wurden aussortiert, und ich war krank, und fuhr mit einem Transport nach Stettin, aber meine Eltern waren weg. Ich habe bei einer polnischen Familie gewohnt. Die Leute waren sehr gut zu mir. Die Nachbarn sagten, meine Eltern wären nach

Westdeutschland gegangen. Können Sie mir suchen helfen? Ich heiße Herta R...«
»Herta, glauben Sie, daß jetzt bessere Zeiten für Sie kommen?«
»Bessere Zeiten!« sagt Herta. »Wenn ich meine Eltern finde, ja!«
»Aber Ihre Eltern sind Flüchtlinge...«
»Ja«, sagt Herta. »Wir Jungen wollen ja noch nichts sagen. Wir kommen schon durch. Aber daß so alte Leute noch Flüchtlinge sein müssen, das ist das Schlimmste.«

Die Schlinge um den Hals

»Die Holländer wollen die Emsmündung, klar? Und wenn sie die Emsmündung haben, dann wollen sie vielleicht... Nun, ich denke: Sie wollen da nix tun. Im Gegenteil: Sie wollen den Fluß versanden lassen; das ist doch ganz einfach, wie? Sie haben doch den Rhein, und in ihrer Rechnung ist die Ems bloß störend.«
Dies sagt Peter Broich. Er wiederholt es dann auf englisch.
In der brutwarmen Kajüte eines Kohlenschiffes im Hafen zu Emden sitzen wir beieinander, und wenn der Peter Broich, der die ganze Welt gesehen und alle Meere befahren hat, heute auch bloß noch ein Binnenschiffer ist und nicht mehr ein großer Mann, so führt er doch das große Wort. Und wer wagt zu sagen, daß er Unrecht hätte? Er ist, wie er gestand, ein Freund der Lesebücher und weiß viele Beispiele und Bilder aus der Literatur. So ist ihm jetzt die Gestalt der Sorge als fertiges Poesie-Produkt aus irgendeiner Lektüre ins Leben gesprungen. Drei Freunde, Fahrensleute wie er, sitzen dabei und wissen es auch nicht besser; und zwei Engländer, deren Schiffe im Hafen liegen, sind mit in der Runde und fragen den Peter Broich: »Wieso?« und »Warum?« Sie haben ein Recht dazu, denn sie haben den Rum für den Grog gestiftet. »Is that so?« und »Cigarette, please?«
Brutwarm ist die Kajüte, und in der Ecke sitzt die Sorge.
Die Sorge stellt Peter Broich sich so vor: Sie hockt in einem toten Bergwerksschacht drunten im Industriegebiet. Sie hockt wie eine fette, dicke schwangere Kröte und setzt unablässig Junge in die

Welt. Passiert dann oben etwas Neues, saust eine von den Sorgengespenstern hoch aus dem Nest und macht sich selbständig und wird dick und fett, je nach dem, was es für eine Nachricht ist.
»Was für eine Nachricht, Peter Broich?«
»Beispielsweise die vom letzten Sommer, von der wir hier reden: daß Holland nun auch gemeint hat, es müsse ein Stückchen Deutschland kriegen, und daß die anderen diese Meinung wohlwollend aufgenommen hätten. Wir lagen gerade drunten im Ruhrgebiet und luden Kohlen, um sie nach Emden zu bringen. Wir hatten die Nachricht wohl gehört, aber noch nicht richtig drüber nachgedacht. Na, schön! Wir fuhren den Dortmund-Ems-Kanal herauf und merkten nicht sofort, daß ein Sorgenkind zwischen der Kohlenfracht hockte. Wir fuhren unsere vierzehn Tage, kamen nach Leer. Da kletterte die Sorge unter den Kohlen hervor und machte sich's an Deck gemütlich. In Emden kapierten wir, daß die Sorge schon dick und fett geworden war und auf ein Schiff nach Borkum sprang. Dort war gerade Kurbetrieb. Da saßen manche Leute von der modernen Haute volée, machten Fettlebe, daß es zum Himmel stank, und plötzlich saß die Kröte mitten dazwischen und süffelte an dem Sekt, die Flasche zu 800 Mark, wie mir ein Schutzmann sagte. Und die Sorge tat das Maul auf, bestellte viele Grüße aus Holland, und sitzt seit dieser Zeit hier in allen Ecken herum.«
»Is that so?« wiederholen die Engländer. Und »Take it easy!« sagen sie.
»Jawoll, Schiet!« erwidert Peter Broich.

Der Hafen von Emden! Der schöne, weite, nebelverhangene Hafen! Wir gehen, bis es dunkel wird, umher, ihn zu betrachten – stundenlang. Und weil die Männer ihren Hafen lieben, werden sie nicht müde, alles zu erklären: den Kohlenhafen, wo die Kähne aus dem Industriegebiet anlegen und wo die Kohle umgeschlagen wird auf die Schiffe, die nach Dänemark und Schweden und Norwegen und wer weiß wohin gehen; den Erzhafen, wo früher die Erzschiffe aus Schweden gelöscht wurden. Und ein Herr von der Hafeninspektion ist so freundlich und zeigt, wo die beiden großen Schiffe liegen, die gestern Weizen brachten aus Amerika, und wo der kleine deutsche Dampfer festgemacht hat, der heute mit Roggen ankam aus Stettin. Schiffe tuten, eine mächtige Drehbrücke schwingt majestätisch aus, Kräne kreischen. Und da liegt der britische

Dampfer »Dorian Coast« und lädt Rundholz für England. Überall sind Bagger an der Arbeit, und der Schlick, den sie unentwegt aus dem Hafenbecken heraufholen, verwandelt die Streifen festen und unfruchtbaren Bodens in fruchtbares Land, wo die Kohlköpfe zu solcher Pracht gedeihen, daß sie auch in normalen Zeiten die Prunkstücke jeder landwirtschaftlichen Ausstellung werden könnten.

Und plötzlich schaukelt da in weißlichem Nebellicht ein Gespensterschiff: ein ziemlich großer Kasten, der 18 000-Tonnen-Dampfer »Monte Pasqual«, im Bau vollendet anno 1938, im Kriege ausgebrannt. Sie wird mit alter Munition beladen und ist verurteilt, auf hoher See versenkt zu werden mit ihrer Fracht, dort, wo das Meer am tiefsten ist.

»Da kannst du nichts machen«, sagt Peter Broich.

»Ich weiß ein solches Totenschiff: Das hatte tonnenweise noch Bunkerkohlen an Bord, als sie die Bodenluken öffneten. Damit hättest du noch ganze Mietshäuser durch den Winter heizen können, aber du kannst nichts machen. Mag ja sein, daß es in der Welt eine Menge vernünftiger Leute gibt, die sich was Ordentliches ausdenken. Aber was passiert? Immer kommen andere, die ihnen die Suppe versalzen. Hast du da drüben den deutschen Zerstörer gesehen? Der ist bei Kriegsschluß nicht fertig gewesen. Jetzt beladen sie ihn mit Fliegerbomben und mit Tränengas, so daß die armen Kerls in Gasmasken arbeiten müssen. Dieser Kahn wird also auch versenkt. Warum auch nicht? Das ist Bestimmung. Aber welche Bestimmung sagt, daß die Bombenkisten mit versenkt werden müssen? ›Laßt uns wenigstens die Kistendeckel abnehmen‹, sagten die Leute. Erstklassiges Holz aus der ›Kanonen-statt-Butter-Zeit‹. Man könnte Betten – und was weiß ich alles – daraus machen. Es gibt auch eine Menge Engländer, die nichts dagegen hätten, weil sie genau wissen, wie saudreckig es uns Deutschen geht. Aber der Teufel mag wissen, woran es liegt: Nichts zu machen, nichts zu machen!«

»Zuviel Behördenkram hier wie dort«, sagt der Inspektor. »Alle peinlich bedacht auf irgendwelche Bestimmungen. Und keiner, der solche Kleinigkeiten mal an die große Glocke hängt.«

Und als ich frage, ob sie wirklich glaubten, daß dieser ganze große Hafen in Todesschlaf versinken werde, falls die Emsmündung und der Dollartbusen an Holland kämen, antworten sie: »Glauben Sie,

daß die Holländer jedes Jahr die Millionenkosten für die Baggereiarbeiten bezahlen würden, für nichts und wieder nichts?«
»Und warum das alles?« Sie sagen nur ein Wort: »Rotterdam«.

Emden, das nicht nur im Mittelalter einer der bedeutendsten Hafenplätze Deutschlands war, ist unheimlich zerstört. Ein einziges Gebäude, die Herrentorschule, besitzt noch so etwas wie einen Saal: Dort hat die große Protest-Versammlung der Bevölkerung gegen Hollands Ansprüche stattgefunden. Ein anderes Schulgebäude hat die Nachfolgeschaft des vernichteten, einst berühmten Rathauses angetreten: Dort sitzt der Magistrat. Die Zerstörung des Wohnraumes beträgt rund 80 Prozent, aber von den 35 000 ursprünglichen Einwohnern hausen immer noch 30 000 zwischen den Trümmern. Und daß hier einst der Kontakt mit Holland freundschaftlich war, bezeugt die Zahl der 282 Holländer, die in Emden leben.
Oberstadtdirektor Neemann, anscheinend ein Mann mit ruhiger Energie und Weitblick, ist natürlich in der Lage, die Situation von tieferen Einsichten her zu schildern, aber im wesentlichen sagt er nichts anderes, als was der Schiffer Peter Broich sagte.
Durch den Dortmund-Ems-Kanal ist das Ruhrgebiet unmittelbar mit dem Hafen Emden und dem Meer verbunden. Käme Holland also in den Besitz der Emsmündung, so würde es damit das ganze Kanalsystem zwischen Rhein und Emden kontrollieren. Der alte Wettbewerb um den Umschlag der Güter von und nach dem rheinisch-westfälischen Industriegebiet, der seit langer Zeit zwischen Rotterdam und Emden besteht, würde zugunsten Rotterdams entschieden werden. Emden wäre weniger als ein Fischerdorf.
Zwar erhebt Holland auf die zerstörte Stadt selbst keine Ansprüche, gefordert wird in diesem Teil Ostfrieslands nur der schmale Streifen Land zwischen Fluß und Damm. Man braucht dann nur – was die Sachverständigen Emdens befürchten – die Tonnen und Leuchtbojen im Ems-Fahrwasser wegzunehmen und die Leuchtfeuer auf Sylt und auf Borkum zu löschen – schon wäre der Emder Hafen tödlich getroffen. Da Emden von Seeschiffen nur angelaufen werden kann, wenn das Fahrwasser im Dollartbusen und weit bis ins Wattenmeer hinaus unter hohem Kostenaufwand gebaggert wird, brauchten diese Arbeiten nur eingestellt zu werden, und die Ems würde in wenigen Jahren versanden. Eine von Holland kontrollierte Emsmündung würde die Schlinge um den Hals bedeuten.

Aber ein Oberstadtinspektor ist wohl durch sein Amt verpflichtet, nicht allzu pessimistisch zu sein. Er glaubt, die Stimmung in Holland zu kennen – ein Staat, in dem immer die Vernunft und der Wunsch nach freund-nachbarlichen Beziehungen herrschte – und meint, der Forderung neuchauvinistischer und kapitalistischer Kreise stünden gesündere Ansicht im holländischen Volke selbst entgegen. Er schimpfte zwar nicht – wie Peter Broich, der Schiffer, es offen tat – auf die »Rotterdamer Pfeffersäcke«, aber er hofft darauf, daß in Holland die Stimmen aus den kühler denkenden sozialistischen Kreisen gehört werden, die nichts Gutes in solchen Annektionsplänen sehen. Allerdings, der holländische Außenminister, so heißt es, sei schon auf Borkum gewesen, um die Insel zu besichtigen, die nach dem Wunsch der Holländer ebenfalls holländisch werden soll.

Die »Rheinland«, der Passagierdampfer, der vom Emder Außenhafen nach Borkum fährt, ist noch ein Stück aus besseren Zeiten. Es gibt einen Salon, oho! Und an der Wand hängt noch ein feines Bild aus der Zeit, da der Kölner Dom noch nicht von Trümmern, sondern von einer richtigen städtischen Umgebung umgeben war. Dieses Bild zugleich mit dem Namen des Schiffes bezeugt die Tatsache, daß Borkum früher vor allem auf Kurgäste aus dem Rheinland, meist Leute mittlerer Schichten, rechnen konnte. Mollig warm ist's im Salon, wo Brühe und »Muckefuck« serviert werden, während sich draußen die Ems zum Dollartbusen, der Fluß zum Strom weitet. Aber auch in der Salonecke sitzt die Sorge.
Zufällig ist der Bürgermeister der Insel an Bord, den Torfsorgen aufs Festland geführt haben. Er spricht von den tausend Flüchtlingen, die auf Borkum leben, und von der letzten Badesaison, in der so gut wie alle Flüchtlingsfrauen, soweit sie Zeit hatten, Arbeit in den Hotels und Pensionen fanden. Aber daß man im vergangenen Sommer von Borkum als dem »Eiland der Prasser« sprach – im Gegensatz zu Norderney, der »Insel der Armseligen« –, das nennt er Verleumdung und Ungerechtigkeit. Gewiß, gewiß, man hatte nicht damit gerechnet, daß 16 000 Badegäste zu dieser ersten Saison nach dem Kriege erscheinen würden; da gab es Störungen in der Lebensmittelversorgung, und die Fremden taten gut daran, sich die Sachen, von denen sie leben wollten, selber mitzubringen – ein Umstand, der andererseits dann auch wieder viel Anstoß erregte.

»Und was waren das für Sachen, die von den Gästen mitgebracht wurden?«

»Nun, Kartoffeln rucksackweise. Aber es kam auch vor, daß einer eine Gans herüberbrachte, ja, ein anderes Mal sogar ein ganzes Drahtgeflecht voll lebender Hühner!«

Wir gehen auf Borkum spazieren und stellen fest: Die Insel hat nicht unterm Krieg gelitten. Und da die Dunkelheit kommt, dreht auch der Leuchtturm, der alte Inbegriff der Borkum-Reklame, sein Strahlenkarussell: Hell, dunkel, hell, dunkel.

In solch zwielichtiger Beleuchtung sind – so scheint es – auch die politischen Gespräche in Gefahr, zweideutig zu werden. Beispielsweise: Hätte Holland nicht angedeutet, daß es Borkum – wäre das Eiland erst sein eigen – zur Sträflingsinsel für die Quislinge machen wolle, so gäbe es eine Anzahl Borkumer, die, so führend sie einst im Antisemitismus waren, auch führend in gewissen Anschluß-Gedanken sein möchten. Aber die Mehrzahl sieht zweifellos in einer Annektion eine Katastrophe, *die* Katastrophe. Abends geht über die »Kiewiet-Promenade« eine schlanke, aufrechte Gestalt, die auch biblisch hohes Alter nicht beugen konnte. Das ist der alte Bürgermeister Kiewiet, der von 1892 bis 1932 regierte, worauf er abgesetzt und worauf die nach ihm benannte Straße in »Hitler-Promenade« umgetauft wurde. Jetzt ist das gutgemacht. Und allabendlich kann Herr Kiewiet wieder auf »seiner Straße« spazierengehen und die Abendlichter über den prächtigen Hotels, den gemütlichen Häusern und über dem glitzernden Wattenmeer tanzen sehen.

»Als ich Bürgermeister wurde«, erzählt er, »hatte Borkum 1200 Einwohner und zur Sommerszeit 1000 Kurgäste; ehe ich abdanken mußte, waren's längst 5000 Inselbewohner und 20 000 oder gar 30 000 Gäste geworden. O ja, wir haben aufgebaut und gearbeitet, sind auch trotz der Glanzhotels nie größenwahnsinnig gewesen: Die richtige Borkumer Familie hat heute noch ihre Kuh im Stall, die auf unsern prächtigen Straßen ihre Fladen pladdern läßt. Aber was die Holländer betrifft, so erinnern mich die heutigen Zeiten daran, daß in den Jahren der Inflation, die ja auch nicht wenig bitter für uns Deutsche waren, 80 von Hundert aller Gäste aus Holland kamen. Wollen uns die Holländer diesmal wirklich an den Kragen? Wir haben früher gerade von Borkum aus so gerne Reisen nach Holland gemacht, und so viele Holländer waren bei uns gern gesehene Gäste.

Sollte das nun alles vorüber sein? Ich kann's nicht glauben.«
Wir stehen und sehen über das funkelnde Wasser hinaus. Es blitzen und kreisen die Lichter, holländische und deutsche. Sie blinken, als zwinkerten sie einander zu: Oh, diese Dummheit der Menschen...

Produktion von Seltenheiten

In Lübeck, beim Vorüberfahren, kann man in der Nähe des Rathauses die Reste vom Heim der Buddenbrooks sehen: eine Fassade, eine Wand, nichts weiter, dahinter nur Wind.
Dies also ist alles, was vom Glanz der patrizischen Kaufmannsfamilie übrigblieb, deren Aufstieg und Niedergang Thomas Mann mit der diesem Thema und dieser lübischen Umwelt angemessenen behäbigen und minutiösen Sprachgewalt beschrieben hat.
Nur Wind! Er pfeift über die eisbedeckte Ostsee, die man in grandioser Kälte schimmern sieht, wenn man die Kurve von Travemünde hinunterfährt. Auf dem Eis an der Küste stehen die Fischer – dick vermummte Gestalten – und haben lange Stangen in den Händen: Sie stechen Aale. Und manch anderer hat ebenfalls ein Loch ins Eis geschlagen und tut es den Fischern gleich, obwohl es ihm verboten ist. Das wären dann also die Schwarzstecher. Und wenn man bedenkt, daß mancher heute veranlaßt ist, im Trüben zu fischen und zu stechen, so ist dieser Anblick symbolisch.

Da liegt in diesem Ostseewinkel das Städtchen Schlutup. Und sähe man's nicht daliegen mit seinen altväterlichen Häusern und Gassen, man könnte es erschnuppern. Denn von hier aus ist einmal gut drei Viertel des einstigen Deutschen Reiches mit Bratheringen und Fischkonserven beliefert worden. Und man riecht es noch. Doch da man weiß, daß es keine Fische gibt, muß es sich wohl um Halluzinationen, um Erinnerungsdüfte handeln...
»Warum gibt es keine Fische?«
»Es gibt Fische«, antwortet der Fabrikant, der am Eingang von Schlutup wohnt, an einer Stelle, die einen anmutigen Blick auf den russischen Schlagbaum eröffnet. »Nur zu wenig...«

In kalten, feuchten Fabrikräumen rosten die Maschinen, die – eine Lübecker Industriespezialität – in der Hansestadt an der Trave hergestellt wurden. Und auch die automatischen Bratvorrichtungen, die in nichts mehr an die Bratpfannen der Hausfrauen, sondern eher an überdimensionale Bettmatratzen erinnern, glühen und rütteln sich nicht mehr. Nur eine einzige Abteilung ist noch in Betrieb: Da hängen, an Spießen aufgereiht, Heringe im Rauchfang, und besinnlich-pfiffige Männer, die an Illustrationen zu Fritz Reuters behäbigen Geschichten gemahnen, halten ein Feuer aus Buchenholz am Schwelen, träufeln immerfort Wasser darüber, damit sich der Rauch entwickelt, und fügen zuletzt Späne von Eichenholz hinzu. Denn der Rauch von Eichenspänen gibt den Bücklingen drinnen im Rauchfang hinter den eisernen Ofentüren die goldgelbe Farbe.
»Gut, wir liefern also Bücklinge«, sagt der Fabrikant. »Aber wir liefern bei weitem nicht genug, weil wir nicht genug Heringe bekommen. Früher hatten wir dreimal soviele Heringsdampfer. Wir sitzen schön in der Klemme. Und so überlegen wir uns heute, welche neuen Fabrikationstricks uns helfen können, die Fischabfälle zu nutzen. Sie kennen doch unsere Fischpaste?«
»Leider, leider!«
»Na ja!«

Nun trifft es sich, daß in Travemünde der Vorsitzende des Zentralverbandes der Fischerei in der britischen Zone wohnt, der Fischer Johannsen. Der hat an diesem Tage schon ein paar Stunden mit Erfolg den Aalen aufgelauert, und dies hat auf sein verwittertes Gesicht ein freundliches Lächeln gezaubert. Er zeigt seinen neuen Kutter im Travemünder Hafen, vierundzwanzig Meter lang und sechs Meter breit, mit einem Deutz-Motor, den er für viel Geld und viele gute Worte kaufen konnte.
»Dazu kommen noch das Netzwerk«, sagt Johannsen, »und die Geräte. Auch diese Kosten sind so hoch, daß sie in keinem Verhältnis mehr zu den behördlich überwachten Fischpreisen stehen. Dem Fischer geht es wie dem Bauern, der Anschaffungen machen muß: Er wird auf den Schwarzen Markt getrieben, ob er will oder nicht. Infolgedessen betet er beim Schlafengehen: ›Lieber Gott, schütze mich vor der Polizei und den Naturkatastrophen!‹ ...«

Und Fischer Johannsen erzählt von einem Fischer, der vor drei Tagen im Eis steckenblieb, draußen in der Ostsee, und daß es nicht wahrscheinlich sei, daß er den Kutter wieder heil herauskriegte. Katastrophe! Schon haben englische Flugzeuge dem Manne im Eis Lebensmittel herunterwerfen müssen, denn von Fischen allein konnte er wohl nicht leben. Just heute wollte Herr Johannsen eine Schlittenexpedition ausrüsten, um die 150 Zentner Heringe von Bord des steckengebliebenen Kutters an Land zu holen, 22 Kilometer hin und zurück. Aber da ist die Meldung gekommen, daß kein Schwanz mehr an Bord sei. Es ist nämlich von der mecklenburgischen Küste bereits eine Schlittenexpedition über das Eis gesandt worden. Heringe! Da mußte der Fischer den Schatz herausrücken. »Wetten, daß unser Mann jetzt ruiniert ist?« meint Johannsen.

Drinnen, in Lübeck, treffe ich bei der Heimfahrt einen jungen Mann. Der steckt den Kopf zum Wagenfenster herein und sagt: »Hilfe!« Bloß dies eine Wort: »Hilfe!«
Gegenüber sind Gebäude, die wie Laboratorien aussehen. Und »Brunnengräber« – dieser Name steht am Eingang.
Es ist ein Name, der bis tief in die russische Zone hinein bekannt ist. Und von drüben ist auch dieser junge Mann nachts bei Schlutup über die Grüne Grenze gekommen. »Hilfe«, sagt er kläglich.
»Was kann ich tun?«
»Insulin!« erwidert er. Und es stellt sich heraus: Er hat mich, weil ich im Auto gerade vor dem Fabriktor hielt, für einen »besseren Herrn« von »Brunnengräber« gehalten. Es ist dies eine Fabrik, die einst von einer heute in der russischen Zone gelegenen Stadt aus den Markt in Ungarn, Italien, Rumänien und Griechenland versorgte und nach Lübeck übergesiedelt ist. Aber auch im Westen Deutschlands ist nicht genug Material vorhanden, den deutschen Bedarf zu decken.
So kommen die Menschen, die einen Zuckerkranken daheim zwischen Leben und Tod pflegen, und bitten und flehen im Kontor. Auch Insulin ist Ware für den Schwarzen Markt geworden, wo eine einzige Ampulle mit einem Inhalt von 400 Einheiten 1000, ja 1500 Mark kostet.
In seinem Büro erklärt der Chefchemiker: »Hier habe ich eine Liste. Danach müssen 60 Millionen Einheiten Insulin im ersten runden Nachkriegsjahr 1946 in die britische Zone eingeführt werden. 67

Millionen Einheiten werden in der Zone hergestellt. Englische Stellen wünschten, als sie uns beim Aufbau halfen, daß wir bald in die Lage kämen, monatlich etwa 20 Millionen Einheiten herzustellen. Von uns aus! Wir sind längst soweit! Wir haben uns alle Mühe gegeben. Wir könnten viel mehr leisten. Und jetzt ist unsere Kapazität bei weitem nicht ausgenutzt. Woher den Rohstoff nehmen?«

»Welchen Rohstoff?«

»Die Bauchspeicheldrüsen der Rinder sind unser Rohstoff. Auf dem Hamburger Schlachtviehhof, wo früher täglich 3000 Rinder geschlachtet wurden, kommen heute 30 Stück zur Schlachtung.«

»Herr Doktor«, sage ich, »der junge Mann hier braucht Insulin!«

»Viele brauchen Insulin«, erwidert er. »Wissen Sie nicht, daß die Fälle der Zuckererkrankung sich erschreckend häufen? Was einst die sprichwörtliche Krankheit der älteren ›besseren Herrschaften‹ war, eine Folge üppigen Lebens, tritt heute als Folgeerscheinung großer Entbehrungen auf – sogar bei jungen Menschen, die allesamt voll arbeitsfähig wären, hätten sie Insulin. Na, dann kommen Sie mal mit, mein Junge!«

Auch das Dräger-Werk in Lübeck ist eine Fabrik, die nichts Alltägliches produziert. Auch sie ist weltbekannt. Und es ist hübsch, vom höchsten Bau des Geländes hinabzusehen. Man kann dabei nämlich mühelos aus den Formen der Dächer und Wände der Werkstatt- und Bürohäuser ablesen, wie das Werk wuchs und gedieh.

Da ist ein Stück bescheidenes Biedermeier: Das entstand, als der Großvater des heutigen Besitzers, arm, doch ideenreich, mit Sauerstoffanlagen für die Bierwirtschaften beschäftigt war, und seither ist Sauerstoff der nervus rerum dieser Fabrik geblieben. Da ist daneben der Stil der brustgeschwellten Gründerjahre, jener Zeit der großen Exportgeschäfte, da man unter anderem entdeckte, daß Sauerstoff nicht nur gut fürs Bier sei, sondern daß man mit Sauerstoff die dicksten Stahlbalken zerschneiden könne. Da ist ferner die neue Sachlichkeit, welche die weiten Fenster und glatte, helle Wände liebte. Wie werden die nächsten Anbauten aussehen?

Noch immer steht das Sauerstoffgerät im Mittelpunkt der Produktion, das in den Bergwerken Hilfe bei Unglücksfällen überhaupt erst ermöglicht. »In unserer Produktion ist dieses Gerät sozusagen der ruhende Pol in der Erscheinung Flucht«, meint einer der Ingenieure. Aber schon jene Abteilung, in der Taucherhelme und Taucheranzüge hergestellt werden (wofür die nötige Gummimenge heranzuschaffen fast unmöglich ist), ist eine Sache der Konjunktur, wenn auch, da so viele Schiffe mit ihren Kostbarkeiten auf dem Grunde liegen, wohl noch lange eine aussichtsreiche Sache. Ferner hat das Dräger-Werk, das in der Herstellung medizinischer Instrumente – besonders jener Geräte, wie sie der Zahnarzt braucht – ein weites Feld neu gewann, einen Apparat zur Narkose durch Lachgas entwickelt, eine Vorrichtung, wie sie in England, vornehmlich in den Entbindungsheimen, bereits erprobt ist.

»Man müßte Dinge produzieren«, erklärt Dr. Dräger, der Chef des Hauses, »die wenig Rohstoff, aber ein Höchstmaß an Präzision der Fertigung verlangen. Wir verfügen in Deutschland noch immer über ein hohes Maß handwerklichen Könnens.«

Diesem Gedanken kommt offenbar die Fabrikation medizinischer Instrumente entgegen. Und ein anderes Mal erklärte Dr. Dräger, es komme darauf an, die Fabrikationsmöglichkeit sozusagen geschmeidig zu halten. »Nicht unbeholfen, nicht entmutigt sein, und bei aller Spezialisierung im einzelnen stets wendig genug bleiben, die Produktion umzustellen, sofern eine Chance darin liegt, gleichgültig, wie lange sie dauert; wir müssen uns daran gewöhnen, ob wir wollen oder nicht.«

So kommt es, daß das Dräger-Werk, das eigene Druckmesser für seine Sauerstoffapparate entwickelte, heute längst in der Lage ist, Druckmesser aller Art für andere Produktionen zu liefern. So kommt es auch, daß Dräger heute sogar – Schuhe fabriziert.

»Schuhe?«

»Ja, wir haben hier einen strapazierfähigen Stoff. Davon haben wir mehr, als wir brauchen. Damit dieses Material nicht nutzlos verkommt, haben wir begonnen, eine leichte Fußbekleidung für den Sommer zu machen, und so ist dann eine reguläre Schuhfabrikation zustande gekommen. Durch gewisse Patronen, die zu unserem Sauerstoffgerät gehören, sind wir auch auf chemisches Gebiet geraten. Ferner gehen allerlei Versuche in eine Richtung, die es morgen vielleicht möglich machen, daß wir auch Nährmittel, etwa Nudeln, fabrizieren.«

Der Augenschein von alledem ist glatt und leicht. Aber wie der Augenschein häufig trügt, so auch hier. Da steht neben der Halle der

Gießerei eine große, komplizierte Maschine, deren Geschichte einiges verrät. Sie ging entzwei und mußte zur Reparatur an das Herstellerwerk in die französische Zone gesandt werden. Meldung von dort: »Wir geben die Maschine nicht heraus. Beschlagnahmt! Wir brauchen sie selber.« Lastwagen sind schwarz über die Grenze, das wertvolle Gut zurückzuholen. Nun ist die Maschine wiederum nicht intakt. Wer aber würde sich getrauen, sie ein zweites Mal über die Grenze zu schicken? Da steht sie und wartet, auf daß die Zeiten wieder normal werden, und die Menschen und ihre Sitten in ihnen. Was darf man! Was kann man? Zwischen diesen Fragen gehen die Gedanken hin und her. Wenn man dürfte, was man könnte – hallo, dann wären wir bald wieder obenauf!

Zuletzt, auf der Fahrt von Lübeck zurück nach Hamburg, hat ein Zufallsfahrgast, ein Arbeiter und Bunkerbewohner gesagt: »Komisch das! Keine wirkliche Arbeit weit und breit! Und doch: Die Arbeiter, hört man, fehlen. Sie fehlen im Ruhrgebiet, sie fehlen in Norddeutschland. Wo nicht? Ja, sind sie denn alle auf dem Schwarzen Markt? Unsinn! Die liegen im Bett, um Kalorien zu sparen, und pennen bis zum Tage, so sie wieder arbeiten dürfen, dem Tage X...«

Haus der heilenden Hände

Soviel Platz haben die Bomben im Krankenhausgelände immerhin gelassen, daß die Amseln in den Bäumen und Sträuchern wieder ihr altes Lied von Frühling und Hoffnung singen. Sie sitzen und singen auf dünnen Ästchen. So wird halt jeder hoffnungsvoll gestimmt, der die Vögel Frühlingslieder zwitschern hört. Und den Gesunden genügt vielleicht ein bißchen Gezwitscher. Aber wenn die Menschen krank sind? Sie brauchen ein Bett, ein paar Decken; einen Nachttopf brauchen sie auch, und sogar diese sind selten geworden. Mancher Schiffbrüchige im Sturm des Hamburger Großstadtlebens klopft an das große Tor des Universitätskrankenhauses Eppendorf, und es wird ihm nicht aufgetan. Laßt euch hineintragen! Laßt euch

auf Bahren hineinschleppen, auch wenn ihr gut und gerne hineinspazieren könntet! Dann habt ihr bessere Aussichten, vorausgesetzt, daß ein Bett frei ist und daß dafür Bettwäsche und die Decken vorhanden sind.
Krank zu werden ist heutzutage leicht; Patient zu werden schwer. Und manche von denen, die es geschafft haben, klammern sich an den Betten fest und wollen nicht heraus. Sie haben, solange sie nicht vollständig wieder auf dem Posten sind, einfach Angst vor dem Leben draußen. Hier drinnen hört man dann und wann doch wenigstens eine Amsel singen.
Im übrigen ist Eppendorf eine Hochburg der Wissenschaft. Hochburg – so heißt doch wohl der Ausdruck, wie? Man kennt das ja vom Film. Wie da die weißen Ärztekittel, von Jupiterlicht angestrahlt, leuchteten! Und dann die großartige Szene, wenn sie die junge Patientin, die zwischen Tod und Leben schwebte – aber die geschlossenen, langbewimperten Augen waren immer noch verdammt süß anzusehen – wenn diese Patientin also in den Operationssaal gerollt wurde, und wenn der bildschöne Chirurg oder der alte gütige Professor das elektrische Operationsmesser ansetzte, na, war das nichts? Die Kamera pflegte dabei immer ein Amphitheater studentischer Zuschauer abzuwandern. Und die chirurgischen Instrumente blitzten, und die musikalischen Instrumente aus dem Kinolautsprecher steuerten verhangene Cellomelodien und verhaltene, aufregende Paukenwirbel bei. Kurz, Hochburg der Wissenschaft! Aber damit wir den Boden der Realität wieder richtig unter die Füße kriegen: Die Gebäude mit den amphitheatralischen Sitzen sind nicht mehr, und die Studenten müssen halt sehen, wie sie etwas zu sehen bekommen. Und so kurios es klingt: In dem überfüllten Krankenhaus, das im Kriege viele Pavillons verloren hat, gibt es vor lauter Kranken nicht Kranke genug. Denn weil die Durchschnittspatienten, die »Wald- und Wiesenfälle«, die Betten in Beschlag genommen haben, kann mancher wissenschaftlich interessante Fall, an dem die Studenten etwas lernen könnten, nicht aufgenommen und behandelt werden.
Ohne Zweifel: Vom Filmbild, wie man es von früher her kennt, unterscheidet sich allerlei. So beispielsweise, daß die gütigen Professoren, die Koryphäen der Wissenschaft, recht verhungert, abgekämpft und am Ende der Nervenkraft aussehen. Und während andererseits glaubwürdige Gerüchte melden, daß den praktischen

Ärzten draußen in der Stadt, die ja viel engeren Kontakt mit ihren Patienten unterhalten, gelegentlich ein nahrhafter Fall zugute kommt, so ist es gewiß, daß die hohe Wissenschaft in dieser Hinsicht übel dran ist. Ein Viertelchen Butter und Wissenschaft: Das paßt so schlecht zusammen. Und so ein Professor hungert lieber, als daß er mal eine Andeutung macht. Die Oberärzte und Assistenzärzte hinwiederum – mein Gott, man braucht ja bloß ihre zerschlissenen weißen Kittel anzusehen! Es wäre kein Staat damit zu machen in einem rührenden Ärztefilm! Weil sie nicht einmal richtige Seife bekommen, haben die Doktoren ein reinigendes Gemisch von irgendeiner Essenz – was weiß ich – zusammengepanscht, und Seife zu haben, ist doch ziemlich wichtig in einem Krankenhaus. Es fehlt auch an Handtüchern. Immerhin, durch das geöffnete Fenster hört man das Lied der Amsel.

Schon deshalb ist es ein Glück, daß die Fenster jetzt im Frühling geöffnet werden können. Im Winter, als es monatelang keine Heizung gab und als die Röntgenstationen nicht arbeiten konnten, weil die Patienten zu sehr zitterten und weil das »Bild verwackelt wurde«, lagen die Kranken in den dumpfen, feuchten Zimmern, angetan mit ihren Straßenanzügen, die Baskenmütze oder das »Soldatenschiffchen« auf dem Kopf. Eine wahrhaft makabre Maskerade. Und wenn man das Wort »Hygiene« fallen ließ, dann sahen die Schwestern, die dick vermummt herumliefen und rote, frostgeplatzte Hände hatten, einen mit Blicken an, die zugleich Vorwurf und Klage waren.

O ja, sie wußten wohl, was nottat; sie wollten durchaus tun, was notwendig war. Aber wie?

Auch heute steht nicht genug Leibwäsche für die Kranken zur Verfügung. Doch was schlimmer ist: In dem Pavillon, wo die Schwindsüchtigen liegen und morgens im Schweiß erwachen, erscheinen die Angehörigen, holen die Wäsche ab, um sie daheim auszukochen und zu reinigen, womöglich im selben Raum, wo drei, vier Menschen wohnen, womöglich im selben Zuber, in dem nachher die Kinder gewaschen werden.

Da braucht es keine medizinische Kenntnis, sondern primitive Phantasie genügt, sich auszumalen, was daraus entstehen muß. Man hat also die Tuberkulösen von Hause weggeschafft, aber aus dem Krankenhaus bezieht man die Tuberkeln. Die Schwestern ringen die Arme, wenn man diese Dinge so rücksichtslos ausspricht.

Sie wissen es selber. Es ist ganz einfach die Armut, unserer aller Armut. Und die Kranken spüren sie am ehesten und am tiefsten.

Und doch! Es ist nicht so, daß etwa Mutlosigkeit oder Resignation in Eppendorf herrschten. Die Patienten wissen vielleicht ohnehin nicht genau, wie schlimm es um ihr berühmtes Krankenhaus bestellt ist, dessen Heilkunst sie vertrauen; Patienten pflegen ja allenthalben nicht einmal über ihren eigenen Zustand genau Bescheid zu wissen. Aber die Ärzte!

Einer der Dozenten erklärt, daß in der orthopädischen Klinik und zum Teil auch in der chirurgischen Abteilung die Patienten noch in den Kellern untergebracht seien, als hätte der Krieg noch keinen Tag aufgehört. Er sagt, daß medizinische Instrumente fehlen, aber noch mehr die Ersatzteile dafür. Es fehlen Arzneien. Und die Ernährungsgrundlage – zu deutsch: die Hungersnot – verhindert es, daß eine vernunftgemäße Krankenkost zubereitet wird.

In der Kinderklinik werden die Babys mit Steckrüben gefüttert. Oft treten auch Arznei- und Diätsorgen gekoppelt auf. Weil zum Beispiel das Insulin nicht ausreichend vorhanden ist, scheiden die zuckerkranken Patienten oft täglich bis zu tausend Kalorien Nährwerte ungenutzt im Urin aus. Wozu – so fragen sie selber – sind wir dann überhaupt gefüttert worden?

Weil die nötigen Chemikalien fehlen, ist es selbst in allerschwersten Fällen nicht mehr möglich, den chemischen Nachweis bei verborgenen Blutungen zu treffen. Viele derartige Hilfsmittel, Diagnosen zu stellen, hat man nicht mehr. Daher wird für wichtige Untersuchungen heute auf Restbestände gewisser Chemikalien zurückgegriffen, die längst außer Gebrauch gekommen waren.

Hippokrates wandert den weiten Weg zurück, den er gekommen. Er kann in Eppendorf ja auch den großen, den einmaligen Röntgenapparat nicht mehr benutzen, über den ohnedies nicht viele Krankenhäuser je verfügten, den Apparat, der nicht nur den kranken Körper durchleuchtete, sondern der zugleich auch sichtbar machte, in welcher Schicht die kranke Stelle saß. Eine Röhre ging entzwei, und dabei blieb es. Eppendorf, eine Stätte, der es einst zukam, die Heilkunst wieder und wieder ein Stück vorwärtszubringen, diese Hochburg der Wissenschaft – ganz primitiv! Und doch: Mutlos sind die Ärzte nicht. Wie soll man sich dies erklären?

Es besteht eine Atmosphäre, die man auch anderswo antreffen

kann. Zuerst, als es bergab ging, tauchte die Angst auf und wurde größer, und die Arme waren wie gelähmt. Was und wo sollten die Ärzte, da sie wie fasziniert in all das Elend starrten, dem sie mit den vorhandenen Mitteln gar nicht mehr gewachsen waren – was und wo sollten sie beginnen?

Keine Betten, wenig Nahrung, wenig Medizin, kein vollständiges Instrumentarium. Nichts, nichts, nichts!

So sollte es also mitten im wissenschaftlich kultivierten Europa plötzlich ein Land geben, wo aller Fortschritt moderner Hilfsmittel auf einmal nicht mehr nötig sei? Dies gab den Ärzten einen Schock. Darauf tiefes Atemholen. Und darauf schließlich die Erkenntnis, daß in einer ähnlichen Lage einst jene Ärzte aller europäischen Länder waren, die in die Wüste, nach Afrika, nach Asien zogen, die wenig Hilfsmittel und furchtbare Schwierigkeiten hatten und die man – dem militärischen Ausdruck zum Trotz – ehrfurchtsvoll »Pioniere« nannte. Und dankbar sprachen die Eingeborenen von den primitiven Krankenhäusern, die errichtet wurden, als vom »Haus der heilenden Hände«. Nur hätte man nicht gedacht, daß solch eine Wüste noch einmal Deutschland heißen könnte...

Im Pavillon für die Lungenkranken zeigte ein junger Arzt einen Apparat. Das war – laienhaft gesprochen – eine Hülse mit einem spitzen Ende, die ein bißchen einem größeren silbernen Drehbleistift ähnlich sah. Wenn dem Schwindsüchtigen nichts anderes mehr hilft, bohren sie ihm das Ding zwischen die Rippen und führen durch die Hülse ein Gerät zum Brennen ein. Sie können durch die Hülse auch ins Innere der Brust sehen. Sie brennen, bis der bewußte Teil der Lunge ausgeschaltet ist. Man versteht: Vorbereitung für den Pneumotorax. Die kranke Lunge hat Ruh, der Patient atmet mit dem anderen Lungenflügel. Damit der Arzt aber nicht im Dunkeln brennt, hat die Hülse vorn an der Spitze eine winzige Lampe. Sie kostet drei Mark, wird nur in Berlin hergestellt, und als die Lampe entzwei ging, stellte sich heraus, daß es nicht möglich war, eine neue zu bekommen.

Der junge Arzt lächelte. Er hat die Lampe dennoch bekommen, die winzige Lampe, die drei Mark kostete und an der das Leben eines Menschen hing. Als er dies erzählte, hatte er jenes Lächeln, das an den Augenblick erinnert, da im Ärztefilm die strahlenden Schlußakkorde zu erklingen pflegen. Ein feines, sauberes, anständiges Lächeln von Menschen, zu denen man auch in gefährlichen Zeiten Vertrauen haben kann.

Auf Hamsterfahrt

Langsam organisiert sich das Leben

Notizbrett. Alles ist wichtig.

Wo man boxt, da laß dich fröhlich nieder

»Es geht doch wohl aufwärts mit Deutschland. Oder nicht? Bedenken Sie doch, werter Herr, wir haben in Hamburg wieder einen großen Boxkampf erlebt. Ist das denn nichts? Ja, ein Kampf zwischen Deutschen fürs erste. Später werden wir weitersehen...«
Hein ten Hoff, der 27jährige Parzival unter den Boxern, hat den 39jährigen Walter Neusel, den »blonden Tiger«, zu Boden und k. o. geschlagen, und 90 000 Augen (in Worten neunzigtausend) sahen bewundernd zu ihm auf, als man ihm unter hohem Abendhimmel und unter weißgrellem Scheinwerferlicht einen golden leuchtenden Kranz, gewichtig wie ein Wagenrad, um die nackten Schultern legte. Ja, das war in Hamburg ein großer Tag. Und seither konnte man lesen, dieser Tag werde als Ruhmesblatt in der Geschichte (des Boxsports) unvergänglich sein. Ach, so lange ist das doch noch gar nicht her, daß wir Worte hörten wie »Ruhmesblatt« und »unvergänglich«!

Auch war in einer Zeitung, die sonst beileibe nicht gesinnt ist, sich an kriegerischen Ausdrücken zu berauschen, der Satz zu finden: »Mit fliegenden Fahnen ging Neusel unter; Hut ab vor diesem tapferen Kämpen!« Ist dieser Satz nicht aufschlußreich für alles, was im Boxring und im Ring des Publikums vor sich geht?

Es sind zwei verschiedene Welten. Droben, in der Überwelt des Boxrings, wirken die schwerverdienenden Schwergewichtler, die menschlichen Panther und Tiger, und die Gesetze, nach denen sie antreten, heißen »Angriff« und »Verteidigung«, »Sieg« oder »Untergang mit fliegenden Fahnen«; drunten aber, in der Unterwelt der Zuschauerplätze, sitzen die zahlenden Zivilisten, bereit, ihre Stimmen jubelnd zu erheben zu Ehren des Siegers und gleichfalls bereit, zu Ehren des ehrenvoll Unterliegenden die zivilen Hüte zu lüften.

Ich weiß: Der Gedanke ist nicht neu, und obendrein ist er sinnlos; aber verlockend ist es doch zu denken, man hönnte den Boxkampf aus der Sphäre des Sports in die der Politik heben, so nämlich, daß Kriege nicht mehr durch die Völker selber, sondern durch ihre prominenten Faustkämpfer erledigt werden könnten. Wir anderen würden – siegten wir – die Kosten für das Heer und – unterlägen wir – die Trümmer sparen. Obwohl berühmte Boxer im allgemeinen weitaus mehr Geld verdienen als selbst berühmte Generäle, – Ein-Mann-Armeen, die sie nun einmal sind, Strategen und kämpfende

Truppe in einem – wären die Kriegskosten gering und würden willig gezahlt werden, da der Anblick solcher Schlachten ja für alle Beteiligten ein Vergnügen und ein gewaltiger Anlaß wäre, sich grimmig-herrlich zu erregen, wie dies in den bisherigen Kriegen allein den goldbetreßten Heerführern vorbehalten war.

Doch wohin verlieren wir uns? Mag sein, daß wir, die Besucher des großen Boxkampfes um die deutsche Meisterschaft aller Klassen, und wir, die Leser der Berichte, mit unserem Versuch, mehr oder minder gewichtig zu scherzen, ein leichtes Unbehagen überspielen wollen, ein Unbehagen, das aus verschiedenen Quellen stammt und an dem niemand unschuldiger ist als die Boxer selbst, denen, ob sie ten Hoff oder Neusel heißen, auch unsere Sympathie gehört...

Ja, es ist ein Unbehagen zu denken, daß, wie wir feststellten, bis zu 400 Mark im Schwarzmarkt-Verfahren für Eintrittskarten gezahlt wurden, während wir zugleich von Menschen wissen, die nur mit Mühe die 16 Mark für die Hungerrationen der monatlichen Lebensmittelkarten aufbringen. Es ist ein Unbehagen zu denken, daß bei politischen Versammlungen – sei es, daß Dr. Schumacher oder Dr. Adenauer spricht – die Säle meist leicht die Erschienenen fassen, während hier 40 000 Besucher mit korrekt gekauften Karten erschienen und gewiß noch einmal 5000 Gäste sich sozusagen als Überzählige hereingeschmuggelt hatten, sei es, daß sie horrende Preise oder gar nicht zahlten. Man mußte inmitten Hamburgs einen riesigen Sportplatz wählen, man mußte den freien Himmel zu Hilfe nehmen. Wo gäbe es in unserem Volke, das, wie die Experten sagen, sich durch den Geist nach vorne bringen und durch die Kunst trösten und aufrichten lassen soll, solch einen Andrang selbst bei Konzerten eines Furtwängler? Und schließlich war es auch ein Unbehagen, diese riesige Menschenmenge da Kopf an Kopf auf schmalen, engen Bänken sitzen zu sehen und selber in ihr unterzutauchen, ein Unbehagen und eine Erinnerung ans zwölf Jahre währende »Zeitalter der Massen«. Auch hier dröhnten vom Boxring inmitten des Platzes wie von einem Podium pathetische Lautsprecher-Worte, und es war ein Trost, daß ein Blick aufs Programm den leichten Alpdruck lösen konnte. Denn so blieb die Gewißheit, daß es nicht etwa um einen neuen Hitler, einen neuen Goebbels ging, vielmehr um Männer, die nicht nach gefährlichen Ideen, sondern nach gefährlichen Gewichten gemessen werden.

Als Kölblin antritt, um gegen Drägestein zu kämpfen, ein denkmallanger Schwergewichtler gegen einen kleineren, dickeren Boxer, und als die beiden, anstatt kräftig drauflos zuhauen, einander immer wieder vorsichtig in den Armen liegen, ruft eine Stimme: »Umarmt euch zu Hause!« Und da der Kampf müder und müder wird, kritisiert ein Zuruf: »Schlaft schneller, Genossen!«

Kurz, das Publikum bringt weitaus mehr schlagkräftigen Geist auf, als die Boxer schlagkräftige Muskeln.

»Licht aus!« ruft gleich ein ganzer Chor, denn sie wollen es nun nicht mehr länger ansehen, wie das Boxerpaar, anstatt einander die Nasen einzuschlagen, täppisch einhertänzelt und wie ihr Kampf offenbar den Glanz nicht wert ist, der aus Jupiterlampen auf sie herniederstrahlt.

Dabei sehen's viele wohl, daß Kölblin der bessere Boxer ist; und dennoch gehört die Sympathie, soweit vorhanden, eher seinem Gegner, der immerhin angreift, wie dem auch sein mag... Und diesen Mut – das verlangt man wider besseres Wissen um die Boxkunst – will das Publikum zuletzt auch anerkannt sehen. Es johlt und pfeift, als Kölblin zum Punktsieger erklärt wird, und ruft »Schiebung... Schiebung«. Ja, das Publikum ist moralisch gerechter als die Richter, denn es liebt die Tugend noch mehr als das Können und läßt den Mann am Lautsprecher, der Neues verkünden will, minutenlang nicht zu Worte kommen. »Schiebung... Schiebung.«

Oh, hätten wir doch Gleiches in den ersten politischen Lautsprecher-Jahren getan! Es wären dann sicherlich keine zwölf, die für tausend zählen, daraus geworden.

»Unter uns«, sagt einer im Publikum, »vorn sitzt Schmeling: Der muß nächstens, wenn er noch etwas werden will, zuerst gegen einen von den beiden. Verstehst du, was ich meine? Sieht er die beiden heute so leer und lahm, so wird ihm Mut gemacht, dem Schmeling, ganz absichtlich Mut gemacht, verstanden?«

»I wo, was du nicht denkst! Schmeling braucht vor allen diesen, inklusive Hein ten Hoff, nicht die geringste Angst zu haben. Er ist immer noch der einzige deutsche Boxer im Weltformat. Nein, nein, was du nicht denkst!«

Sieht man da auch den Sprecher nicht im Dunklen, so spürt man doch geradezu sein Kopfschütteln in der Stimme. Immerhin, es ist bemerkenswert, daß Boxen immer noch ein Sport ist, bei dem man sich etwas denken kann! Kaum zu glauben, daß sich Kölblin absichtlich zurückgehalten hätte. Bei diesem Pfeifkonzert. Donnerwetter, das hieße Charakter!

Jedenfalls, bisher sind es nicht so sehr die Boxer, sondern das Publikum selber ist's gewesen, das aus dem Boxtag ein Volksvergnügen machte, als gelte das Motto: Dort, wo man boxt, da laß dich fröhlich nieder. So hat sich denn allmählich aus uns, dem Publikum, eine erwartungsvolle Runde gebildet, begierig, den Anblick der Haupt- und Staatsattraktionen, der gladiatores maximi auf uns wirken zu lassen. Und welche Eintracht! Da sind Arbeiter und Bürger und kein Unterschied, denn Karl Marx hat nie gelebt. Da sind in friedlichem Verein Deutsche und viele Engländer; einen Krieg hat es nie gegeben. Dies muß ein Gerücht gewesen sein, und die Trümmer sind gewiß nur Halluzinationen.

Und siehe: Sie erscheinen! Gedrungen und, wie es scheint, bereits zum Sprung geduckt: Walter Neusel; hochgewachsen, ein Siegfried oder Parzival der Sage: Hein ten Hoff. Und hinter mir eine Frau: Die kennt gottlob nicht nur die Tatsache aus der »ruhmreichen Boxgeschichte«, daß niemals bisher Herr Neusel k.o. geschlagen zu Boden ging, sondern weiß sogar ihrem Nachbarn allerlei aus ten Hoffs Privatleben zu erzählen, mit lauter Stimme, so daß es alle hören. Und – nicht wahr? – man interessiert sich doch. Unter uns: Ein siebzehnjähriges Töchterlein aus Hamburg an der Elbe, apart und hübsch, ist seine Braut. Und Schwiegervater, ein großer, kundiger Freund des Boxsports, ist Großschlächter von Beruf.

»Tja, von nischt is nischt!« bemerkt dazu eine dünne, brandenburgmärkische Stimme.

Der Kampf beginnt. Just in diesem Augenblick kommen, wobei sie sich, um nicht zu stören, tief zur Erde bücken, einige englische Soldaten von hinten durch den freigebliebenen Durchgang zwischen den Bänken nach vorn; in trautem Verein mit ihnen ein Dutzend Hamburger Schuljungen. Zurufe! Jedoch nur halb empörte, eher belustigte Rufe. So daß die Soldaten, halb erschrocken, doch eher höflich, zu kriechen beginnen und dann zu robben: Sie wollen wirklich nicht stören, sie wollen nur nach vorn, begeistert, wie sie sind.

»Runter mit den Köppen!« – beileibe, auch dieser Zuruf war nicht schlimm gemeint. Undenkbar, daß ein Krieg je stattgefunden! Tiefer Frieden im Zuschauerfeld. Der Kampf tobt oben.

Wirklich meisterhaft, wie dieser ten Hoff sich den drohenden und unentwegt Punkte sammelnden Neusel vom Leibe hält, indem er seine lange linke Gerade mit Florettfechter-Eleganz andauernd dem Angreifer ins Gesicht sticht, nicht schlimm, ein bißchen auf die Nase, ein bißchen auf die Augenbrauen! Immerhin, wir drunten spüren's wahrlich mit, wie dies den Neusel reizt; wir glauben zu hören, daß er knurrt, gefährlich knurrt. Und da, in der dritten Runde, springt Neusel an und wischt den anderen, der eben noch stand wie ein griechisch Götterbild, mit einem einzigen Schlag auf den Boden. Zwar kommt dieser bis zur »8« des auszählenden Schiedsrichters ohne Mühen hoch, aber er macht denn doch den Eindruck eines Erschrockenen, der einem wütenden Stier zu nahe gekommen und nun höllisch aufpassen muß, daß er nicht ein zweites Mal auf die Hörner genommen wird. Und als der Gongschlag ihn diesmal erlöst, geht er, leicht schwankend, in die linke, falsche, neutrale Ecke.

Das sieht ein bißchen drollig aus, wie ten Hoff da einen Augenblick lang so steht wie ein leicht geistesgestörtes Rennpferd, das in die unrechte Box geraten ist und vorsichtig herausgeführt werden muß. Eine Frau seufzt mitleidig in meiner Bank, dieselbe Frau wahrscheinlich, die vorhin, als der Niederschlag geschah und als ihr Begleiter laut irgend etwas rief, noch Zeit hatte, ihrer Nachbarin mit feinem Hamburger Akzent zu erklären: »Hier kann er mal schreien, mein Mann...«

Wer hätte das gedacht, daß Hein ten Hoff nach alledem noch einmal das Übergewicht bekommen werde? Wir alle natürlich – wenigstens dies hinterher gesagt – wir alle, die wir viele Boxkämpfe schon gesehen und selten einen so erregenden Kampf wie diesen, wir hätten es gedacht. Bei einem Boxkampf wie diesem fühlt man, ach, die beiden Seelen, von denen Goethe sprach, in der eigenen Brust. Die eine heißt ten Hoff und sagt: »Aufgepaßt, aufgepaßt! Ich muß die Taktik ändern!« Die andere heißt Neusel und sagt: »Schlagen muß ich, nur schlagen, wieviel ich auch einstecken mag. Er ist jung und stark, der andere, aber er erträgt nicht viel. Ich aber, der alte, ertrage alles. Es ist meine letzte Chance.«

Und so geschah es, daß Neusel unterging, tapfer und mit »fliegenden Fahnen«, nachdem er fast ohne Deckung, fast völlig offen gekämpft hatte – »sträflich offen«, wie Schmeling sagte –, voll Vertrauen auf das, was er aushalten, einstecken könnte. Hein ten

Hoff aber hatte aufgepaßt und die Taktik geändert. Er schlug ihn, indem er nicht nur seine größere Jugend, seine längere Linke, seine harte Rechte, sondern auch Verstand einsetzte, ruhigen, kalten Verstand. Er schlug ihn in der siebenten Runde, von der es erfahrungsgemäß heißt, daß sie immer für Boxer gefährlich und entscheidend ist.
Wohlverstanden: nur für Boxer. Denn das Publikum, froh, diese siebente Runde gesehen zu haben, ging seltsam müde und zugleich erregt nach Haus, glücklich, als hätte es einen wunderbaren Blick getan, den sonst verwehrten Blick in eine große Welt...

Ist die große Stunde der Kirche gekommen?

Plötzlich, mitten in einer theologischen Debatte, die in leeres Theoretisieren abzugleiten drohte, meldete sich ein Bauer zu Wort, ein Bauer aus Ostpreußen: mittelgroß, hagere Gestalt, ein Gesicht... nun ja, gebleichtes Leder über einen Schädel gespannt. Natürlich, er respektierte die Klugheit der geistlichen und weltlichen Herren in höheren und hohen Stellungen; er machte seine Verbeugung vor der Gelehrsamkeit der Theologie, er meinte: »Wer das kann, der soll das machen!« Er blickte sich nach den drei amerikanischen Gästen um, den Sendboten der Nächstenliebe aus kirchlichen Kreisen Amerikas, die, obwohl Naturen von mehr praktischer als theoretisierender Haltung, der ins allzu Geistige sich verflüchtigenden Debatte mit Anteilnahme gefolgt waren, und dann sagte der Bauer aus Ostpreußen, daß das Flüchtlingsproblem, um das sich die Gespräche auf der Evangelischen Akademie in Hermannsburg nun schon seit zwei Tagen drehten, ganz und gar nicht zu lösen sei. Er meinte nämlich, daß Flüchtlinge nun einmal Flüchtlinge bleiben müßten, und Vertriebene müßten Vertriebene bleiben – um der Heimkehr willen: in all ihren Sorgen ein lebendiger Anspruch auf deutsche Gebiete, ohne die weder sie noch Deutschland leben könnten...
Er hatte gerade zuvor gehört, daß auf dem »Flüchtlingsstand« – theologisch gesehen – der Segen Gottes ruhe. Nun drückte er mit

seiner breiten ostpreußischen Sprache – wobei der Abglanz eines Lächelns seine zerknitterten Augenwinkel kräuselte und eine Spur von Humor in seiner Stimme aufkam – sehr deutlich aus, daß die Flüchtlinge bereit seien, den Einheimischen von diesem ihrem Segen ein wenig abzugeben. Und dann sprach er in diesem Kreise, in dem das Wort »Seele« so geläufig verwendet wurde – auch er, der ostpreußische Bauer sprach von der Seele: »Wir Flüchtlinge sind umhergelaufen und wollten, fremd im Lande, die niedersächsische Seele suchen. Wir fanden die Menschen stumm und kalt... bis wir sie endlich doch gefunden haben, die niedersächsische Seele!«
Der Bauer, der weder einen Pflug hat noch einen Acker, den er pflügen könnte, wandte, während er sich niedersetzte, den Blick zum Fenster.

Draußen war ein freier Platz: die Auffahrt zum Gebäude der Evangelischen Akademie, und ringsum war ein behäbig breites Dorf von rund 6000 Einwohnern.
Dieses Dorf, eine halbe Autostunde, aber viele Kleinbahnstationen von Celle entfernt, heißt Hermannsburg und hat – so wenig es sich äußerlich von anderen großen Dorfsiedlungen Niedersachsens unterscheidet – um seines Geistes willen Töchterdörfer weit in der Welt, in Afrika und Amerika hervorgebracht. Ein seltsames Dorf!
In den Pausen dieser nicht gar pausenreichen Versammlungstage in Hermannsburg konnte man – was nicht viele der Akademie-Gäste taten – das Dorf durchwandern.
Sonntagvormittags trifft man da keinen Menschen in den Straßen, weil sie alle in der Kirche sind, wo seit den Tagen des Pastors Harms die Predigten mehr als eine Stunde dauern, wo die Gemeinde auch die letzten Verse der Kirchenlieder noch genauso deutlich und auswendig singt wie die ersten und wo noch eine feierliche lutherische Liturgie im Gebrauch ist, die in städtischen Kirchen längst gekürzt werden mußte.
Der Pastor Harms nämlich, der vor rund hundert Jahren in Hermannsburg wirkte, ist ein gewaltiger Eiferer Gottes gewesen, und die Hermannsburger sagen, ohne sich für ihre Altvorderen zu schämen, daß es not tat. Denn die Niedersachsen, die früher auch in Hermannsburg »eine Stange vertragen« konnten, waren – mit Verlaub gesagt – an den Suff geraten. Aber schließlich bekehrten sie sich und wurden so stark im Glauben, daß sie sogar Missionsschiffe

aussandten. Und besonders in Afrika, zumal in Abessinien, haben die Hermannsburger Missionare, wie alle Welt es rühmt, eine segensreiche Tätigkeit entfaltet.
Nicht nur, daß in Hermannsburg auch gegenwärtig noch das Missionshaus als Ausbildungsstätte junger Missionare wirkt: Das fromme Dorf, dessen Bewohnern ein gewisser ins Pietistische gehender Wesenszug wohl anzumerken ist, steht heute wie einst mit vielen fernen Orten der Welt in Verbindung. Plakatinschriften auf dem Postamt mit instruktiven Ratschlägen, wie Briefe ins Ausland zu adressieren seien, verraten dies ebenso wie der Geruch echten Bohnenkaffees, der am Sonntagvormittag aus den Häusern duftet, eine Gabe aus Care-Paketen.
Es ist ein schönes, behäbiges Dorf. Ein Bach, die Örtze benannt, fließt unter einer breiten Brücke und wandert quer durch Wiesen und verschwindet in grünen Wäldern. Von drei Ecken grüßen Kirchturmspitzen. Doch wenn sie auch die Frömmigkeit weithin verkündigen, die hier herrscht, so gibt es an den Kaufläden, wo »Senf« und »Ofenputzer« als soeben eingetroffen gemeldet werden, doch durchaus weltliche Plakate, beispielsweise die Ankündigung einer zweifellos strammen Operette »Der Jäger aus Kurpfalz« oder einer Unterhaltungskapelle »Die Uhlenköper« oder die Aufforderung des Sportvereins, an einer Boxer-Riege teilzunehmen.
Rechnet man jedoch die Merkmale des Religiösen gegen die des Weltlichen auf, so ergibt sich ein deutliches Übergewicht für das Ernste, Beseelte, Verinnerlichte.
Drangen nicht aus einem kleinen, bescheidenen Hause die Töne eines Streichtrios, das Haydn spielte? Und probt abends nicht ein stattlicher Kirchenchor für eine Aufführung des Händelschen »Messias«, zu der sich die Sänger, die werktags als Bauern auf den Feldern oder in den Ställen arbeiten, Solisten aus Hamburg verschreiben?
Mitten hinein in dieses beseelte Dorfleben, dem ein wenig die Atmosphäre des Altväterlichen und des »Nicht-von-dieser-Welt-Seins« anhaftet, hat die Regierung der Landeskirche Hannover die Evangelische Akademie gesetzt. Nicht daß man sich einen Neubau hätte leisten können! Man wählte ein ziemlich geräumiges Fachwerkgebäude, das früher ein so recht dörfliches Hotel gewesen war: weite Halle wie in einem Gutshaus, breite Treppen und einfache Gasthausstuben mit kleinen Fenstern. Nichts von Komfort, und

doch ist Behaglichkeit zu spüren. Und dann ist ein schmuckloser Anbau vorhanden, nur durch das Freie, über den holprigen Vorhof erreichbar; ein Raum, so karg, daß ihm ein paar Bilder not täten. Dort sammeln sich die Gäste der Tagungen oder Kurse zu den Vorträgen und den öffentlichen Gesprächen. Und dies erkennt man gleich: daß der Geist der Evangelischen Akademie nichts Altväterliches, sondern etwas durch und durch Modernes hat.
In Hermannsburg so gut wie in den fünf oder sechs anderen Orten West- und Süddeutschlands, wo Evangelische Akademien gegründet wurden, geht etwas Besonderes vor. Man hat sowohl von kritisch-hellhöriger als auch von neutral-unbeteiligter Seite behauptet, die Evangelischen Akademien seien als Forschungsstätten und zugleich als Zusammenkunftsorte quasi generalstäblicher Lagebesprechungen errichtet worden; sie seien Bastionen oder Ausgangspunkte eines Generalangriffs, den die evangelische Kirche beschlossen habe gegen den Unglauben des heutigen Menschen, gegen die Kälte der modernen Welt, gegen die Philosophie des Nihilismus, gegen die Gottesferne des gegenwärtigen Denkens, gegen die kühle Göttin der Ratio und alle Parteien, die ihr dienen. Kurzum: Die Kirche sei entschlossen, »aktiv zu werden« und »in Front zu gehen«.
Deshalb also hat die Evangelische Akademie diesmal, da das schier unlösbare Flüchtlingsproblem zur Debatte steht, die Vertreter der kirchlichen Fürsorge und der zuständigen weltlichen Ämter an den Beratungstisch geladen.
Als in ähnlicher Weise früher schon Männer der Theologie und der Naturwissenschaft zusammensaßen, Physiker wie Pascual Jordan und Heisenberg mit Superintendenten, Konsistorialräten und dem Landesbischof, hat sich, wie es heißt, aus natürlichen Spannungen und gegenseitiger Belehrung ein gemeinsames oder wenigstens gemeinsam mögliches Weltbild ergeben. Immerhin ist also angesichts schwieriger Probleme schon deutlich geworden, daß der Boden christlicher Weltanschauung immer noch – oder heute wieder – ein tragfähiger Acker zukunftsweisender Ideen sein kann. Nicht umsonst wirkt in der Atmosphäre dieser Akademie eines, was der Fromme einfach Frömmigkeit nennt und was das Weltkind aufatmend als erlösende Menschlichkeit begrüßt. Und davon hat der Studienleiter der Akademie, Pastor Döhring, der Sohn des einst berühmten Dompredigers zu Berlin, ein Beispiel erzählt: Es gibt da

die Antworten auf drei Fragen, welche die Teilnehmer der jeweiligen, stets mehrtägigen Akademie-Kurse einander zu stellen pflegen: »Wer bin ich?«, »Wo komme ich her?« und »Was erwarte ich?«
Und so erzählte anläßlich einer Tagung, zu der die Mediziner sich in Hermannsburg eingefunden hatten, ein Arzt aus Schlesien, daß er ausgeplündert und arm nach Westdeutschland gekommen sei, ohne genügend Kleidung, ohne nützliche Beziehungen und – was noch schlimmer gewesen sei – ohne das Instrumentarium, das nun einmal zur Ausübung des ärztlichen Berufs notwendig ist. Und was er erwarte, sei ein bißchen Trost, ein wenig Besinnung. Er erzählte dies nur obenhin und völlig absichtslos. Aber ebenso ruhig erwiderte ihm sein Nachbar am Mittagstisch, ein Arzt aus Hannover, der bei seiner Heimkehr aus dem Kriege Familie, Haus und Praxis unversehrt und ungeschmälert angetroffen hatte: »Besuchen Sie mich, Herr Kollege; wir wollen meine Instrumente teilen!«
Nun aber die Frage der Flüchtlinge, der Vertriebenen allgemein! Das Kernproblem unserer Zeit, ohne dessen Lösung eine Gesundung Deutschlands, ja, Europas gar nicht möglich ist!
Es war kein Wunder, daß die mit Vorträgen, Schilderungen und Debatten ausgefüllten Tage davonzueilen drohten, ohne daß zunächst Früchte ans Licht traten, Ideen, die, heute noch Gedanken und Entschlüsse, morgen schon prägnant erkenntliche Taten zu sein vermöchten. Es liegt im Wesen der Deutschen, abstrakt formulieren zu wollen und sich, ist dies nur gelungen, auf dem Stuhl zurückzulehnen, als habe man wunder was geleistet.
Aber da waren in Hermannsburg auch die Unruhigen, die Jüngeren in den Generationen der Pfarrer, in deren Wortschatz offenbar noch ein derber Ton aus Kriegs- und Frontzeiten sich erhalten hat. Dies klang allerdings sonderbar, wenn sie in Tischgesprächen biblische Sentenzen anwandten wie den auf Einheimische und Flüchtlinge gemünzten Satz, es sei dem reichen Prasser gar nichts nütze, sich verheimlichen zu wollen, daß der arme Lazarus vor der Tür liegt, und wenn sie im selben Atem das Wort von der »postmortalen Klugscheißerei« prägten, womit sie ebenso rauh wie gelehrt andeuteten, daß es, analog dem Sprichwort vom Kind, das in den Brunnen fiel (worauf dann der Brunnen endlich zugedeckt wurde), gar nichts hülfe, Tiefgründiges zu denken und zu reden, derweil die Flüchtlinge vollends im Elend verkämen.
Und doch – sie waren ermutigend, die Ansichten der Jüngeren unter

den Pfarrern. Diese Jüngeren sind nicht gesonnen, Rücksichten zu nehmen. Da ist der Pastor Albertz, der niedersächsischer Landtagsabgeordneter der Sozialdemokratischen Partei ist. Er sagte es den Vertretern der Behörden, den Sendboten der Flüchtlingskommissariate, kalt ins Gesicht, während er lässig am Rednerpult lehnte, daß dies, was heute mit den Flüchtlingen geschähe, die von Land zu Land verschoben würden, ganz einfach Menschenhandel sei. Und ferner: Da höre man die Einheimischen klagen, es sei kein Platz mehr in Hütten und Herbergen. Dabei wisse der Seelsorger, der über Land geht, sehr wohl, daß die Flüchtlingsbaracken nicht etwa deshalb immer noch gefüllt seien, weil nicht Häuser und Wohnungen genug vorhanden sind, die Armen aufzunehmen, sondern weil man fürchtet, es könnten neue Obdachlose nachrücken, und so verstopfe man den Zuzug mit lebendigen Leibern. Und wie denn überhaupt? War es nicht so, daß schon damals die Kirche versagte, als mit dem Anbruch der Industrialisierung die Arbeiter in den »vierten Stand« herabgerissen wurden? Und soll sie heute wieder versagen und stillschweigen, wenn die Flüchtlinge drohen, zum »fünften Stand« zu werden?

Und da war der Pfarrer Böttcher aus Stuttgart, der das Wort von Kierkegaard zitierte, nach dem die Kirche den »vierten Stand« geschaffen habe. Gewiß, dies sei eine echt Kierkegaardsche Zuspitzung gewesen, aber nichtsdestoweniger sei so viel Wahres daran, daß man heute Bescheid wisse: Diesmal dürfe die Kirche nicht versagen.

Überhaupt zeigten gerade die Debatten und die Verhandlungen in kleinen Arbeitskreisen, denen die Aufgabe gestellt war, praktische Vorschläge zu machen, daß sich zwei Lager gegenüberstanden: – Die Konservativen mit gewissem Vorwurf gegenüber den Aktivisten: »Ihr wollt das Problem von der Peripherie aus anfassen. Man muß es aber vom Zentrum aus tun. Ihr sprecht von sozialen und revolutionären Anforderungen, als ob ihr keine Geistlichen wäret. Das Zentrale aber geht danach, die kirchliche Gemeinde im Glauben zu stärken. Ihr jedoch, die ihr zuerst die Peripherie seht, die Außenseite der Probleme, das Soziale anstatt das Religiöse, wollt über die guten Taten zum Glauben vorstoßen. Wir wollen die Taten der Flüchtlingshilfe als Zeichen aufrichten, als möglichst viele Zeichen. Wir wollen die Liebe zuerst. Allerdings – soweit die Liebe reicht, soweit handelt sie!«

Darauf die anderen, sozusagen die Aktivisten: »Wir wollen heraus aus den Mauern, eindringen in den Alltag. Es kommt uns nicht wagend genug vor, was euch bewegt. Wir müssen heran an die Probleme, sogar heran an solche Schwierigkeiten, vor denen die Möglichkeiten des Staates versagen müssen!«
Und die Aktivisten verweisen auf das Hilfswerk der Evangelischen Kirche, das von den ursprünglich zum kirchlichen Neuaufbau vorgesehenen Millionenspenden aus aller Welt die Hälfte als allgemeine Nothilfe verwendet, ohne Ansehen der Personen und ihrer Konfessionen. Diese Aktivisten, die im Hilfswerk führend sind, sagen: »Wir wollen nicht die klugen Formulierungen, wollen nicht Stoff für die Prediger liefern. Wir wollen die Aktivität!«
Die Konservativen: »Was gäbe es Höheres für uns, als das Evangelium zu predigen! Und was die Haltung zum Alltag betrifft, so ist die Szene des neuen Evangeliums mit Maria und Martha typisch: ›Du machst dir viel zu schaffen, eins aber ist not...‹ Wir wollen der Kirche bewahren, was der Kirche ist.«
Die Aktivisten: »Wir dürfen nicht tun, als ob –! Luther hat ganz konkret Stellung genommen, wo es not war. Er hat zwar nicht Pfaffenherrschaft gewollt, aber er wollte, daß der Staat sich solle vom Wort Gottes leiten lassen. Die Kirche, die nicht in ihren eigenen Reihen das Flüchtlingsproblem lösen kann, wäre keine wirkliche Kirche; sie hätte nicht das Recht, dem Staat Vorwürfe zu machen.«
Die Konservativen: »Erst muß die Kirche wieder christlich werden! Wir wollen, daß die Kirche zuerst ihre Sache vertritt.«
Die Aktivisten: »Wir wollen mehr.«
Die einen: »Der Glaube schafft die Liebe!«
Die anderen: »Betont das Wort ›Liebe‹, und wir werden einig gehen!«
Ein Pfarrer, der von jenseits der östlichen Zonengrenze gekommen, wirft in einer Pause ein: »Wir haben drüben den totalitären Staat und haben die Funktionäre, die erklären, daß sie es selber sind, die Hilfe austeilen.«
Er spricht leise und ein wenig unbeteiligt, als hätte er andere Sorgen. »Da wollten sie nun hingehen« – so erzählt er –, »die Gutshäuser in der Zone abzubrechen und als Material für Häuser der Flüchtlinge zu verteilen. Hier im Westen gewinne ich den Eindruck«, so fügt er hinzu, »daß die noch in bürgerlicher Sicherheit Wohnenden, nun sagen wir ruhig die Villenbesitzer, genug damit zu tun glauben,

wenn sie den Flüchtlingen das Dachgeschoß einräumen. Und sie wissen nicht, daß die Zeit der bürgerlichen Sicherheit ein für allemal vorüber, daß das Flüchtlingsproblem ein Symptom der Gegenwart ist, weit über Deutschland hinaus, und daß wir alle falsch und töricht handeln, an den Dingen dieser Welt, am Irdischen zu hängen.«

Von diesem Motto nehmen die einen, die »Konservativen«, das Thema heraus: »Die Flüchtlinge, die stellvertretend für uns dulden, zeigen uns stündlich, daß wir alle Pilger auf dieser Erde sind.«

Und die anderen, die »Aktivisten«, greifen das Thema auf: »Man wird die Besitzverhältnisse neu ordnen müssen.«

Da ist der schlesische Pfarrer, der seine Breslauer Gemeinde, obwohl er mehr als einmal bis aufs Hemd ausgeplündert wurde, erst verließ, nachdem er von einem Überfall durch polnische Banditen einen Schädelbruch davongetragen und lange krank darnieder gelegen hatte. Er erzählt, daß er in ein und derselben Woche, in der er sechs Kinder taufte, siebzehn Kinder beerdigen mußte, und er wiederholt das Sprichwort: »Wenn die Särge mehr werden als die Wiegen, ist es schlecht um ein Volk bestellt.«

Er schildert aber auch, wie sie zusammenhielten in der Not, die verbliebenen Deutschen, nun wirklich Brüder und Schwestern über alle Konfessionsunterschiede hinaus, und er nennt auch das Beispiel des katholischen deutschen Pfarrers, der in der evangelischen Gemeinde das Abendmahl in beiderlei Gestalt darreichte, während von den polnischen Geistlichen nur selten Hilfe kam, da sie sich eher als nationalistische Polen gebärdeten, denn als Katholiken. Und er erzählt, daß auch gegenwärtig immer noch an 300 Orten in Schlesien sonntags evangelischer Gottesdienst gefeiert werde, und zwar vornehmlich durch Lektoren, da keine zehn protestantischen Pfarrer mehr im Lande seien.

Darauf verliest ein Redner aus dem weltlichen Lager, ein höherer Beamter aus dem Staatskommissariat für das Flüchtlingswesen in Niedersachsen, den Brief einer 70 Jahre alten Lehrerwitwe, einer Vertriebenen aus dem Osten, die mit ihrer Tochter bei einer Arztfamilie zwar Unterschlupf, aber keine Barmherzigkeit fand. Sie wird beschimpft und ausgezankt, denn man will sie hinausekeln aus dem Haus. Man hing die Heizungskörper in ihrem Zimmer winters mit Decken zu, und als sich dann immer noch ein wenig Wärme ausbreitete, montierte man die Anlage ab und schaffte sie beiseite.

Man gibt ihr ein Verbot, das WC zu benutzen, und weist ihr im Freien eine Gelegenheit an. Um aber dennoch Barmherzigkeit zu demonstrieren, schenkt man ihr im Winter drei Briketts, sage und schreibe: drei Briketts.
Und dieser »Story«, die leider Wahrheit ist, fügt der Vertreter der Behörde hinzu, daß er Antrag gestellt habe, man möge ein Gesetz erlassen, das derlei Grausamkeit, die sich in täglicher Schikane ungestraft breit macht, unter Strafe stellt. Aber dazu hat man sich nicht durchringen können...

Beseitigung aller Illusionen – dies hat Oberkonsistorialrat Dr. Gerstenmaier, bekannt durch seine Zugehörigkeit zu den Männern des 20. Juli und führend in der Leitung des Evangelischen Hilfswerks, als die erste Voraussetzung dafür genannt, daß endlich für die Flüchtlinge Entscheidendes geschehe. Weg mit den Illusionen, allerdings! Noch immer müssen in der britischen Zone mehr als 600 000 Flüchtlinge mit Massenquartieren und behelfsmäßigen Unterkünften zufrieden sein. Noch immer sind zehn Millionen Menschen ohne entscheidende Hilfe und leben immer noch, ein »fünfter Stand« und wahre »Nullpunkt-Existenzen«, tief unter der Stufe der Einheimischen, die wohl ihre eigenen Sorgen haben und doch immer noch zu wenig wissen, was Flüchtlingssorgen sind.
Es wurde von Uelzen gesprochen, dem »Auffanglager« bei Hannover, wo man, seitdem der Zuzug zur britischen Zone offiziell gesperrt ist, die meisten der Menschen, die herübergekommen, mit einer Rückfahrkarte, mit Reiseproviant für einen Tag versieht und wieder abschiebt. Befolgen sie dann den Rat zurückzukehren, woher sie gekommen? Das ist nicht in jedem Fall gewiß. Schon hört man, daß in der sowjetisch besetzten Zone gewisse Behörden erklärten: »Wer abgemeldet ist, bleibt abgemeldet.«
Keine Frage, daß es Wanderer, Vagabunden zwischen den Zonengrenzen gibt. Was aber erst, wenn die Skeptiker und Pessimisten recht behalten, die von der ersehnten Wiedervereinigung Deutschlands sagen, das sei noch lange, lange hin? Dann werden im Laufe der Jahre immer wieder Menschen zur westlichen Seite Deutschlands herüberziehen. Menschen, die man dann wohl nicht mehr Flüchtlinge oder Vertriebene, sondern einfach Zugewanderte wird nennen müssen.
Ein Grund mehr, daß in den eigenen Reihen der Kirche Aktivität

gefordert wird. Wenn jemals – so erklärte man in Hermannsburg –, dann sei heute die große Stunde der Kirche da. Und wehe, wenn die Kirche diesen Augenblick nicht erkenne!
Pastor Albertz fordert eine geschlossene Front der Flüchtlinge. Das wurde durchaus nicht einhellig anerkannt. Im Gegenteil, bei aller Bejahung des guten Willens, den ihr Amtsbruder in den Reihen der Sozialdemokratischen Partei fruchtbar machen will, waren die meisten Pfarrer weit eher für die These, daß der Flüchtling unter den Einheimischen wie ein Bruder unter Brüdern leben sollte, ja, daß er aufhören sollte, Flüchtling zu sein. Übrigens eine Anschauung, gegen die Pastor Albertz im Endeffekt dann auch nichts einzuwenden hatte.
Die Kirche hat bereits eigene Flüchtlingshelfer geworben, die als Mittler von Mensch zu Mensch tätig sind. Deren gibt es in Westfalen, wie einer von ihnen mitteilte, schon rund zwanzig, und sie haben sich durchaus bewährt. Die Kirche plädiert auch dafür, Friedensrichter zu bestellen, denen Streitigkeiten und Zerwürfnisse zwischen Einheimischen und Flüchtlingen zur Schlichtung vorgetragen werden könnten. Und ein Gast aus Heidelberg teilte mit, daß dort die Einrichtung eines solchen Amtes schon heute Gutes stifte. Die Kirche will Kindergärten einrichten, um alleinstehende Mütter zu entlasten, die ihr Brot durch ihrer Hände Arbeit verdienen müssen. Sie will für Erholungsheime zum Besten kranker Kinder und will für Jugendheime sorgen, in denen heimatlose Jungen und Mädchen untergebracht, geschult und erzogen werden: Angehörige einer Generation, die, wie nie eine es je in Deutschland war, gefährdet ist. Die Kirche will Altersheime gründen, auch Herbergen, ein Gegenstück zur früheren »Herberge zur Heimat«; sie will nicht zuletzt den heimkehrenden Kriegsgefangenen Hilfe leisten; sie will den Gedanken der Selbsthilfe unter den Flüchtlingen fördern, indem sie Handwerk und Heimarbeit unterstützt. Und da die Pläne so ins Detail gehen, daß in Hermannsburg sogar die Einrichtung von Nähstuben und Waschküchen inmitten grundsätzlicher Debatten erörtert wurde, fanden die anfangs allzu theoretisch erscheinenden Gespräche doch schließlich ein ebenso imponierendes praktisches Gegengewicht.
Und Oberkonsistorialrat Dr. Gerstenmaier, ein Mann von geradezu wuchtiger Beredsamkeit, der zuerst das Wort von der christlichen Seel- und Leibfürsorge aussprach, war auch der erste, der –

durchaus konsequent darin, daß er es nicht liebte, »die Flüchtlinge in der Sphäre des Mitleids zu sehen« – das Wort von der Neuordnung der Besitzverhältnisse wiederholte. Sprach er aus höherer Einsicht davon, daß »die Flüchtlinge in signifikanter Weise deutlich machen, was früher oder später das Schicksal der Deutschen allgemein ist«, und nannte er die Flüchtlingsfrage, generell gesehen, »einen massiven Stoß gegen die alte Gesellschaftsordnung«, so sagte er sofort: »Wir sind nicht nur gehalten, gut zu formulieren, sondern etwas zu tun. Denn die Erkenntnis mag bitter sein – so ist sie doch wahr: Das Ende des Nominalismus kommt nach Gottes Willen im Flüchtlingsschicksal über uns.« Sprach es mit der Wucht prophetischer Warnung und fügte wenig später einen geradezu hausväterlichen Rat an die Frauen der Einheimischen in den christlichen Gemeinden hinzu: »Erstens, ladet die Flüchtlingsfrauen zum Kaffee ein! Zweitens, leiht ihnen ein Ofenrohr! Drittens, laßt sie in der Kirche neben euch sitzen!«

Und da war Dr. Freudenberg, ein Pfarrer, der im Auftrag der Kirche 1939 ins Ausland ging, um schließlich von Genf aus im Rahmen der ökumenischen Hilfsorganisationen vor allem mit jüdischen Christen in Deutschland, Polen, Frankreich und Ungarn Verbindung zu halten, mit Menschen, die in jene höchste Gefahr gerieten, aus der die wenigsten gerettet werden konnten. Er hat den Anfang der Massenvertreibung beobachten können, den Beginn der großen Leidenszüge von Vertriebenen, wie sie dann zum europäischen Schicksal unserer Tage wurden. Damals war es das nazistische System, das die große Schuld auf die Deutschen lud; heute leiden dreizehneinhalb Millionen deutscher und deutschsprachiger Menschen unter ähnlicher, wenn auch oft nicht gar so deutlicher Qual (denn jene erwartete der sichere Tod, diese ein langsames Siechtum). War jenes ein Verbrechen, so ist auch dies, was an den Deutschen geschah, Schuld, diesmal Schuld der anderen. Und Dr. Freudenberg ließ daran keinen Zweifel, daß man den Mut, den Mut des Christen haben müsse, es deutlich auszusprechen.

Der Landesbischof D. Dr. Lilje sprach als letzter, ein Redner von glänzender Eloquenz. Er sprach von der »Sekurität«, der irdischen Sicherheit des einzelnen und zitierte Kierkegaards Wort vom »Bürger, der satt und zufrieden nur im Endlichen« lebt. Nun aber hat sich die Deportation ganzer Völker, dieser antike Vorgang, wieder einmal ereignet. Zeitwende!

Mag sein, daß es uns Deutschen in ein paar Jahren wieder gut gehen wird – im materiellen Sinne, wohlverstanden. Wie schön, wenn wir dann aus den Jahren der gegenwärtigen Not eine Formel noch bedächten, die Luther 1530 prägte: »Der Glaube muß lernen, auf dem Nichts zu stehen!« und jenes Apostelwort: »Haben, als hätten sie nicht.« Dem Bauern aus dem Osten, der zuerst in der Tagung das Wort ergriffen hatte, war es, während der Bischof sprach, nicht gelungen, Platz im überfüllten Saale zu finden. Er stand im Vorraum hinter der geöffneten Tür und hatte, weil es zog, die Mütze auf den Kopf gesetzt. Er nahm sie ab, als der Bischof zum Schluß seiner Rede das alte Kirchenlied zitierte: »Daß nicht vergessen werde, was man so leicht vergißt: daß diese arme Erde nicht unsere Heimat ist...«

Vorsicht, Bodenreform

Alle haben den Besucher, der gekommen war, um mit einem Auge nach der Ernte und mit dem anderen ein bißchen nach der Bodenreform zu sehen, fragend angeschaut, nachdem sie sich eine Weile – jeder in seiner Weise – mit ihm unterhalten hatten, und einige haben auch geradezu gefragt, mit gewissem Stolz gefragt, wie ihm das Gut gefiele.

Es war ein schönes Gut, 3500 Morgen groß, davon 2000 Morgen Ackerland und 1500 Morgen Grünland und Weiden. Ganz in der Nähe liegt das nette holsteinische Städtchen Neustadt, wo einige Eisenbahner wohnen, die insoweit an dem Gute interessiert sind, als sie seit Jahren schon einen erklecklichen Streifen gutseigenen Ackerbodens am Stadtrand als Gartenland bebauen, wofür sie, wenn ich nicht irre, keinen Pfennig, oder, wenn ich mich irre, nur sehr wenige Pfennige Pacht zahlen. So großzügig wäre ein Bauer nicht und könnte es wohl auch nicht sein, aber dem Gut macht das nichts aus; es hat ja auch den Neuholsteinern, wenn dieser Ausdruck erlaubt ist, Gartenland gegeben, auf daß sie nicht verhungern in harter Sommerzeit...

Erinnern die Szenen des Gutes nicht an jene Schaubilder, die wir früher in der Schule zu sehen kriegten, wenn wir beispielsweise

Klassenthemen wie »Der Sommer« oder »Die Ernte« oder dergleichen Bausch- und Bogenstoffe »durchnahmen«?
Hier wie dort sah man den Schäfer inmitten seiner »Wollmäuse«, wie neulich ein Berliner sagte, an den treuen Stab gelehnt, und der treue Hund war ihm zur Seite. Hier wie dort drängten sich die Erntewagen. Hier wie dort blickte die Sonne majestätisch vom Himmel herab, und man glaubte beinahe, ihre sengenden Strahlen mit Händen greifen zu können. Auf dem Hügel aber – hier in der Natur wie dort auf dem Schulbild – grünten die knorrigen Eichen, und da stand ein Buchenhain mit Stämmen so hoch und schlank wie gotische Pfeiler – welch ein Jammer, daß man sie in diesen für die Wälder so bedrohlichen Zeiten nicht wegräumen und ein Weilchen verstecken kann: Eines Tages werden sie, die soviel Hoheit atmen, doch wohl noch umgeschlagen werden.
Die Gebäude des Gutshofes indessen sahen aus wie ein vollkommenes Dorf: Häuser, Schuppen, Ställe, Scheunen. Und in der Mitte, umrahmt vom blauen Wasser, stand das Schloß, weiß unter blauem Himmel – oh, ihr schönen Fronleichnamsfarben! – und drei Stock hoch.
Hier lebte vor drei Generationen eine Gräfin: Der war das Schloß zu klein, und daher wollte sie rechts und links Seitenflügel errichten lassen. Es kam freilich nicht so weit, sonst könnten heute mehr als 90 »Einquartierte« im Schloß wohnen. Der derzeitige Herr im Hause, der »junge Chef«, der mit seiner Familie ein paar Zimmer bewohnt, träumt davon, daß, falls noch einmal bessere Zeiten kämen, er vielleicht ein kleines, nettes Häuschen bauen könnte, für sich und die Seinigen ganz allein. Dann könnten die neunzig, wenn sie wollten, ruhig weiter in dem Schlosse wohnen, das samt dem Mobiliar unter Denkmalschutz steht. Der Denkmalschutz aber hat diese Folgen: In Prachtsälen, wo die Einrichtung behördlicherseits geschützt ist, schlafen die einen Neubürger in schönen kunsthistorisch wertgeschätzten Betten, die anderen – gleich daneben – in neuen Bettgestellen aus Kistenholz oder in alten Wehrmachtbetten. So stehen das Alte und das Neue sonderlich beisammen. Unten die Kellergewölbe haben noch die Zisterzienser-Mönche gebaut. Aber das Wappen zu Häupten des Hauses – wer weiß, ob ihm nichts passiert? Es droht die Bodenreform...
Obwohl das Gut ein Mustergut ist, hat es im vorigen Jahre viel Zuschuß gekostet. Dabei hat es geliefert, was man erwartet hatte –

dies ist ein Rätsel, das noch zu lösen sein wird. Aber spätabends sang ein Männerchor aus Neustadt im Gutshof! Sang vor einem Auditorium von alt und jung, groß und klein; der junge Chef und die junge Gutsherrin in der Mitte. Es klang so friedlich, und auf den Dächern gurrten Tauben.
Dies ist eine Welt in sich. Soll man dies auseinanderreißen? Die Anhänger der Bodenreform machen sich offenbar nichts aus musikalischen Abendidyllen und sagen: »Ja.« Aber ich habe einen Mann gefragt, der groß und schwer an der Molkereitür lehnte, und er sagte »Nein!«
Er trug den schönen, an Homer gemahnenden Titel »Haushalter« und hatte, wie er sagte, »das Rindvieh unter sich« – 500 Stück. Er sagte mit schwerem, holsteinischem Akzent: »Bodenreform? Das sind doch bloß solche Posaunentöne für den Fall, daß mal wieder Wahlen kommen! Bodenreform? Wie sollte die bei uns hier wohl vor sich gehen? Sie teilen das Rindvieh auf... na, schön! Wie wollen sie aber die Ställe aufteilen? Wollen sie dort drüben den großen Stall mit der automatischen Tränkanlage kaputtreißen und aus den Balken und Steinen da und dort, überall rundum« – und er beschrieb mit mächtigem Arm einen Kreis, der von Horizont zu Horizont reichte – »miserable, kleine Hundehütten für Kühe aufstellen, dort, wo sie ihr Land zugewiesen kriegen? Blödsinn! Land ohne Baulichkeiten? Unfug! Oder soll ich hier, auf dem Hof, wohnen bleiben und dann vielleicht, wenn ich Pech habe und kriege mein Land am allerletzten Ende, da hinauspilgern, allein und ärmlich? Dummes Zeug!«
Auch den Schäfermeister habe ich gefragt. Er zwinkerte: »Bodenreform? So was Ähnliches habe ich schon mitgemacht, damals, als die großen Güter pleite gingen.«
Er zeigte mit dem Stab nach Norden, worauf auch sein Hund die Stimme erhob, um die Rede seines Meisters zu unterstreichen: »Sehen Sie da den Schornsteindampf? Dort, wo der Schornstein raucht, bin ich früher mal in Stellung gewesen: 600 Schafe, genau wie hier. Nun aufgepaßt: Das Gut ging kaputt, und sie teilten es auf. Da konnten auf denselben Flächen bloß noch 300 Schafe bleiben. Na, und?« Da fragte ich den »Vogt«, der auf dem Stoppelacker bei den Erntewagen stand und der so sprach, als sei dies alles sein eigen: Pferde, Wagen, Äcker, Wald, Häuser und Scheunen. Er sagte, daß sein Vater schon hier seinen Schweiß vergossen habe, auch sein

Großvater schon. Er erzählte, daß er zwei Kühe habe für sich allein. Da dachte ich, er würde von Heimatgefühlen sprechen, obwohl ihm der Boden nicht gehörte. Er aber deutete auf die hochbeladenen Wagen und erklärte, »Bodenreform« käme nicht in Frage. »Saatgut«, sagte er. »Güter, die Saatgut herstellen, dürfen nicht unter die Bodenreform fallen. Wir brauchen Flächen – verstehen Sie? –, keine murkligen Ackerstückchen.«

Und dann kam, hoch zu Roß, der Verwalter, Diplom-Landwirt aus Schlesien. Er sagte, der Vogt habe recht. »Klarer Fall«, sagte er. Gegenfrage: »Und wenn man Ihnen im Falle der Bodenreform 80 Morgen Land anbieten würde – ein rundes schönes Stück –, würden Sie es nicht nehmen? Und würden Sie weniger herauswirtschaften als auf dem gleichen Stück eines großen Gutes?«

Er stieg vom Pferde ab und sagte: »Ja, ich würde es nehmen. Ich würde mich maßlos anstrengen und würde vielleicht dasselbe herausholen. Es wäre doch ein eigenes Stück. Ich hatte auch ein eigenes Gut in Schlesien.«

Ecco –! Die Sache mit der Bodenreform hat ihre sentimentalen Seiten. Bemühe ich mich aber, die Dinge richtig zu sehen, so mein' ich, daß sie alle recht haben: der Haushalter, der noch stets der Propaganda mißtraut hat, der Schäfer mit seinen Erfahrungen, die keiner ihm ausreden kann, und der Verwalter, der Akademiker, der theoretisch gegen die Bodenreform ist und praktisch dafür, falls er seine 80 Morgen bekäme.

Im Hauptgebäude ist ein Raum, der schön altmodisch »Comptoir« heißt. Dort notiere ich: »Kartoffeln gut, Getreide gut, Heu knapp; insgesamt eine befriedigende Ernte!«

Und dennoch ist das Gut ein Zuschußbetrieb? Seh' ich die Bücher im »Comptoir« und nehme ich hinzu, was der junge Chef in seinem Arbeitsraum erzählte, so weiß ich, worin die Güter den Bauernhöfen derzeit unterlegen sind: Im Gutsbetrieb geht alles durch die Bücher: hier die Löhne für 164 Arbeiter und Angestellte, hier die Ausgaben in bar und Naturalien für 400 auswärtige Erbsenpflükker, die gegenwärtig an der Arbeit sind. Hier die Rechnungen, die Statistiken über die Erträge: 33 vom Hundert der Flächen sind mit Brotgetreide, 20 mit Hackfrucht, 20 mit Futtergetreide, der Rest mit Feldfutter, Spätgemüse, Ölfrucht bestellt.

Kein Weizenkorn, keine Erbse, die nicht »durch die Bücher« gehen. Kein Bulle und kein Kälbchen auf der Weide, kein Schwein-

chen im Stall, das nicht »durch die Bücher läuft«.
So ist das auf dem Gut! Von einem Bauern in Holstein aber weiß ich: Er züchtete ein großes Schwein für den Polizeimeister, ein kleines für den Wachtmeister – so daß man an der Größe der Schweinerei den Dienstgrad ablesen kann. Und nichts von alledem geht »durch die Bücher«. Der Bauer kann – wie viele Exempel lehren – mit Speck Scheunen aufbauen und mit Rauchwurst Pferde beschlagen lassen. Das Gut aber arbeitet mit fremden Leuten. Einer paßt auf den andern auf. Das Gut rechnete früher, daß es sechs Mark vierzig zahlen müßte, ein Pferd beschlagen zu lassen. Das war der Preis von 65 Pfund Weizen. Heute muß es sechzehn Mark bezahlen, das sind 160 Pfund Weizen.
Doch nicht nur die Tatsache, daß ein Gut durchaus reell arbeiten muß und jedenfalls weniger Möglichkeiten als ein Bauernhof hat, unreell zu arbeiten, macht die Schwierigkeit aus. »Ich habe Extra-Aufwendungen aus dem Vermögensbestand machen müssen«, sagt der junge Chef und fügt hinzu: »Ich arbeite noch nicht lange auf diesem Gut. Ich habe viel hineinstecken müssen, um größere Erträge herausholen zu können. Die Erträge werden kommen. Schon heute sind wir mit an der Spitze der landwirtschaftlichen Produktion in Schleswig-Holstein. Und wir haben noch größere Pläne, weil wir uns beweisen müssen!« Bodenreform oder nicht? Die Hälfte der Arbeiter sind Flüchtlinge aus dem Osten. Sie werden sehr gelobt wegen ihrer Tüchtigkeit, zumal die aus Ostpreußen. Aber im Gespräch mit ihnen stellte sich heraus, daß sie der Ansicht waren, große Besitzungen dürften nicht gestört werden, da sie Massengüter für die Städte liefern.
»Und später?«
»Später vielleicht! Aber vorsichtig und erst dann, wenn wir's uns leisten können.«
Einer meinte: »Eigentum ist Eigentum und muß Eigentum bleiben!« Er hatte viel verloren und sprach nur widerwillig davon. Er saß abends auf einem Balken und hörte zu, was der Chor aus Neustadt sang.

Helgoland, standhafter Fels

Im Augenblick, da man in Cuxhaven an Bord des Schiffes geht, wird ein stattliches, gelbliches Heft überreicht, ein Programm; es ist schön auf dem Schiff, schön ist der bekannte freundliche Geruch von Teer. Aber das Heft ist betitelt:
»Demolition of the Fortifications of Helgoland.«
Und ein erster Blick genügt zu zeigen: Da hat man Kosten und Mühe nicht gescheut. Man hat gewaltige Bestände vorhandener Munition gestapelt und andere vom Festland herangefahren. Acht Monate dauerten allein schon die Vorbereitungen für den Augenblick, da über Helgoland die Explosion aufgehen soll.
Schön kokettiert die Sonne mit der blauen Wasserfläche, tupft tausend Lichtkleckse hin, tausend blinkende Tropfen oder hurtige kleine Keile aus Licht, die zittern und verglühen. Denn das Schiff fährt. Es fährt nicht nach, es fährt gegen Helgoland, will sagen: in die Nähe. Und verlegen dreht man das Papierheft in den Händen, das hübsche Programm, würdig einer Welturaufführung, von der viele glaubten, es werde ein Untergang werden.
»Briefly the arrangements are as follows«, so steht im Programm geschrieben: »Oberland: Schröder Battery 500 tons Explosives, Jakobsen Battery 350 tons, Unterland: U-boat Shelter 260 tons, Main Storage Tunnels 3500 tons. Nettotal of Explosive: 4610 tons.«
Also für die beiden Geschützanlagen auf dem Oberland und für den U-Boot-Bunker und für die Munitionslagerräume im Unterland summa summarum 4610 Tonnen Sprengstoff! Niemals in der Weltgeschichte, abgesehen von dem, was die Atombombe von Hiroshima zu bieten hatte, ging so eine Ladung von Sprengstoff auf einen einzigen Schlag in die Luft, wie es jetzt am Opfer Helgoland geschehen soll: auch dies eine Andeutung aus dem Programm.
Wie doch die Sonne glänzt und bräunt! Denn wir fahren, denn wir fahren, denn wir fahren gegen Helgoland...
Das Schiff heißt »Danzig«, ein Bergungsschiff, und ist aus der Stadt seines Namens gekommen, damals »auf der Flucht vor den Ereignissen«. Kein Luxusschiff, sondern ein Arbeitstier. Stammt aus der Ostsee und darf nun dieses Ereignis in der Nordsee miterleben, das womöglich nicht ganz ungefährlich ist. Aber die Jungens der Besatzung trinken Muckefuck-Kaffee, schmieren Brote, und einer liest sogar einen gefühlvollen Roman.

Wenn ich das ansehe – wieso waren dann die Leute soeben in Cuxhaven so aufgeregt? Hingen vorsorglich die Fenster aus den Rahmen! Gingen zum Strand, als wollten sie schon um einhalb zehn morgens die dicke Rauchwolke erwarten, die doch erst Punkt ein Uhr über Helgoland aufgehen würde!
Und erst die Hamburger, über rund zweihundert Kilometer von Helgoland entfernt! Bekanntmachungen an den Schulen. Denn der Bürgermeister war um die Kinder besorgt, die beim Luftdruck aus Helgoland unter niederstürzenden Hamburger Ruinen begraben werden könnten. Und ein Fraktionsvorsitzender hatte sogar angeregt, man solle ein übriges tun und wenigstens aus den wackligsten Wohnungen die Möbel auf die Straße tragen, besorgt, daß nicht etwa ein altes Sofa Schaden nähme an Beinen, Lehnen, Polsterung. Gleichgültig aber, ob man in Hamburg den Luftdruck von Helgoland spüren wird oder nicht – er hatte recht darin zu sagen, daß heute nichts ersetzt werden könne. Eigentlich nicht einmal eine Insel!
So in Hamburg, wo ein Gelehrter mir erzählte, daß alle Seismographen im Erdenrund schon vor Erwartung auf das Erdbeben von Helgoland zittern. Ach, wir sind alle empfindlich geworden, nicht nur die Seismographen.
Aber da steht nun im frischen Wind an der Reling dieser »Danzig«-Junge, der nicht etwa zweihundert Kilometer entfernt bleiben soll, wie die nervösen Hamburger, sondern auf neun Meilen an den Ort der Handlung heranfahren wird, und verspeist seelenruhig sein Stücklein trocken Brot.
Wie? Eine Insel soll vielleicht untergehen? Eine Insel, auf der zweitausendfünfhundert Insulaner lebten, die Kurgäste nicht eingerechnet, denen – leider und bekanntlich mit bösen Folgen – das Militär während der Kriegstage den Rang streitig gemacht hat? Ein Fels im Meer, der schon deutsch, dänisch und englisch war und im Moment nicht nur geographisch, sondern auch juristisch aus dem so fragwürdig gewordenen »Deutschen Reich« überhaupt herausgeschnitten und der englischen Navy unterstellt wurde – dieser Fels also soll womöglich ganz verschwinden? Pah, für diesen Jungen auf der »Danzig« ist wahrscheinlich ganz Ostpreußen, Westpreußen, Danzig untergegangen! Was macht ihm Helgoland schon aus!
Elbe III ... Elbe II ... Elbe I ... das sind die roten Feuerschiffe, die auf den Stationen der mehr als dreistündigen Fahrt temperament-

los-dümmlich vor sich hin dümpeln. Und dann ist der Platz erreicht, von wo er beobachtet werden soll, der große Knall von Helgoland.

Die Maschinen stoppen, denn fern ist der rötlich schimmernde Fels am Horizont aufgetaucht. Die Sicht ist klar; man wird die größte Explosion Europas wunderbar beobachten können.
Vier Schiffe namens »Bleasdale«, »Dunkirk«, »Albacore« und »Lasso« sind hintereinander in würdigen Abständen vor Anker gegangen und bilden sozusagen ein repräsentatives Parkett für die Ehrengäste, unter ihnen Sir Sholto Douglas, der britische Luftmarschall. Dahinter, gleichsam in der zweiten und dritten Reihe, ankern andere Schiffe, darunter die »Danzig«, sozusagen die minderen Ränge im Theater, dessen blaugetönte Kulisse Meer und Himmel sind. Doch um es genauer zu sagen: Zwei von den Schiffen in der ersten Reihe wirken in der Handlung mit. Denn wenn auf dem Zerstörer »Dunkirk« das Flaggensignal »Feuererlaubnis« aufgehen wird, dann wird an Bord des Kabellegers »Lasso« der Lt. Commander Mildred auf den Knopf drücken und durch Unterseekabel den tödlichen elektrischen Funken zur Insel hinüberspringen lassen, und dann wird Helgoland in die Luft gehen.
Das wäre dann also, wenn die Operation, die den Festungswerken gilt, für die gesamte Insel tödlich verläuft, eine elektrische Hinrichtung. Aber ist Helgoland nicht eigentlich längst schon tot? Tödlich getroffen durch jene Bomben aus tausend Flugzeugen, die am 18. April 1945, drei Wochen vor Kriegsende, alle Häuser wegwischten, während die Helgoländer, die – anders als im Ersten Weltkrieg – daheim geblieben waren, in den Bunkern, tief drunten im Felsgestein zitterten? Das war also am 18. April... Ja, welchen Tag haben wir denn heute? Den 18. April 1947! Nichts als zwei Jahre Unterschied.
Zufall oder Jubiläum? Wie dem auch sei: Zwölf Schiffe ankern, schaukeln, dümpeln, warten. Die Sonne leuchtet, und auch Zaungäste haben sich eingefunden: Frachtschiffe auf dem Weg nach England oder sonst wohin. Sie hätten ja wohl eigentlich anderes zu tun, aber soviel Zeit haben sie noch, sich das anzusehen, was nach der Mitteilung von »New York Herald Tribune« geeignet sei, »die Deutschen ins Mark zu treffen«. Das darf man sich nicht entgehen lassen, das muß man gesehen haben, dies Ereignis, von dem alle Welt spricht, diese größte Explosion Europas.

Kurz vor 13 Uhr. Die Maschinen der Schiffe sind abgestellt. Es ist still wie bei einem Begräbnis, ehe der Sarg versinkt. Die Trauergäste stehen im Kreis und auch die weniger trauernden Gäste. Auch läßt eine Glockenboje irgendwo im Wasser ein kleines, klagendes Geläut ertönen wie ein Totenglöckchen, das zu einer Beerdigung geläutet wird.
Die nächsten Angehörigen des verehrungswürdigen Toten sind diesmal freilich nicht dabei: die Helgoländer. Sie leben im Kreis Segeberg, eine aufgelöste, heimwehkranke Gemeinde. Stockt ihnen jetzt das Herz? Achtung, es ist kurz vor 13 Uhr. Zwei Flugzeuge schwirren herbei und wollen auch etwas sehen. Und jetzt...

Helgoland. Heilig Land. Insel des Tabu! Wie von überirdischen Strahlen durchsichtig gemacht, schimmern die rötlichen Klippen im Sonnenglast. Orplid, mein Land, das ferne leuchtet... Mittag. Panische Stunde.
Drüben, auf dem Kriegsschiff, haben die Matrosen die Schwimmwesten angelegt; hier auf dem Bergungsschiff nichts dergleichen. Die Gesichter sind nur Erwartung. Selbst die Schiffe haben den Bug nach Helgoland gerichtet. Das sieht aus, als ob sogar die Fahrzeuge nur aus Neugierde und Spannung bestünden. Von der Insel aber kommen mit schäumender Bugwelle zwei schnelle Boote angefahren, eilig, als sei der Teufel hinter ihnen drein.
13 Uhr, auf die Sekunde... Da geschieht es, daß die Insel plötzlich näher gerückt zu sein scheint, wohl durch das Feuer, das auf ihr ausgebrochen. Ein Vulkan. Rote Diagonale – so geistern Feuerstrahlen wie Raketen oder langgeschwänzte Sternschnuppen empor. Wenn die Felskanten des Oberlandes drüben fünfzig Meter messen, so jagen diese Feuerpfeile einhundertfünfzig Meter hoch. Auch taumelt, purzelt, fliegt dort etwas durch die Lüfte, und man weiß nicht: Sind es Felsblöcke, Zementmauern? Oder ist es einfach pechschwarzer Qualm? Herzbeklemmend aber bleibt die große Stille. Ein überdimensionaler Film, bei dem gerade auf dem Höhepunkt der Handlung der Tonstreifen versagt; sekundenlang.
Ja, es ist die panische Stille, in der die Sonne trotz allem wahrhaft fröhlich weiterstrahlt. Und da quillt es mächtiger und bedrohlicher noch über Helgoland auf. Wabernder Rauch, kochender Dunst in zunächst noch unbestimmten Farben. Jetzt ein unheimlicher Pilz, Tausende von Metern hoch, hell an den Rändern, dunkel im Kern.

Und die Sonne macht sich den Spaß und mischt silbrige und violette Töne hinein: dämonisch bunt, grellfarbig und weiß und schwarz, eine prachterfüllte Hölle. Und immer noch ist es totenstill. Und das Meer bleibt ruhig und freundlich blau. Dann wird der Rauchpilz zu schweren Wolken. Ich habe derweil wie automatisch gezählt: eins... zwei... drei... bis 47. Ein anderer hat sich weniger Zeit gelassen und zählte bis 75.
Da endlich bricht sie aus, die akustische Hölle: Pfeifen und Sausen in den Lüften, dumpfes Grollen, helles Krachen. Ein Löwe brüllt. Zehntausend Löwen brüllen. Dann wieder Stille, und das Meer hat sich nicht bewegt.
»Die Lange Anna steht noch!«
Es paßt ja schlecht in die Stimmung erhabener Dämonie, daß dieser banale Ruf eines Helgoland-Experten zuerst die Beklemmung übertönt, als die Wolke wie ein Vorhang langsam beiseite geschoben wird. »Lange Anna« – der Fels am Nordende, der allein steht wie ein dienstbarer Geist, der am Tor wartet.
»Helgoland ist mitten durchgebrochen!« ruft eine andere Stimme. Doch die Beobachter, die Ferngläser haben, korrigieren es. Denn nun, da der Rauch sich verzogen hat und in schwerer, kompakter Masse Richtung Cuxhaven zieht, stellt sich heraus: Helgoland – jetzt wieder fern gerückt – hat nach wie vor die vertrauten Konturen. Standhafter Fels in der See!
Ein Flugzeug kommt von der Insel her, zweimotorig, doch eine Luftschraube steht und dreht sich nicht mehr. Langsam fliegt die Maschine davon wie ein Insekt, das einem Kerzenlicht zu nahe gekommen. Eine andere Maschine aber fliegt wenige Meter über Helgoland dahin und braust davon, als müßte sie eine große Neuigkeit verbreiten, die sie soeben erfahren.
Wir aber sind langsam zurück zum Festland gefahren, wo wir dann hörten: Weder in Cuxhaven noch in Hamburg habe man groß etwas gespürt. Dies war, wie gesagt, am 18. April.

Zwei Tage später, zwei Jahre später auf den Tag, da die Helgoländer nach jenen zerschmetternden Luftangriffen dicht vor Kriegsende die Insel verlassen mußten, die sie bis heute nicht wiedersahen, wurde freimütig, gründlich, ja liebenswürdig die Gelegenheit gegeben, an Ort und Stelle zu prüfen, was die Explosion verändert hat. Ein schnelles Räumboot brachte uns diesmal hin.

Und dies war die Wahrheit über Helgoland: Die scharfe Kante der Südspitze war zusammengebrochen und zum Abhang geworden, auf dem man winters Schlitten fahren könnte, wenn es dort Schnee gäbe. Munitionslager und U-Boot-Bunker lagen darunter.
Wir stiegen die Treppe zum Oberland hinauf: Nur wenige Stufen fehlten. Wir stolperten über Saumpfade, die dereinst Straßen der Ortschaft waren, und blinzelten inmitten der Trümmer der »Sonnenuntergangstraße« ins gleißende Sonnenlicht.
Wir kletterten über Sessel und über eine Matratze, auf der ein Blindgänger Platz genommen hatte.
Wir gingen an der zerstörten Kapelle vorbei und lasen die Inschrift: »Lasset die Kindlein zu mir kommen.«
Auch leuchtete sinnlos irgendwo noch eine Inschrift: »Diele«.
Wir lasen im Vorübergehen die Worte eines Grabsteins: »Frau Toni Claasen liegt dort, friedlich wie zuvor, Mutter eines einzigen Kindes.« Die Toten haben also weiterschlafen können und wurden nicht aufgeschreckt durch die Explosion.
Das einzige Gebäude, das es noch auf der Insel gibt, ist der Flakturm a. D. Wir sind hinaufgeklettert, das Inselpanorama zu besehen: Krater, Klüfte, Trümmer. Doch die Insel hat im wesentlichen noch die alten Formen. Zur Nordspitze hin – überall versinkt der Fuß bis zum Knöchel in rötlichem Felsstaub, der, weil er hoch in die Luft geworfen, weich den Boden bedeckt – werden freilich die Hügelchen und Tälchen, die Trichter tiefer und zerklüfteter. Und an der engsten Stelle der Insel ist die Felsbucht ein wenig tiefer hereingebrochen. Der Boden bewegte sich noch. Da es still war, hörte man es rieseln und rinnen.
Als wir aber auf der nordöstlichen Seite den Steilhang zum Hafen hinunterkletterten, polterten lockere Felsbrocken hinterdrein. Doch hieß es schon in einem Gedicht »Helgoland« von Anastasius Grün: »Verwittert springt der Stein vom Rand: Wir wandern! Von allen Felsen klingt es: Wir zerfallen.«
Unten, am schmalen Strand, stand staubbedeckt eine elektrische Lokomotive, darauf eine dünnwandige Flasche aus Glas, unzerbrochen, als hätte kein Lüftchen daran gerührt. Es ist nicht mehr gesprengt worden, als gesprengt werden mußte. Denn die Festungen – wer weint ihnen nach? Vielleicht – es wird lange, lange dauern, zumindest so lange, wie unser aller Armut währt – werden wieder Menschen auf Helgoland wohnen, Eingesessene und Heu-

schnupfengäste, Hummerfreunde und Besucher des Vogelparadieses, Freunde von Fels und Meer.
Seht, schon diesmal lächelt die Sonne freundlich auf das verwundete Eiland hernieder wie eine strenge, doch warmherzige Erzieherin auf ein Lieblingskind, das die Prügel wird vergessen dürfen, die es erlitt...

Die Messe an der Leine

»So sind die Deutschen!« meinte der Gast aus Holland, der nicht versäumte, das schlanke, hochgewölbte Brücklein probeweise zu betreten, welches ihn so sehr in Erstaunen versetzt hatte. Diese Brücke, funkelnagelneu, spannte sich – »wie der Rücken eines Tigers«, würde Li Tei Pe singen – auf dem hannoverschen Messegelände über ein blinkendes Gewässer, das früher dort nicht geblinkt hat, umrahmt von blühenden Blumen, die vordem nicht dort geblüht haben. Wie aber sind die Deutschen?
»Die Deutschen«, sagte der Gast aus Holland, »sind so unfaßbar gründlich! Sie hungern wirklich, die Deutschen, nicht wahr? Aber es war ja nun einmal beschlossen worden, dieses Gelände schön zu machen. Zuerst schimpften sie ein bißchen – oder nicht? – und dann fingen sie an und machten alles viel schöner, als es notwendig gewesen wäre. Dies alles war – wie ich hörte – ein verrottetes Fabrikgelände. Und jetzt? Ein Paradies! Wie lange – sagten Sie – haben die Vorbereitungen gedauert?«
»Einhundertacht Tage. Zuletzt arbeiteten fünftausend Leute an der Herrichtung des Geländes. Alle Hallen bekamen neues Glas. Manchmal drohten die Leute umzukippen bei der Arbeit. Zuviel Sonne und zu wenig Kalorien. Aber sehen Sie: die Blumen, die hübschen Wege, die netten Pavillons, das große Café im Freien, die Brücke...«
Und der Gast aus Holland erwiderte: »So sind die Deutschen!«
Dabei haben wir noch nicht einmal von den vielen Fahnen in Gelb und Blau und Weiß gesprochen, die rings um das Ausstellungsgelände wehen. Man sieht: Wir haben zwar noch keine Farben, wir Deutschen, aber an Fahnen scheint kein Mangel zu sein.

»Wohin Sie immer gehen«, hatte ein junger Mann aus dem Stab der Messeleitung gesagt, ein Ehrenamtlicher, ein Student, der seine Kenntnisse in fremden Sprachen in den Dienst dieser ersten Nachkriegs-Messe in Hannover gestellt hat, »überall werden Sie unschwer die große Hoffnung auf deutscher, das große Interesse auf ausländischer Seite und die großen Schwierigkeiten auf beiden Seiten finden.«
»Wohin ich immer gehe?«
»Ohne Zweifel!«
Daraufhin sind wir, ein alter Freund und ein paar neue Bekannte, zum Schnaps gegangen. Es war ein Mandelkirsch: Wir stießen im selben Moment an, als der Vertreter des Fabrikanten sagte: »Wäre die Messe nicht veranstaltet worden, so wäre kein Anstoß gekommen.« Er meinte damit jedoch nicht etwa den Mandelkirsch allein, sondern ganz allgemein die Tatsache, daß die deutschen und die ausländischen Geschäftsfreunde hier, auf der ersten Exportmesse seit dem Zweiten Weltkrieg, Gelegenheit haben, die große Frage anzupacken, wie sie wieder zusammenkommen können.
»Allein die Tatsache, daß diese Messe veranstaltet wird, hat alle Fragen um den zukünftigen deutschen Export ins Rollen gebracht«, sagte der Vertreter des Mandelkirsch-Fabrikanten. »Zurück kann da nun keiner mehr. Und deshalb sind wir guter Hoffnung!«
Und der Gastgeber im Stande der Alkoholika, der gottlob im Stande war, die Güte seiner Waren zu demonstrieren, fuhr fort: »Es war ein Belgier hier und dieser sagte, natürlich erhalte Belgien Angebote und Lieferungen bester französischer Likörfabriken; aber er suche etwas Ausgefallenes, etwas Besonderes. Nun, ich habe ihm den ›Jägermeister‹ bieten können, und er war begeistert, als er hörte, dies sei der Extrakt aus 63 verschiedenen Kräutern und Wurzeln.«
Übrigens: Weder der belgische Interessent noch der deutsche Lieferant haben bisher eine Ahnung, auf welchem Wege, nach welchem Modus der eine liefern und der andere bezahlen kann.
»Das kommt auf die englischen Stellen an, die nicht nur genehmigen und vermitteln, sondern auch die Rohstoffe freigeben müssen.«
Und dies war just die Auskunft, die wir im Verlauf des Messebesuches so oft erhielten, daß sie zur Banalität wurde. Hannover liegt an der Leine; die Export-Messe auch.

Vormittag. Das sind die Stunden, in denen der Messebesuch den ausländischen Gästen vorbehalten wurde. Französisch, Dänisch, Schwedisch, Englisch sind um diese Zeit die vorherrschenden Sprachen. Gepflegter, sachlicher, oft betont freundlicher Verhandlungston an allen Ständen. Die Standinhaber und die anderen Standespersonen sind so liebenswürdig, wie es die Deutschen in diesen Zeiten nur selten sind; dafür werden sie dann nachmittags um so mißtrauischer sein, wenn die deutschen Gäste kommen, die »Seh-Leute«, diese Gäste aus dem Inland, die trotz des Eintrittspreises von drei Mark täglich zu Tausenden herbeiströmen, obwohl sie, außer einem hoffnungsvollen Anblick, gar nichts davon haben, es sei denn, daß sie sich nicht damit begnügen, nur mit den Augen die Gegenstände zu erfassen.
Nur am Vormittag ist auch jene Börse geöffnet, die vielgenannte, vielgerühmte, die man, wenn man sonst die übliche, zermürbende, langweilige Formular- und Stempelwirtschaft, diese Krankheit von heute, mit »Papierkrieg« bezeichnet, einen »Blitzpapierkrieg« nennen darf. In wenigen Stunden, die sich höchstens zu einem vollen Tag auszuweiten pflegen, werden dem, der von Schalter zu Schalter geht, nicht nur die Exportwege, soweit möglich, sondern auch die Formulare und Stempel bereitet. Dennoch – »They make it to difficult«, hör' ich einen Gast aus England einem deutschen Geschäftsfreund zustöhnen.
Da ist im selben Raum ein Schalter. »Auskunft« steht daran. Hinter dem Schalter steht ein reizendes junges Mädchen, bereit, auf kluge und dumme Fragen ganz einfache Antworten zu geben. Sie antwortet: »Wenn beispielsweise ein belgischer Kunde eine Ware kauft, dann zahlt er in Dollars – denn die Belgier haben Dollars, weil sie zum Exempel Produkte aus dem Kongogebiet an Amerika verkaufen. Er zahlt den Betrag auf seiner belgischen Auslandsbank ein. Als Vermittler, als Treuhänder sind überall die Engländer eingeschaltet. Der Käufer erhält seine Ware, die englischen Stellen geben dem Lieferanten das Geld, dieses natürlich in Mark, und die Rohstoffe, diese natürlich in Natura; der Käufer ist zufrieden, wenn die Ware nicht zu teuer ist, und die deutsche Produktion kann arbeiten.«
Die Auskunft ist so klar, daß man getröstet von dannen geht, im Herzen nur die überflüssige Frage bewegend, wer denn die Dollars behält.
Doch wie dem auch sei: Die deutschen Aussteller, unter denen es

freilich, wie überall, auch Skeptiker gibt, waren – wie gesagt – durchweg optimistisch. Zwar hat »New York Herald Tribune« gemeldet, daß eine strenge englische Zensuranweisung allen ausländischen Besuchern ans Herz gelegt hätte, weder im leichten noch schweren Gepäck etwas Geschriebenes unkontrolliert über die Grenze mit nach Hause mitzunehmen – weder ein Dokument, noch eine Drucksache, noch ein handgeschriebenes Tagebuch. Aber die Aussteller sagen, es sei ein großer Vorteil, daß sie endlich einmal wieder von Mensch zu Mensch verhandeln könnten, sozusagen ohne Briefumwege und ohne Zensurbestimmungen.
Und andererseits hörte man »im Vertrauen«, daß auf dieser Messe, besonders was die Abteilung Mode, aber was auch andere leicht verschickbare Gegenstände betrifft, die deutschen Verkäufer viel lieber – statt die Segnungen jenes Verfahrens zu genießen, das wir den »Papierblitzkrieg« nannten – die soviel nahrhaftere, wenn auch weniger korrekte internationale Währung der Care-Paket-Sendung vorziehen.
Soll man schildern, was auf welchen Ständen zu sehen war? Das Beste vom Besten natürlich! Und Optimisten, die wir sein möchten, müssen wir sagen, daß schon der Anblick der vortrefflichen Sachen hoffnungsvoll stimmte. Nehmen wir bloß diese eleganten Damenschuhe, die einen wippenden Stahlbügel im Absatz tragen, so daß die Dame nicht selbst zu wippen braucht. Denn der Absatz wippt sie automatisch. Da zeigt sich deutscher Erfindergeist. Und kaufen kann man die Schuhe ebensowenig wie die anderen Sachen, es sei denn, man kommt aus dem Ausland.

»Diese Messe ist keine Messe, sondern etwas wie eine – Konferenz!« sagte die Vertreterin einer Maschinenfabrik. »Hier werden wichtige Fragen zum ersten Male nach dem Kriege nicht von den Behörden, sondern von den Beteiligten selber besprochen, den Männern der Praxis, den Kaufleuten aus aller Welt. Und die Politiker werden die Ansichten dieser Männer hören müssen!«
Sie nannte es den größten Gewinn der Veranstaltung, daß ausländische Geschäftsfreunde von ehedem – auch wenn sie gingen, ohne gekauft zu haben – die Gewißheit mit nach Hause nähmen, daß von der deutschen Industrie noch etwas zu erwarten sei.
Es war der Vertreter der Firma »Continental«, der am meisten Selbstsicherheit verriet. Diese Messe – sagte er – habe, da Einreise-

genehmigungen nach Deutschland verhältnismäßig großzügig erteilt worden seien, viele der alten Vertreter der Firma und viele alte Freunde herbeigeführt. Es seien welche sogar aus Island, aus Südamerika, aus Indien gekommen. Demnach hat die Sperrmauer um Westdeutschland Öffnungen erhalten.

Als am Nachmittag zu Tausenden die Schaulustigen aus Hannover und Umgebung durch die fahnengeschmückten Tore strömten, war da ein Biedermann, der ganz einfach sagte: »Potemkinsche Dörfer – diesmal westlich...« Worauf einer, der es wissen mußte, ein deutscher Geschäftsmann, der am Vormittag tatsächlich ein Geschäft abgeschlossen hatte, versicherte: dies sei nicht wahr. Auf Ehre und Gewissen sei dies nicht wahr!
»Ein Geschäft ist abgeschlossen worden?« so wunderte sich der Seh-Mann. »Tatsächlich? Sie selber haben, so sagen Sie, ein Geschäft abgeschlossen, ein Geschäft mit dem Ausland?«
»Auf Ehr' und Gewissen: Ja!«
Da wurde selbst ihm, der gekommen war, sich mit der Qual des Nichtkaufenkönnens zu kasteien, offensichtlich jene Schwingung, jene Frequenz zuteil, die alle Antennen vielsprachig spürten und weitergaben: The hope, l'espoir, kurz: die Hoffnung.

Eine Fabrik soll nach Nürnberg

Allerdings, die ausgesperrten Arbeiter in Kiel-Friedrichsort, sie haben es ihnen Weiß auf Schwarz gegeben: »Wir wollen arbeiten und nicht demontieren« und »Ist Demontage Wiederaufbau? Nein! Hunger!« Solche Sätze haben sie mit weißer Farbe an den schwarzen Bretterzaun ihrer zugesperrten Fabrik, der »Holmag«, gemalt. Das ist kein lustiger Anblick, beileibe nicht: eine große Fabrik, deren Mauern sich straßenweit hinziehen, und alles tot und still. Draußen deutsche Schutzleute, die sich langweilen und die Tore bewachen, drinnen englische Soldaten, die sich, wie man hört, ebenfalls langweilen. Man hört es, aber man sieht es nicht. Denn nicht einmal amerikanischen Journalisten ist der Zutritt in die

stummen Hallen der Fabrik gestattet worden, worüber sie sich sehr wunderten. Wie sollte also unsereiner auf Einlaß hoffen?
Die Polizisten vor den Toren, denen man ansieht, daß ihnen die Rolle, die sie spielen, äußerst peinlich ist, wiederholen immer wieder zwei Worte: »Die Engländer«. Und diese beiden Worte wiederholen alle in Kiel-Friedrichsort. Die Engländer wollen nicht. Auf ihren Befehl wurden 1800 Arbeiter und Angestellte ausgesperrt und dem Arbeitsamt überwiesen, das nicht weiß, wohin mit ihnen. Sie stehen, die Hände in den Hosentaschen, vor der Schiffsanlegestelle neben der Fabrik und gucken auf das blaue Wasser.
Das ist eine hübsche Aussicht. Man kann die Schiffe vorüberziehen sehen, die von der Ostsee durch den Kaiser-Wilhelm-Kanal in die Nordsee fahren wollen. Luft, Himmel, Wasser scheinen frei, weit und fröhlich. Nicht so die Inschriften an der Fabrik: »Friedrichsorter, eure Existenz ist bedroht!«
Nicht weit entfernt davon ist die Inschrift, die mehr als ein Jahr lang galt, nun aber plötzlich ihre Geltung verloren hat: »This factory is working by order of Military Government.« Diese Fabrik arbeitete also auf Befehl der Militärregierung. Aber jetzt arbeitet sie nicht mehr, und zwar ebenfalls auf Befehl der Militärregierung.
»Was ist Demokratie?« fragten die Friedrichsorter. »Besteht sie bloß darin, daß man seine Meinung an die Wände malen darf?«
Der Zufall wollte es, daß gerade zu der Zeit, da englische Soldaten und deutsche Polizisten unter britischem Kommando in Kiel-Friedrichsort die »Holmag«-Werke besetzten und den Arbeitern die Türen versperrten, eine Veranstaltungswoche »Kiel im Aufbau« vorbereitet war. Der Bürgermeister von Coventry sollte als Gast zum »coventrierten« Kiel kommen, denn es besteht eine Freundschaft zwischen den beiden durch den Krieg hart mitgenommenen Städten, und Lord Pakenham sollte einen Vortrag über »Sozialismus und Christentum« halten.
»Wir sind Sozialisten, und wir sind Christen«, sagte ein »Holmag«-Arbeiter, während wir gemeinsam über das Wasser schauten und die Schiffe ansahen. »Ich würde den Lord Pakenham allerhand fragen...«
Die Veranstaltungen der »Kieler Woche« sind übrigens termingerecht durchgeführt worden. Und eigentlich hätten die Kieler stolz darauf sein müssen, als ihnen aus englischem Munde bestätigt wurde, daß jeder Bürger – Greise und Wiegenbabys mitgerechnet –

4,09 Kubikmeter Schutt weggeräumt habe, wohingegen beispielsweise in Hamburg bloß 2,6 Kubikmeter Schutt »auf den Kopf der Bevölkerung kommen«. Es wurde ihnen auch gesagt, daß die Kieler Zivilbevölkerung bei den Bombenangriffen 2600 Tote zählte, Coventry 1252 Tote; daß in Kiel 36 062 Wohnhäuser total zerstört, während in Coventry 3853 Wohnhäuser völlig vernichtet wurden. Und man sprach in Kiel von alledem, als handele es sich nicht um verschiedene Sorgen, sondern um ein und dasselbe Schicksal, das man recht gut auch gemeinsam und mit gegenseitiger Sympathie tragen könne. In diese wohllöbliche Stimmung also fiel der Demontagebefehl für die »Holmag« und die Aussperrung der Arbeiter.

Einer der Männer, die bei der »Holmag« maßgebend waren, erklärte: »Man wirft der Fabrik vor, im Dienste der Nazis, der Kriegsverbrecher, gestanden zu haben, also ein militärisches Unternehmen gewesen zu sein. Ich möchte den Engländern sagen: ›Gut, dann muß die Fabrik, der Kriegsverbrechen angeklagt, nach Nürnberg. Das Nürnberger Gericht wird Recht dann auch über eine Fabrik sprechen. Und dort werden wir den Wahrheitsbeweis antreten, daß unser Werk, wenn es auch an der Torpedo-Herstellung beteiligt war, lange nicht so belastet ist, wie man zu glauben scheint. Die Fabrik war höchstens ein ›Mitläufer‹. Nie hatten wir Konstruktions- und Entwicklungsbüros, immer haben wir nur Einzelteile im Bearbeitungsauftrag hergestellt. Ja, in der Zeit, da die Rüstung in Deutschland auf höchsten Touren lief, selbst da haben wir nie mehr als 40 vom Hundert dieser Stücke fabriziert, aus denen ein Torpedo zusammengesetzt wurde. Sogleich nach dem Kriege sind die Maschinen, die dazu dienten, ausgeliefert worden. Die Fabrik, so wie sie heute steht und – leider – stille liegt, ist unschuldig!‹ Aber einer der Engländer hat schon erwidert, ganz privat natürlich, es sei der Name ›Kiel‹, der in englischen Ohren nicht angenehm klänge. Sie verstehen: Traditionshafen der kaiserlichen Marine.«

Man hat den Arbeitern befohlen: »Demontiert die Fabrik.« Aber die Arbeiter sagten: »Nein«. Jetzt spricht man davon, daß D. P.'s eingesetzt werden sollen, Ausländer. Aber jugoslawische Arbeiter, die in diesem Werk beschäftigt waren und noch in Kiel wohnen, haben sich mit den deutschen Arbeitern solidarisch erklärt; sie demontieren nicht.

Einer der Direktoren erwiderte auf die Frage, ob denn die Werke still liegen bleiben sollen – nach der Demontage:

»Es heißt, daß wir Produkte der Leichtindustrie herstellen dürfen. Aber wissen Sie, was bei den Engländern Leichtindustrie heißt? Kochtöpfe und Spielzeug – Kiel hatte anno 1938 13 000 Arbeitsplätze für Maschinenbau, heute hat es nur noch 2500.«
»Kochtöpfe und Spielzeug – wenigstens etwas!«
»Für Bratpfannen und Aschenbecher werden keine gelernten Arbeitskräfte gebraucht, da genügen die ungelernten. Bisher haben wir Dieselmotore für Fischereiboote und Landwirtschaft gebaut, Diesel-Lokomotiven, die als Rangiermaschinen jeweils eine große Maschine für den Personen- und Güterverkehr der Reichsbahn frei machten. Ferner Traktoren für die Landwirtschaft und einen Spezialtraktor für die Forstwirtschaft. Schließlich Pumpen und Winden. Endlich Getriebe aller Art. Und dann auch – jetzt wird's witzig! – Maschinen zur Herstellung von Streich-, Garn- und Textil-Geräten.«
»Wieso ist das witzig?«
»Weil die Engländer die Textilindustrie wieder aufbauen wollen. Wie sollen aber mehr Textilien fabriziert werden, wenn die einzige Fabrik, die das Rüstzeug dafür herstellt, demontiert wird? Wenn das kein Witz ist!«
Lange stand ich im Kreise von Arbeitern. Und hier die Bemerkungen, die am meisten Profil hatten...
Einer sagte: »Demontagebefehl? Das ist doch ganz klar: Weil die Russen es wünschen, tun es die Engländer. Die Amerikaner täten es nicht!«
Ein anderer: »Nun, so klar ist das noch nicht.«
Ein dritter Arbeiter: »Die Engländer wollen die Demontage, weil sie arm sind. Man schlachtet die Henne und nimmt das Fleisch, weil das Eierlegen zu lange dauert.«
Ein vierter Arbeiter: »Demontage? Die englischen Soldaten, die drüben die Fabrik bewachen, haben mit der Sache nichts zu tun. Ihnen sind wir nicht böse. Der Befehl muß ganz von oben kommen, so hoch aus den Wolken, daß wir einen so großen Mann, der droben thront, noch nie gesehen haben. Wir protestieren und tun vielleicht denen leid, die in der britischen Zone über uns zu sagen haben, aber die Stellen, ganz hoch da droben, haben nicht einmal etwas von unserem Protest gemerkt. Was aber, wenn sie hören, daß wir nicht bloß protestieren? Wir sollten demontieren – das war der Befehl. Aber wir haben es nicht getan – das war nicht nur mutig, das war

vernünftig. Sehen Sie mal drüben das Schiff. Es kommt aus England. In jungen Jahren, als ich zur See fuhr, bin ich wohl fünfzigmal in England gewesen. Die Engländer – wir sollten sie doch recht gut kennen von alters her. Sie haben den Sinn für das Vernünftige. Wißt ihr, was wir tun sollten? Einfach hier am Wasser stehen, die Hände in den Hosentaschen, und so tun, als hätten wir den Demontagebefehl glatt vergessen, den Befehl und unsere Weigerung. Ihr werdet sehen, die Engländer vergessen es auch ...«

Das Beispiel des Mahatma Gandhi

Es war Web Miller, der berühmte amerikanische Reporter und Verfasser des schönen Buches »I found no peace«, der mir zuerst Unvergeßliches über Gandhi erzählte – derselbe Web Miller, der in seinem Kreis dafür bekannt war, daß er überall, von einer Friedenskonferenz zur anderen und von einem Kriegsschauplatz zum anderen, zwei Bände mit sich herumschleppte: die »Bekenntnisse« des Augustinus und den »Walden« von Thoreau.
Was die Confessiones Augustini bedeuten, braucht nicht gesagt zu werden; Thoreau, der den »Walden« schrieb, war ein Amerikaner in der Nachfolge Emersons, der um die Mitte des vorigen Jahrhunderts gegen die Sklavenhalterei aufstand, aus der Zivilisation sich zurückzog, sich einem einfachen Leben verschrieb und über die Gefängnisstrafe, die er auf sich nehmen mußte, den wunderbaren Satz formulierte: »Die Ratlosen wußten nicht, was sie mit mir anfangen sollten ... Da sie mein Selbst nicht erreichen konnten, straften sie meinen Körper; wie Knaben einen Hund quälen, dessen Herrn sie nicht beikommen können.«
Dieser Thoreau bekannte, daß er die indischen Schriften gelesen habe. Und als Gandhi – der sehr freimütig zu Pressemännern war, weil er ja auch selber schließlich als Journalist gearbeitet hat – mit Web Miller in London sprach, bekannte er, daß er früh den »Walden« von Thoreau und das Neue Testament gelesen habe. So schloß sich der Kreis der Ideen.
»Wenn ich das Alte Testament las«, so erzählte Gandhi, »so schlief ich jedesmal unfehlbar ein. Aber das Neue Testament! Und beson-

ders die Stelle: ›Ich aber sage euch, so dir jemand einen Streich auf deine rechte Backe gibt, dann biete auch die andere dar. Und so jemand mit dir rechten will und deinen Rock nehmen, dem laß auch den Mantel‹ – diese Bibelstelle sprach unmittelbar zu meinem Herzen und hat mein Leben mit bestimmt.«

Web Miller, der bei aller Klugheit ein sehr einfacher, manchmal schüchtern wirkender Mann war, hatte, wie er sagte, »fast alles im Leben gesehen, was es zu sehen gab, nie aber einen Mann wie Gandhi.« Er sagte, während er in dem Berliner Lokal mit der Geste einer gewissen Verlegenheit am Stiel seines Weinglases spielte: »Ist Ihnen jemals klar geworden, warum man Christus eigentlich umgebracht hat? Wegen der Politik? Weil er so sanft war? Ein Heiliger? Wenn Gandhi so gewaltsam sterben sollte – sei es, daß er verhungert, sei es ein plötzlicher Tod –, so werden wir uns vielleicht ein Bild auch über den Tod des Mannes von Nazareth machen können...«

Das war ein merkwürdiger Dialog unter Reportern. Und es ist nicht verwunderlich, daß dieses Gespräch wieder in der Erinnerung auftauchte, jetzt, als die Nachricht vom Tode Gandhis kam. Die Hungerwochen, die er sich auferlegte, weil er Indien und Pakistan und die im Bruderkrieg sich zerfleischenden Hindus und Sikhs und Moslims zur Einsicht zwingen wollte und auch zwang, hat er überstanden. Sein gewaltsamer Tod ist plötzlich gekommen. Durch drei Schüsse...

Ein junger Hindu drängte sich in seine Nähe, grüßte den Heiligen seiner Nation und schoß... Judasverrat und Kreuzigung zugleich.

Vorher, Wochen vorher, waren auch die Rufe »Kreuziget ihn« vernommen worden. Als er nämlich fastete und fast auf den Tod darniederlag, rührte er zwar die Herzen von Millionen; aber es ist wahr, daß ein paar Hundert von seinen Landsleuten an seinem Hause vorüberzogen und riefen: »Laßt ihn sterben...«

Drinnen lag Gandhi und betete für sie. Und heute ist sich der größte Teil Indiens mit dem größten Teil der Welt darin einig, daß Gandhis Tod ein entsetzliches Unglück für die Völker seines Landes ist.

Der »Mahatma«, die »Große Seele«, hatte gewünscht, daß seine Leiche am Ufer des heiligen Jumna-Flusses auf einem Scheiterhaufen eingeäschert werden sollte, wie es dem orthodoxen Hindu-Ritus entspricht. Dies ist geschehen. Vorher war das indische Totenritual »Sanaskar« zelebriert worden: Der tote Mahatma war in Tücher gehüllt, die nur sein Haupt sichtbar ließen; unablässig drängten sich die Menschen um das Totenhaus, und die Meldungen aus Neu-Delhi, der Hauptstadt Indiens, schildern, daß die Stadt dunkel und beängstigend still dalag, die Straßen erfüllt von weinenden Menschen, denen Pandit Nehru die Worte zugerufen hatte: »Das Licht unseres Lebens hat uns verlassen, und Finsternis ist zurückgeblieben. Der Vater unserer Nation ist nicht mehr.«

Die Großen der Welt – auch diejenigen, die so und so oft den indischen Polizisten befohlen hatten, Gandhi zu fangen und seine Anhänger zu prügeln – sprachen Worte der Trauer und Erschütterung. Die Staatsmänner feierten sein Andenken, und der Papst neigte sich vor Gandhis selbstlos reinem Wollen und Wirken. Aber weiß jemand, zu welchem Gott der Mahatma eigentlich gebetet hat?

Die Männer, die mit ihm zusammentrafen – und das waren unendlich viele, aus allen Teilen der Welt –, sind sich darüber einig, daß er der Mythos seines Landes war. Er war auch ein Heiliger. Aber er war mehr ein Mann *mit* Religion als ein Mann *der* Religion. Daß er in seinem weißen Lendentuch oder weißen Umhang und mit seinem Stab in der Hand wie ein seltsamer Vogel aussah, täuschte nicht darüber hinweg, daß er eine durch und durch moderne Erscheinung war. Er war ein moderner Mystiker der Politik. Und er war auch mehr als ein Politiker: Er war ein Mensch, er war der homo bonae voluntatis. Und scheint es auch manchmal, als ob in der heutigen Weltsituation gewaltsam und teuflisch das Böse über das Gute zu siegen im Begriffe sei, so hat Gandhi doch in letzter Stunde ein Beispiel aufgerichtet.

Der Mahatma war 78 Jahre alt, als er starb, und kurz zuvor hatte er einer amerikanischen Zeitung erklärt, daß er eine »volle Lebensspanne leben möchte«, das hieße: »ein Alter von mindestens 125 Jahren zu erreichen«. Aber es war nicht Lebenslust, was ihn diesen Wunsch aussprechen ließ: Es war Sorge. Die »Sonne der Freiheit«, für die er gebetet, gepredigt, gehungert und für die er in Gefängnissen geduldet hatte, sie wollte endlich aufgehen über seinem gequälten Lande. Aber die Sonne der Freiheit ging blutig auf. Sie versengt noch heute mit mörderischen Strahlen die Millionen von Flüchtlingen, die in Indien einherirren, und leuchtet höhnisch über einem Berg von Leichen, der sich täglich höher türmt. Gandhi, der Freiheits- und Friedensapostel, der nie dem einen Ziel seines Lebens

– nämlich der Befreiung des Landes von englischer Herrschaft – so nahe und zugleich dem anderen Ziel – nämlich dem Frieden – so fern war, verlor zuletzt sein weises, gütiges Lächeln, das ihn doch durch alle Nöte seines Daseins begleitet hatte; er betete mehr als zuvor; bis er – im Begriff, eine Gebetsversammlung abzuhalten – auch sein Leben verlor.

Dies also geschah in Neu-Delhi, vor dem »Birla-Haus«, dem prächtigen Gebäude des Millionärs Birla, wo schon vor Jahren der Arbeitsausschuß der Kongreßpartei seinen Sitz aufgeschlagen hatte. Dort pflegte tagsüber Nehru mit seinem engeren Stab zu beraten, alle mit handgewebter, weißer Baumwollkleidung angetan. Aber zur Zeit des Abendgebetes kamen die Leute aus allen Teilen der Stadt herbei, alle in weißen Kleidern, gingen mit leisen Schritten über den Rasen, ließen sich im Gras nieder, die Männer rechts, die Frauen links, und warteten auf den Mahatma, der – wenn er nicht fern von Neu-Delhi, nämlich in seinem ärmlichen Lehmhaus zu Haripura, einem Dorfe unweit von Kalkutta, lebte – allabendlich, gestützt von seinen Enkelinnen, jungen, anmutigen Mädchen, die fast noch Kinder waren, auf die Veranda trat. Dort hockte er der Versammlung gegenüber, während seine engeren Freunde im Halbrund hinter ihm standen, darunter Pandit Nehru und Mahadev Desai, Gandhis Sekretär.
Ringsum verdunkelte sich der Garten mit seinen üppigen Düften. Mit seiner hellen Stimme, die hoch, jedoch nicht grell und gepreßt, sondern seltsam melodisch klang, sagte und sang Gandhi die alten Gebete. »Es war eine Stunde, auch Fremdlinge zu trösten, die hier Zaungäste waren«, so schilderte es ein englischer Gast.
Nun klingt diese tröstliche Stimme Indiens nicht mehr, die immer nur von Gewaltlosigkeit gesprochen hatte als der Grundlage des Friedens.
Auch Gandhi war ein »Weltkind« gewesen, damals, als er Student in London war, als er den Versuch machte, tanzen und das Geigenspiel zu lernen, als er sich um die Kunst bemühte, eine Frackschleife zu binden, und als er stundenlang vorm Spiegel stand, sein junges, glänzendes Haar zu kämmen. Er hat lächelnd von diesen »Torheiten seiner Jugend« erzählt, von dieser Studienzeit, da er die Grundlage zu jenem Wissen legte, um dessentwillen man ihn den »fähigsten Juristen des britischen Weltreiches« genannt hat.

Aber auch von seiner »Einkehr« hat er erzählt, von seiner Rechtsanwaltspraxis im Kreise der ärmsten indischen Kulis in Südafrika und von der Entdeckung, daß der Widerstand gegen das Unrecht notwendig und daß die Gewaltlosigkeit des passiven Widerstandes siegreich sei. Seit 1920 hat er diese Art des friedlichen Widerstandes in Indien vertreten. Die Spindel war seine Waffe, und das Salz, das er aus dem Meere gewann, war sein Pulver ohne Blei.
»Ihr wollt Frieden durch Krieg«, rief er Europa zu, »wir durch Gewaltlosigkeit. Aber wahr ist, daß Gewaltlosigkeit eine höhere Art von Mut erfordert als Gewalt. Man muß bereit sein, sein Leben hinzugeben.« Er war dazu bereit.
Das Schönste hat Pandit Nehru, sein Nachfolger, über Gandhi gesagt, der leidenschaftliche Nehru, über dem die Schatten seiner Gefängnisse nicht weichen und der recht pessimistisch ist, weil er gelernt hat, wenig zu hoffen und doch zu kämpfen: »Gandhi, unser Seher und Prophet, hat uns ein Ideal auf weite Sicht gegeben, auch wenn heute viele von uns glauben, daß sein System der Gewaltlosigkeit unsere Wirren nicht bannen könne. Aus Gandhis Augen, aus den Augen des Mannes, der sich bereit fand, die hungernden, schutzlosen, verzweifelten, zerrissenen Massen der indischen Bauern zu vertreten, sah mich oft das Unbekannte an...«

Das Unbekannte sah auch mich an, mich erst recht. Es kam nämlich ein Mann in meine Hamburger Redaktionsstube: Der trug ein leuchtend gelbes Gewand und eine Decke; er besaß einen Sonnenschirm und eine Thabate. Er gab der Sekretärin die Hand und auch einem Maler, der in der Redaktion erschienen war, um Bilder vorzuzeigen, auf denen dieser – nach dem Thema von Swifts furchtbarer Satire – geschlachtete Kinder dargestellt hatte, geschlachtete und an einen Fleischerhaken aufgehängte kleine Menschen. Auch diesem Maler, wie gesagt, gab er die Hand: »Good morning«, sagte er und »Peace!«
Mir zeigte er auf meinen Wunsch den Sonnenschirm: ein langes, schlankes Bambusrohr; eng schloß sich darum ein Kranz schwarzer, schmaler Hölzer. Entfaltete man den Schirm, so sah man, daß diese Hölzer das Skelett bildeten, welches bei europäischen Sonnen- oder Regendächern aus einem lächerlichen Drahtgestänge besteht. Bei diesem Schirm aber war es, wenn man ihn öffnete, als schlüge ein farbenprächtiger Pfau sein Rad. Zugleich aber stellte er das

Sonnenzeichen Buddhas dar, und nahe beim Griff war in runden, zierlichen, burmesischen Buchstaben der Name des Handwerkers, des Künstlers, aufgemalt, der diesen Gegenstand angefertigt hatte. Die Thabate aber, das andere Besitzstück des fremden Gastes, war ein Eßgefäß, halb Krug, halb Vase. Nicht mehr, als was dieses Gefäß fassen kann, nimmt er als Nahrung täglich zu sich; häufig aber weniger. Ich vergaß, daß der Fremdling, der wie ein seltener exotischer Vogel im Korridor auftauchte, eine Brille trug, eine moderne Hornbrille.
In meiner Hand liegt seine Visitenkarte. Darauf stehen in fünf Reihen geheimnisvolle runde Buchstaben, die wie eine Kette einzelner, winziger Schnörkel aussehen, sehr zierlich, sehr fremdartig. Aber der Besucher hat mit Tinte mitten in die Schnörkelreihen hinein Striche gezogen. Vielleicht hat der Drucker da einen Fehler gemacht, und so weiß ich wenigstens, daß vor dem Strich ein Wort endet und danach ein neues anfängt. Auf der Rückseite der Karte steht: Reverend U Thunanda, All Sects Combined Buddhist Monks, Great Council of Burma, Nr. 29, Yadashe Road, Bahan Rangoon.
Wer also will, kann an U Thunanda schreiben, denn dies ist die Adresse. Doch es eilt nicht, U Thunanda will erst im Jahr 1956 wieder in seiner Heimat sein, zur 2500-Jahr-Feier der Gründung des Buddhismus. Er fügte hinzu: »Wenn ich solange lebe...«
Er ist jedoch noch ziemlich jung. Nicht nur die kleine, schmale Gestalt verrät es, nicht nur sein klares, fröhliches Gesicht.
Als er über die Straßen Hamburgs ging, der fremde buddhistische Mönch in seinem gelben Gewand, mit seinem leuchtenden Sonnenschirm und seiner schön glasierten Thabate, liefen die Kinder herbei und riefen: »Guck mal, Gandhi...!« Und der Mönch aus Burma lächelte. Obwohl er wußte, daß Gandhi als Hindu kein Buddhist war, lächelte er. Denn es freute ihn, aus Kindermund zu hören, daß man in Düsseldorf und in Hamburg den indischen Mahatma kannte. Denn der Mahatma war der Mann des Friedens, und dies möchte U Thunanda selber sein, genau dies. Und deshalb hat er sich vor zwei Jahren aufgemacht und ist von Burma über Ceylon nach Europa gekommen. Er war in England, in Frankreich; er will in die Schweiz und möchte nach Wien, nach Prag, nach Ungarn und auch nach Rußland. Er hat Zeit, viel Zeit; er hat sogar ein wenig Geld. Er ist vor zwei Jahren in eine Ölgesellschaft in Burma eingetreten, hat dort als clerk gearbeitet und gespart, jahrelang gespart. »I am not a

moneymaker, I am a peacemaker...«, sagte er in hartem, fremdem Englisch. Er braucht so wenig Geld, buddhistischer Mönch, der er ist. Er kann auf dem Fußboden schlafen, kann hungern, tagelang. Aber von den Deutschen, deren Lebensmittelkarten er gesehen, sagt er, daß sie zu wenig äßen. Oft nicht einmal eine Thabate voll. Er freilich ist ein Mann der Kontemplation. Sie aber müssen arbeiten.
»Wie sieht es in Rangoon aus?«
»Ganz so wie in Hamburg – Trümmer.«
Wenn mir dies gelänge, möchte ich gern zum Ausdruck bringen, daß U Thunanda, der Mönch aus Rangoon, sehr rührend wirkte. Will sagen: Das Sensationelle war es nicht, was mich berührte. So viele Menschen haben außergewöhnliche Reisen gemacht: Einer, ein Amerikaner, hat einmal einen Schubkarren quer durch die afrikanische Wüste geschoben, und ein Berliner Droschkenkutscher, »Eiserner Gustav« genannt, ist mit seinem Klepper und mit seinem holprigen Wagen »erster Jüte« nach Paris gefahren, um dort Sensation zu machen. Das Sensationelle ist es nicht. So ist gar kein Zweifel, daß es U Thunanda um alles andere als um eine Sensation zu tun ist. Was ihn diese zehnjährige Reise antreten ließ, war nichts als ein naiv-frommes, selbstloses, bescheidenes Wollen. Er geht zu den Menschen und redet sie an: »Frieden in dir!«
In Rangoon wurde er in die Kämpfe hineingezogen; aber er kämpfte nicht, er, ein buddhistischer Mönch, der vorleben mußte, was im ersten Gelöbnis aller Buddhisten geschrieben steht: »Ich entsage der Gewalt und gelobe, nichts Lebendes zu töten...« Sie schlugen ihm ein Messer ins Gesicht: Es ist eine tiefe, halbkreisrunde Narbe geblieben. Und U Thunanda lag schon, eingescharrt zu werden, als die Nacht kam. Am Morgen stand er auf, blutüberströmt; er war noch ein wenig lebendig. Stand auf und predigte fernerhin, was gerade so wenig aktuell war: Friede und Gewaltlosigkeit. Und dies zu predigen, ist er nun nach Europa gekommen...
Er hatte eine klingend feine Fröhlichkeit; ein Mensch ohne jede Angst. Wo im Gespräch ein kleiner Anlaß zum Lachen sich ergab, da lachte er. Und wo das nicht der Fall war, lächelte er wenigstens. Ein Mensch, allein und arm, ein Mönch mit einer Thabate und einem Sonnenschirm, und doch so fröhlich. Ein Mann, streng an seinen Buddha-Glauben gebunden und doch frei und in seiner Freiheit entschlossen, den Frieden zu predigen, soweit seine schwachen Kräfte es vermögen.

Man sah ihm an: Vieles von dem, was in Europa vor sich geht, versteht er nicht. Sein Rezept ist einfach, viel zu einfach. Er tritt auf die Menschen zu und wünscht ihnen den Frieden und besucht die europäischen buddhistischen Gemeinden. Vielleicht ein großer Mann unter den Seinigen; wohl möglich. Kommt er doch aus Burma und Ceylon, das heißt aus Gebieten, wo die hohe Religion Buddhas rein und schlackenlos erhalten blieb, während in China Zauber- und Dämonenglauben die alte leuchtende Form des Glaubens trübte. U Thunanda aber sieht die Verhältnisse in Europa nicht klar. Insoweit nicht, als er nicht nur das Primat der Politik, sondern die Politik überhaupt leugnet. Und da ich ihn ansah bei seinem Besuch, glaubte ich plötzlich an die Wahrheit einer ganz anderen Geschichte, die ich bisher bezweifelt hatte und die aus einem englischen Internierungslager auf der Insel Man erzählt wurde.

Saßen da zwei Männer mit goldbraunen Gesichtern, und niemand verstand ihre Sprache. Bis jemand auftauchte, der sie verstand und selber ihre Sprache sprach. Es waren Tibetaner, und sie erzählten: Wir waren in unserem Lande und hüteten das Vieh. Und da kamen Männer, fingen uns und ließen uns Gräben bauen. Darein legten wir uns und hatten ein Gewehr. Und wieder kamen andere Männer: Die hatten schwarze Kleidung an und taten mit uns das gleiche, und wieder lagen wir in Löchern und hatten ein Gewehr, und immer konnten wir noch nicht schießen. Und es kamen wieder Männer, die hatten wieder gleiche Kleider an. Und sie fingen uns. Nun sitzen wir hier... Bitte, dürfen auch wir eine Frage stellen? Und als dies bewilligt wurde, fragten sie, was in der englischen Übersetzung hieß: »What was all this shooting about?« Zu deutsch: »Wozu all diese Schießerei?«

Wir meinen, daß es sehr einfach sei zu sagen: »Friede sei mit dir!« Es ist schön, dies zu sagen, wunderschön. Und wer wollte das Wort nicht begierig aufnehmen? Wer möchte nicht den Frieden in seiner Seele? Aber der Rat, so richtig er ist, er ist zu einfach. Und daher so rührend.

Die deutschen Buddhisten – sie haben fast alle geschossen im letzten Kriege, genauso wie die Christen. Nur Walter Persian, der Leiter der Buddhistischen Gemeinde Deutschlands, er hat den Kriegsdienst verweigert, es sei denn, man zöge ihn bei Sanitätern ein. Man hat ihn nicht eingezogen; wahrscheinlich haben Freunde hinter den Kulissen ihm geholfen, haben ihn krankschreiben lassen, für nicht

fähig, ein Gewehr zu tragen. Und dies war wohl der einzige Ausweg, der es verhinderte, daß er nicht an die Wand gestellt wurde. Die anderen deutschen Buddhisten aber haben wohl alle geschossen, genauso wie die Christen, denen man – ihrer Religion des Friedens zum Trotz – erzählt hat, sie dürften, ja, sie müßten es.
Auf diese Frage ging U Thunanda nicht ein. »Nichts von Politik«, war seine Rede. Und Walter Persian, der ihn begleitete, erzählte vom Volk der Tannu-Tuwa, das unter die sowjetischen Völker eingegliedert wurde. Als sie ihrer buddhistischen Religion halber verfolgt wurden, gingen alle Leute – Männer, Frauen, Kinder – in die Wälder. Das ganze Volk! Und als die Verfolgung zu Ende war, kehrte das Volk zurück und lebt seither dort friedlich. Erzählte er dies als Gleichnis?
»Wieviel Buddhisten mag es in Europa geben?«
»In Frankreich 100, in England 750, in Deutschland aber 1500.«
Und es scheint, daß gerade in Deutschland die Gemeinde der Buddhisten, die augenblicklich darum kämpft, als eine »Körperschaft des öffentlichen Rechts« anerkannt zu werden gleich den Kirchen, ständig wächst. Und zwar sind es vornehmlich Deutsche der intellektuellen Kreise, die sich dieser Religion zugewendet haben. Ästhetische, dann philosophische Anregungen haben zunächst gewirkt. Und jetzt ist die Tatsache, daß unser europäisches Welt- und Glaubensbild so tief getrübt ist, ausschlaggebend für viele; sie kehren sich dem Buddhismus zu. Sie wenden sich ab von der europäischen Welt, sie fliehen zur Weisheit des Ostens. U Thunanda hatte unter seinem goldgelben Gewand eine Kartentasche befestigt, eine dicke Ledertasche, wie sie bestimmte Soldaten, meistenteils Offiziere, im Kriege trugen. Dicht gefüllt war diese Tasche mit Papieren, Dokumenten, Erlaubnisscheinen, Zertifikaten, Empfehlungen, Permits und Bescheinigungen, daß er zum Beispiel nach Deutschland reisen dürfe, aber nur über zehn Tage und keinen Tag länger. Was die europäische Bürokratie bieten konnte, das hatte sie diesem schlichten Bikkhu aus Rangoon geboten. Er wußte kaum noch aus und ein. Papiere, Papiere ... Er war ganz hilflos mit all den Unterschriften und Stempeln, und das war das Rührendste an ihm.

… und neues Leben blüht aus Ruinen.

Lebt mit Tieren!

In Sung gab es einen Mann, der Affen hütete. Es kamen aber schlechte Zeiten, und er sah sich veranlaßt, ihnen mitzuteilen, daß er ihre Ration an Nüssen herabsetzen müsse. »Ihr könnt noch drei am Morgen und vier am Abend bekommen«, sagte er. Die Affen gerieten außer sich. »Na, schön«, sagte er. »Dann sollt ihr vier am Morgen und drei am Abend erhalten.« Und die Affen stimmten begeistert zu. – Diese Geschichte erzählte aus dem alten China der Weise Chuang Tse.

Ich habe dem hinzuzufügen, daß auch der Löwe außer sich war, als ich ihn in Stellingen besuchte. Bei den Affen versteht sich das von selbst.

In Hagenbecks Tierpark steht das Standbild des Gründers noch immer hoch aufgerichtet. Der bronzene Herr hat den Bart gefällig gestutzt, er trägt einen langen, feierlichen Rock und hat den Zylinder auf dem Kopf, jeder Zoll ein hanseatischer königlicher Kaufmann. Aber diesmal verlöre er wohl seine Würde, wenn es ihm erlaubt wäre, von seinem Sockel herabzusteigen und auf den Wegen mit frischem, hübschem gelbem Sand zu den Tierwohnungen hinüberzugehen. Er, der die Sprache der Tiere versteht, würde von den Affen hören müssen: »Seht, Herr, wir erhalten weder drei Nüsse am Morgen, noch vier am Abend; wir bekommen keine Nüsse mehr. Wir sind außer uns!« Und der Löwe würde sagen: »Jambo bana, seid gegrüßt, Herr! Sie wissen, daß ich ehemals achtzehn Pfund Fleisch am Tage kriegte, mit Ausnahme des Montags, an dem ich meinen Fasttag hatte. Heute habe ich drei Fastentage in der Woche und muß warten, bis irgendwo in Holstein eine Kuh gefallen ist, deren Fleisch für menschliche Ernährung unbrauchbar wurde.«

Und was würde Carl Hagenbeck ihm erwidern? Solange er lebte, war es seine Ansicht, daß die Tiere in seinem Zoologischen Garten nicht nur ein bequemeres, sondern auch ein besseres Leben führten als in der Wildnis. Jedoch würde er ihnen heute wohl Abbitte tun, daß er sie gefangennehmen und einsperren ließ und einen schwunghaften Handel mit ihnen trieb, auf daß auch andere sie einsperren konnten. Carl Hagenbeck besaß viel Sinn für Philosophie.

In einer Zeit, da er noch nicht die Tierfänger in alle Welt sandte, waren es oft die Hamburger Fahrensmänner, die ihm Sehenswür-

digkeiten aus der Fremde mitbrachten, meist gefiederte, zum Beispiel Kanarienvögel, die sich leicht transportieren ließen. Es erzählte mir nun ein geistvoller Mann, dessen Vater Schiffszimmermann gewesen war, folgende umwerfende Geschichte: Der Vater kehrt von einer Afrika-Reise nach Hamburg zurück und geht zum alten Hagenbeck. »Tag, Herr Hagenbeck. Ich habe da ein Tier. Was zahlen Sie dafür?« – »Ein Tier? Was für ein Tier?« – »Ja, das weiß ich auch nicht.« – »Fliegt es, schwimmt es, geht es?« – »Es geht.« – »Ist es groß, ist es klein?« – »Es reicht mir an den Nabel, hat vier dicke Beine, einen kurzen Schwanz, ein großes Maul, frißt Heu und Salat. Was, glauben Sie, kann ich dafür verlangen?« – »Für ein Tier ohne Namen kann man nicht viel fordern. Was haben Sie selber bezahlt?« – »Vier Schwarze haben mir das Tier ans Schiff gebracht. Sie hatten Stricke, und je ein Mann zog an je einer Ecke von dem Tier. Jedem gab ich einen Taler.« – »Sechzehn Taler für ein Tier, das keinen Namen hat: viel Geld!« Und er fingerte sechzehn Taler aus der Schreibtisch-Schublade. »Und die Unkosten für das Heu und den Salat?« Hagenbeck legte noch drei Taler drauf. »Wir sind ja alte Geschäftsfreunde«, sagte er, »Sie sollen an dem Tier keinen Schaden haben!« – »Es ist mir ja nicht um das Geschäft zu tun«, sagte der Seemann beim Abschied, nachdem sie festgelegt hatten, daß Hagenbeck ein Fuhrzeug und vier Wärter zum Hafen schicken sollte, das Tier abzuholen, »nein, das nicht! Aber man hat doch Interesse, was das Tier für einen Namen hat, falls es« – und der Schiffszimmermann hob den Zeigefinger – »überhaupt so etwas wie einen Namen hat.« – »Ja, das wäre das Schlimmste«, erwiderte Hagenbeck. »Das arme Tier!«
Der Sohn erzählte, daß Vaters Schiff am gleichen Abend wieder in See gegangen sei. Vier Wochen später war er zurück, und tags darauf stand er in Hagenbecks »Comptoir«. »Was ist nun mit dem Tier?« – »Verkauft. Ich habe sechs Taler daran verdient. Hier sind drei Taler für Sie, mein Freund!«
»Wie hat es geheißen, das Tier?« – »Das Tier hat keinen Namen gehabt. Da war nichts zu machen! Sollten wir einen Namen erlügen? Nee! Oder eine Tafel am Gitter anbringen: ›Wir wissen den Namen selber nicht‹? Solche Blamage!«
»Ehrlichkeit währet am längsten!« bestätigte der Seemann und rief sich ins Gedächtnis, was er ohnehin beschlossen hatte: Nur noch Kanarienvögel zu bringen oder Papageien, aber nie wieder so ein Tier...

Im Augenblick ist Hagenbecks Tierhandel erloschen. Als er noch blühte, waren gelegentlich 5000 Tiere in Stellingen zu sehen. Heute sind es nur noch 500 (fast so viele kamen anno 1943 durch Bomben ums Leben). Aber Carl Hagenbeck, der große Herr der Tiere, würde zugeben, daß sein Enkel Lorenz und dessen Sohn Carl-Lorenz und Neffe Carl-Heinrich ihr Tierreich so gut wieder hergerichtet haben wie dies nur möglich ist. Und so sind an diesen Ostertagen 1948 50 000 Menschen nach Stellingen gepilgert, um die 500 Tiere zu besehen.

Kaum noch sieht man, daß hier Bomben fielen. Immer noch, wie Stellingens Gründer es wollte, tummeln sich die meisten Tiere im Freiland hinter Gräben, anstatt in Käfigen hinter Gittern zu trauern. Die Gemsen klettern nach wie vor auf den höchsten Grat des künstlichen Hochgebirges, so daß ihre feine Silhouette, gegen den silbrigen Hamburger Himmel geworfen, selber ein bißchen künstlich aussieht. Doch auch die anderen Tiere zeigen sich von den besten Seiten. Denn es ist nicht bloß Feiertag, sondern auch Geburtstag: Vor hundert Jahren wurde die Firma Hagenbeck gegründet...

Die Gründungsgeschichte ist reizvoll durch ihr Lokalkolorit. Da war der Vater Carl Hagenbeck: Der besaß im Stadtteil Sankt Pauli ein Fischgeschäft und hatte Fischer im Sold, die ihm alles lieferten, was sie fingen, und es ging biedermeierisch zu. Da fingen die Fischer Carls I. in der unteren Elbe vor hundert Jahren sechs Seehunde. Und was tat Carl, der Vater Carls? Er erfreute sich ihres munteren Anblicks und wollte, daß auch andere sich daran erfreuten und ließ sie sehen – gegen Geld (einen Schilling). Da er aber annahm, daß auch anderwärts Interesse bestünde, verfrachtete er seine Schaustücke nach Berlin, wo die Berliner gerade mit einer Revolution beschäftigt waren. Aber soviel Zeit hatten sie immer noch, zwischendurch ein wenig die Seehunde zu begucken. Carl Hagenbeck, der Vater, wußte nun: Man kann Geld verdienen, indem man den Leuten Tiere zeigt. Darauf verkaufte er seine Seehunde an Schausteller, die sie als »Seejungfrauen« vorzeigten. So erfuhr Carl Hagenbeck, der Vater: Man kann Geld verdienen, wenn man Tiere verkauft. Und dies hat Carl, der Sohn, seinen Lebtag lang getan.

Er sandte Tierfänger aus, und diese fingen Tiere en gros und en detail, so daß ihm schließlich sein Platz am Neuen Pferdemarkt zu enge ward (so drängten sich dort die Tiere). Aber schon, bevor er Stellingen gründete, fing er auch – Menschen ein.

In seiner Biographie »Von Tieren und Menschen« erzählt er es in solidem Kaufmannsstil, daß er »schon 1884« Kalmücken aus dem Wolgagebiet »eingeführt« habe nebst zugehörigen Stuten, die sich melken ließen, damit ihre Herren das heimatliche, berauschende Getränk »Kumys« auch in Hamburg nicht entbehrten. Solche Stuten also und auch »zwei buddhistische Priester, die in ihrem Ornat keinen üblen Eindruck machten...«
Man nannte das damals »Völkerschau« und fand viel Gefallen daran. Niemand dachte, daß sich das Blatt noch einmal wenden könne, etwa, daß die Kalmücken, deren Vorfahren anno 84 in Hamburg zu besichtigen waren, anno 48 eine Völkerschau im Wolgagebiet sehen könnten, bei der außer anderen Deutschen auch Hamburger mitwirkten. Damals fand man es hübsch, daß man neben Rentieren auch gleich eine Lappenfamilie, oder neben einem wildbemähnten Löwen auch den passenden Nubierhäuptling sehen konnte, der ebenfalls eine wilde Mähne trug.

Weder in Hamburg, noch in Berlin, noch in anderen europäischen Hauptstädten, noch in den Städten Amerikas, wo nach Hagenbecks Beispiel ebenfalls »Tier- und Völkerschauen« üblich wurden, hat man sich etwas dabei gedacht, etwas von der Art, was wir uns heute denken müssen, ob wir wollen oder nicht. Man war in aller Robustheit unschuldig und ahnungslos. Heute aber, da in Deutschland bei den herrschenden Devisenschwierigkeiten der internationale Tierhandel ruht, führt man Menschen aus und ein, en detail: die Forscher und die »Spezialisten«, en masse jedoch, wie schon der Name sagt: die Masse Mensch. Und gleichgültig, wer angefangen hat (wir Deutschen haben angefangen) – alle Völker haben sich schuldig gemacht an diesen anderen »Völkerschauen«, alle! Das freilich hat Carl Hagenbeck, der Mann der »Tier- und Völkerschauen«, nicht voraussehen können. Und Gott sei seiner Seele gnädig!
Also, es ist Feiertag. Es kommen die Menschen, die alle Tiere lieben, gleich welcher Art und Herkunft, und die Leute, die sich auch in ihrer Tierliebe spezialisiert haben. »Wo sind die Wildpferde?« fragt so einer. »Aufgegessen?« – »Nein«, erwidert ein Wärter. »Sie sind seit einem Jahre in London. Requiriert: zwangsverliehen!« – »Kriegen sie dort Hafer?« – »Wir hoffen es!« – »Dann ist es gut!« Wenn die Wildpferde wiederkehren, werde ich sie fragen, wie ihnen die Reise nach England gefiel.

Von der Löwin, die nicht nach London gereist war, sondern in Hamburg blieb, habe ich nichts Gutes erfahren. Sie teilte mir mit, daß sie ihre Jungen nicht nähren konnte; sie hatte keine Milch, und die Löwenbabies starben. Das Panzernashorn, diese Kostbarkeit der Kostbarkeiten, hatte nicht einmal Lust, sich zu beklagen. Es wandte mir das Hinterteil zu. Dabei ist es ein kultureller Faktor wegen Dürer... Albrecht Dürer nämlich hat einmal ein Tier gezeichnet, das dem »Tier ohne Namen«, dessen Kenntnis oder Unkenntnis wir dem Schiffszimmerer verdanken, ähnlich gewesen sein muß. Er aber hat einen Namen gewußt und der Zeichnung hinzugefügt »Das Nashorn«. Doch spätere Geschlechter haben höhnisch gesagt: ›Dürer in Ehren, aber ein Nashorn zeichnen – das konnte er nicht!‹ Wie man wußte, hatte Dürer das Tier, das er »Nashorn« nannte, bei einem Aussteller zu Nürnberg gesehen. Danach, in späteren Jahren und Jahrhunderten, konnte man in vielen »Zoo's« auf der Welt viele Nashörner sehen; sie sahen ganz anders aus. Der Schuster hätte bei seinem Leisten, Dürer bei seinem Hasen bleiben sollen – so lautete das Urteil. Da plötzlich tauchte bei Hagenbeck das Dürersche Nashorn auf, genau dasselbe. Es rettete des Malers Ehre. Dieses Ur-Nashorns Eigenart ist nicht das erschrecklich große Horn, sondern sein faltiges, schrundenvolles, unendlich traurig anzusehendes Hinterteil. Man denkt: ›So ist das Leben‹.

Die meisten Tiere dürfen, nein, müssen vom Publikum gefüttert werden. Die Elefanten zum Beispiel stehen an ihrem Graben, schwingen die Rüssel und betteln, daß es eine Art hat, und gehen abends in ihren Stall und vertilgen das, worauf sie eigentlich liegen sollten: das Stroh. Das gehört sich nicht. Aber es gibt auch Menschen, die sich im Tierpark nicht so benehmen, wie es sich gehört. Die einzige Kanadische Schneegans, ein seltenes Tier, ist gestohlen worden und in einem Topf geendet. Und der weiße Kakadu, der einzige im Kreis seiner schlecht gelaunten Artgenossen, der zutraulich dem Menschen sich auf den Finger setzte, ist verschwunden; niemand hat von ihm gehört, obwohl es doch den Forscher interessieren dürfte zu erfahren, wie Kakadu-Fleisch schmeckt.

Im Tagebuch der Brüder Goncourt aus alten Tagen, da Paris belagert wurde, steht geschrieben, wie es doch recht festlich war, als sie im Kreise der Literaten einen – Elefantenrüssel verzehrten, weil sonst nichts Gutes aufzutreiben war. Wie gut, daß das Geviert, in dem die Elefanten von Stellingen leben, von einem tiefen Graben umgeben ist!

Die Räuber

Das Gut Mariashagen, gelegen an der Lübecker Bucht, wurde – so lautet eine Meldung – unlängst zum vierzehnten Male innerhalb der letzten zwölf Monate von Räubern heimgesucht. Wenn das kein zeitgemäßer Rekord ist! Bei so einem Rekord, da interessiert man sich doch! Und da gerade Sonntag ist und vielleicht Mittagszeit, da kann man vielleicht auch zulangen, falls man willkommen ist! Und da ist nun der Hof Mariashagen in der holsteinischen Gemeinde Oldenburg.
Vierhundert Morgen groß. Und richtig sitzen die Leute gerade beim Essen. Aber Bratenduft zieht nicht durch das Haus. Sie essen Gemüse und vorjährige Kartoffeln, nicht anders als die Leute in der Stadt. Und nicht einmal eine gute Sauce ist dabei. Und nicht einmal ein Ei.
Wer ankommt, wird durch markiges Gebell großer, schwarzer Hunde empfangen; es ist die Rasse der intelligenten, militanten Riesenschnauzer. Der Haus ist groß. Tenne, Scheune, Küche und Stube liegen in ein und demselben Gebäude; die Ställe sind unmittelbar von den Wohnräumen aus erreichbar. Dies zu wissen ist wichtig, weil nach der Lage der Örtlichkeit es nicht einfach sein sollte, hier einzubrechen.
Öffnet man die Tür, so fangen nicht nur die schwarzen Hunde an zu bellen, sondern oben auf dem Dach, wo zwei hölzerne Pferdeköpfe so norddeutsch prangen, beginnt ein Boschhorn wild zu hupen wie ein verrückt gewordenes Automobil. Kurz, wer die Nerven dazu hat, muß die Räuber bewundern. »Es sind Fachleute«, sagt der Verwalter, »und sie haben erstklassige Helfershelfer, welche die Sache ausbaldowern.« Der Verwalter stammt aus Ostpreußen und hat das Fachwort »ausbaldowern« früher nicht gekannt. Jetzt kennt er es. Er tritt aus der kleinen Küche, wo es nicht nach Braten

riecht, vors Haus und erläutert die Lage. Der Hof Mariashagen liegt auf einer Höhe. Wandert der Blick zur Bucht der Ostsee hinunter, so schaut man über Felder, auf denen das Korn heuer so üppig steht wie nie. Es ist dies an der Bucht die Ecke, wo das Wrack der »Arcona« der Küste am nächsten liegt. Ein rostiges Ungetüm von walfischhaften Formen, so ragt das große Schiff aus der Flut, auf dem am 3. Mai 1945, 2.40 Uhr, knapp vor dem Waffenstillstand, 6174 arme KZ-Insassen bombardiert wurden, die aus Neuengamme hierher getrieben worden waren wie eine Herde: Deutsche, Polen, Franzosen, Tschechen, Holländer. Nur 410 konnten sich, schwimmend oder auf Brettern sich klammernd, retten; 810 Leichen wurden seitdem an Land gespült und liegen unter einer grünen Rasenfläche inmitten des Friedhofs von Timmendorf, dem schmukken Badestädtchen, wo die britische Besatzungsbehörde jetzt das »Leave Centre« für ihre Erholungsbedürftigen eingerichtet hat. Auf dem Friedhof aber wehten nebeneinander die Fahnen von Amerika, England, Sowjetrußland, Frankreich, Holland, Polen, Belgien. Sie flatterten um das hochaufgerichtete christliche Kreuz eines Mahnmales, das die ehemaligen Konzentrationäre den Toten der »Cap Arcona« gerade an dem Sonntag weihten, an dem man bei dem Besuch der Bauernhöfe ringsumher keinen Braten riechen konnte, weil es dort nirgends Braten gibt. Der Verwalter von Mariashagen hat das Bild dieser Landschaft gern, weil es ihn an seine ostpreußische Heimatküste erinnert. Er würde gern hierbleiben, wenn er könnte. Es fragt sich nur, ob man einem Verwalter zumuten kann, auf einem Hofe zu bleiben, von dem er annimmt, daß er, wie bisher, auch weiterhin den Besuch der Räuber zu erwarten habe. »Sie haben einen Plan«, vermutet er, »sie nehmen ein Haus nach dem anderen dran, einen Keller nach dem anderen. Die deutsche Polizei ist machtlos. Es saßen einmal zwei Beamte auf der Lauer in der Küche, als die Banditen kamen. Sie haben nichts machen können. Sie sagen, sie brauchten einen Schießbefehl ...«

Einmal, als in der Nacht sich draußen ein Geräusch erhob und als die Hunde anschlugen, steckte der Besitzer des Hofes Mariashagen den Kopf zur Tür heraus. Gleich knallte es siebenmal, gleich flogen ihm sieben Pistolenkugeln um die Ohren. Was tut ein Mann, der selber unbewaffnet ist, in solchen Fällen, wenn er vernünftig ist? Er steckt den Kopf zum Türloch wieder hinein.

Beim vorigen Male, als die Einbrecher kamen, schlief alles im Haus;

nur der Verwalter kam um Mitternacht heim von einem dörflichen Tanzvergnügen. Er rief von draußen, als er das Licht im Keller sah: »Hallo« und »Aufmachen«. Da kamen ein paar dunkle Gestalten mit Knüppeln auf ihn los; einer rief »Hände hoch!« und konnte bei diesen beiden deutschen Worten den polnischen Akzent nicht verleugnen. Natürlich lief der Verwalter davon. Als er zurückkehrte, stellte er dann fest: Sie hatten den Rest des im Winter geschlachteten Fleisches mitgenommen, samt seinem großen Koffer, den sie zum Transport benutzten, samt einem Radioapparat, und samt der gestickten Decke, auf dem das Gerät gestanden. Seit diesem Besuch der Räuber ist kein Fleisch mehr im Haus. Die Tagelöhner, die zur Arbeit kommen, fragen: »Was kommt hier auf den Tisch? Immer nur Gemüse und Kartoffeln?« Und der Verwalter meinte, es sei so weit gekommen, daß die Bauern bald versuchen müßten, in der Stadt zu fragen, ob man dort vielleicht ein Schwein fürs Land bekommen könnte. »Im weiten Umkreis ringsherum«, sagte er, »gibt es nirgendwo noch ein lebendes Schwein.«

Es grunzt kein Schwein, aber es gackert auch kein Huhn. In Mariashagen haben die Einbrecher erst 58, dann 46 Hühner gestohlen. Sie stahlen die Puten, die auf den Bruteiern saßen.

»In Sierksdorf, ganz in der Nähe, haben sie einem Gutsarbeiter das Schwein, das Fahrrad, den Volksempfänger gestohlen.«

»Und wie gehen die Banditen vor?«

»Sie klettern zuerst den Telefonmast hoch und schneiden die Leitung durch. Und es kann ihnen passieren, daß sie dabei, wie beim vergangenen Male, Patronen aus der Tasche verlieren, die dann morgens im Grase liegen. Meist brechen sie in der Nacht zum Montag ein. Meist an vier oder fünf verschiedenen Stellen. Sie sehen«, sagte der Verwalter, »wie das kolonnenweise organisiert ist! Ihre Taschenlampen sind diese großen Stablampen, die es früher nie in Deutschland gab, und die Autos, mit denen sie die Beute der Nacht wegschaffen, sind UNRRA-Wagen.«

Da nun habe ich den Verwalter gefragt, ob ich das notieren solle, das mit den ausländischen Taschenlampen und den UNRRA-Wagen.

Er erwiderte: »Wetten, daß die deutsche Polizei es Ihnen bestätigen kann?«

Er meinte: Dies wenigstens sei aber doch wohl Sache der englischen Militärpolizei, festzustellen, woher die Stablampen und UNRRA-Wagen stammen.

Im Hofe Wintershagen, der ebenfalls in dieser Gegend liegt, hatten die Leute Alarmanlagen an den Türen angebracht und Fangschnüre in den Ställen. Da gingen die Einbrecher »ganz einfach« durch die Steinmauer und benutzten mechanische Steinhämmer, um ein Rind zu holen. Die Bauern verfolgten die Spur. Und wo lagen am andern Morgen die Eingeweide des Tieres? Am Ufer der Ostseebucht bei Neustadt, im Gelände der früheren U-Boot-Schule, wo unter 3500 DPs hauptsächlich Polen untergebracht sind...

Der polnische Posten am Eingang des DP-Lagers von Neustadt weiß von nichts. Das Lager hat keine Umzäunung mehr, seit die Umfriedung als unehrenhaft empfunden wurde. Wer ein reines Gewissen hat, tritt durch das bewachte Haupttor ein; die übrigen kommen und gehen wie sie wollen. Natürlich zweifelt der polnische Posten am offiziellen Tor nicht, daß alle Polen ein reines Gewissen haben. Aber jenseits des Tores ist eine deutsche Polizeiwache: Die sollte ursprünglich im Lagergebäude selber stationiert werden. Doch als man einen Versuch machte, dies mit Hilfe englischer Polizei durchzusetzen, regnete es Steine auf die »Eindringlinge«, und nicht einmal die Anwesenheit gepanzerter britischer Wagen hat da etwas ausrichten können. Seither ist die deutsche Polizei sozusagen exterritorial, und die Beamten tun gut daran, die Sache seelenruhig zu betrachten, wie jener Polizist, der vor der Stufe des Polizeihauses, diesseits des Lagertores, stand. »Die Letten, die Litauer, die Juden, die außer den Polen im Lager leben«, so sagte er, »sind ordentliche, nette Leute. Auch soll mir keiner kommen und sagen, daß die Polen im Lager samt und sonders Taugenichtse wären. Die meisten haben selber unter den Banditen zu leiden, und es ist ihnen schrecklich unangenehm, daß sie, weil sie Polen sind, unter einem allgemeinen Verdacht leben müssen.« Ferner sagte der Beamte, daß jüngst erst unter Mitwirkung der britischen Polizei 250 verdächtige Elemente »aussortiert« und nach Wentorf im Kreis Lauenburg gebracht worden seien, in ein Lager, in dem es, wie er sagt, viel leichter ist, ein bißchen Aufsicht zu führen. Prompt kam es in der dortigen Gegend zu Überfällen und Schießereien...
»Und Sie glauben, daß es hier, an der Bucht, jetzt friedlicher wird?«
»Solange nicht durchgegriffen wird, kann davon keine Rede sein. Wir von der deutschen Polizei dürfen nur schießen, wenn wir angegriffen werden, sozusagen im Handgemenge. Wir müssen

dauernd überlegen, ob und wann wir überhaupt schießen dürfen. Die anderen? Die schießen, ohne lange ihr Gewissen zu erforschen. Für sie ist es einfach, für uns kompliziert.«
Freilich, kompliziert. Sehr kompliziert für die Polizei und äußerst kompliziert für die Bauern an der Bucht, die nicht einmal sonntags einen Braten haben.

Ohne Namen

Jeder Mensch trägt seinen Namen. Ein Name ist ja nur ein Wort. Aber da steht nun ein kleiner Junge, fünfjährig, rotznäsig – aber ein Mensch ist er doch.
»Na, mein Junge, wie heißt du denn?« Wenn man diese Frage an ihn richtet, wird er verlegen. Er hat nämlich seinen Namen verloren wie Schlemihl seinen Schatten. Was ist ein Name? Ein bloßes Wort. Und doch etwas wie ein unsichtbares Kleid, das den Menschen schützt.
Ein Mensch ohne Namen – das ist einer, der nicht weiß, wo er hingehört. Es gibt in Westdeutschland rund 300 namenlose Kinder. Sie hören auf Koseworte, mit denen die Pflegerinnen in den Kinderheimen sie rufen. Aber Namen haben sie nicht. Den strahlenden, rundlichen, tollpatschigen Knirps dort nennen sie »Bärchen«, und viele heißen ganz einfach »Liebling«. Denn – gottlob – an Liebe fehlt es den Namenlosen nicht in diesen Heimen. Ursprünglich waren es 630 Kinder, die auf der Flucht aus dem Osten Deutschlands nicht nur ihre Eltern, sondern auch ihren Namen verloren hatten. 330 Kinder haben ihren Namen wiedergefunden, unter ihnen sind 230, die obendrein auch noch ihre Eltern wiederfanden. Dies danken sie dem Suchdienst des Roten Kreuzes, der in Hamburg und in München Zentralstellen unterhält: Zimmerfluchten, deren Hauptinhalt Kartotheken sind.
Der Suchdienst haust in Hamburg-Altona in einem weitläufigen Gerichtsgebäude. 660 Angestellte arbeiten hier in zwei Schichten. Richtet man das Wort an sie, so erwidern sie gern mit Zahlen: Die Namen von 15 Millionen Ostvertriebenen sind in Westdeutschland bekannt. Desgleichen von dreieinhalb Millionen Wehrmachtver-

mißten. Unter ihnen waren zehn Millionen, die von anderen Menschen gesucht wurden: Aufenthalt unbekannt! Vier Millionen Menschen sind bisher mit Hilfe der Kartei gefunden worden. Aber mehr als zwei Millionen Menschen ohne Adresse fanden ohne Hilfe des Suchdienstes ihre Angehörigen wieder oder wurden von diesen wiedergefunden. »Es bleiben also knapp vier Millionen Menschen, die noch gesucht werden; darunter sind mehr als eineinhalb Millionen Wehrmachtvermißte«, sagte ein Mitarbeiter des Suchdienstes.
»Viele von den fast vier Millionen, die Sie – von Hamburg oder München aus – suchen, werden gestorben, verdorben sein...«
Der Mann von der Suchdienstzentrale sagte: »Ja. Aber wir tun, was wir können...«
Auch die Russen haben – und zwar in der Kanonierstraße 35 zu Berlin – ein Amt gegründet, das sie »Suchdienst für vermißte Deutsche in der sowjetischen Besatzungszone« nennen. Mit dieser Stelle arbeiten die Suchzentralen des Roten Kreuzes in West- und Süddeutschland so freundschaftlich zusammen, daß es, wie die Verantwortlichen in Hamburg sagen, nie Reibereien gegeben hat.
»Wie aber geht es beispielsweise zu, wenn aus russischer Kriegsgefangenschaft Männer nach Deutschland heimkehren, die nichts von ihren Angehörigen wissen?«
»In Frankfurt/Oder treffen mit den Heimkehrerzügen täglich rund 2000 Männer ein. Achtzig von ihnen wissen nichts von ihren Angehörigen. Diese wenden sich an einen Kurier, den der Suchdienst der Sowjetzone täglich nach Frankfurt schickt und der am gleichen Tage nach Berlin zurückreist. Die Heimkehrer ohne Heimat werden von Frankfurt aus in ein besonderes Lager nach Pirna geschickt. Währenddessen macht sich die Berliner Suchstelle an die Arbeit. Sie kann in 20 Fällen Auskunft geben. Die verbleibenden 60 Namen kriegen wir – normalerweise durch Flugpost – zurückgeschickt. In 28 Fällen kann unsere Kartei uns dienen – das ist die Durchschnittszahl. Die übrigen 32 Namen verbreiten wir noch am gleichen Tage durch den Rundfunk, und dies Verfahren hilft in 16 Fällen. Der Rest, also noch einmal 16 Fälle, bleibt ungeklärt.«

Just in diesem Augenblick zeigt ein Mitarbeiter des Suchdienstes einen Brief, der soeben eingetroffen ist, ein Nachwort zu einem dicken Aktenstück: Ein kleiner Junge, einer ohne Namen, einer ohne jede Erinnerung an sein früheres Leben, hat nach fast drei

Jahren zu seiner Mutter gefunden. Und dies, nachdem zehn Elternpaare behauptet hatten, es sei ihr Kind, das sie auf der Flucht verloren hätten, damals ein kleines Bürschlein, das gerade eben gehen gelernt hatte, und heute ein lustiger, reizender kleiner Geselle, dem nichts gefehlt hatte als sein Name!

In Sicht: Die Grenzen eines Staates

Trizonia est divisa in partes tres... um in der »De-bello-gallico«-Sprache Cäsars zu reden. Diese drei Teile heißen Zonen oder Besatzungsgebiete. Sie sind politisch insoweit vereint, als über den drei Teilen Trizoniens die gemeinsame Fahne der von den Besatzungsbehörden geschenkten Demokratie im stürmisch bewegten Wind knattert.
Vor allem aber besteht eine gewisse Gemeinsamkeit darin, daß die Bewohner Trizoniens alles das ablehnen, bekämpfen oder fürchten, was in der Sowjetzone, dem von den Russen besetzten Gebiet Deutschlands, tagtäglich geschieht. Aus dieser östlich gerichteten Ablehnung oder Furcht resultieren fast alle westlich gerichteten Hoffnungen. So spricht man schon von einem gemeinsamen Europa und von den drei »Freiheiten«. Sie heißen: »Freiheit von Furcht, Freiheit von Tyrannei, Freiheit von Hunger.«
Nun gut, unter solchen abstrakten Überlegungen – abstrakt: denn weder sind wir frei von Furcht, noch von Tyrannei, und außerdem haben wir permanent Hunger – bin ich zunächst an die Westgrenzen Trizoniens gefahren, dorthin also, wo man glauben könnte, den Ideen der westeuropäischen Union am nächsten zu sein.
Aber das erste, was ich sah, war ein Schlagbaum, an dem – es war ein Sonntagnachmittag – rund achtzig Personen versammelt waren. Da standen wir Europäer, teils holländischer, belgischer, teils deutscher Abstammung, Frauen und Männer, und obwohl wir miteinander verwandt oder verheiratet waren, konnten wir nicht zusammenkommen. Denn die Grenze war dazwischen. Wir konnten miteinander sprechen, wir konnten über den frisch angestriche-

nen, sehr solide aussehenden Schlagbaum hinweg uns ein wenig an den Händen halten. Aber das war alles.
Trizonien ist geteilt in partes tres. Aber wie ist Europa erst geteilt!

Dreiländer-Eck

Gleich drei Teile Europas stoßen an diesem interessanten Punkte zusammen, den man von alters her »Dreiländer-Eck« nennt. Dieser Punkt liegt westlich von Aachen in einem von Hügeln und Hängen romantisch belebten Wald, der dennoch nicht tief genug ist, um »Freischütz«-Zauber, und dessen Berge nicht hoch genug sind, um »Carmen«-Atmosphäre hervorzurufen. Just an dem Nachmittag, als ich, an Weidenzäunen und geruhsam wiederkäuendem Rindvieh vorbei, dort hinaufgeklettert war, sah ich am Dreiländer-Eck ein Idyll, das mir bezeichnend vorkam: Auf holländischer Seite ging geruhsam ein dicker Mann spazieren, rauchte seine Pfeife und hatte einen fetten Hund an seiner Leine; er spazierte bis dicht an den Rand seiner holländischen Welt, deren Grenze er behutsam respektierte, obwohl der feindliche deutsche Grenzstein umgestoßen und erledigt auf dem herbstlichen Waldboden lag. Auf der belgischen Seite hingegen flanierte eine süß geputzte Dame mit einem schön gebräunten Herrn im Flauschmantel und mit Velourhut. Der holländische Hund schnupperte das aufreizende belgische Parfüm. Er schnupperte, doch er bellte nicht: Die Grenze lag ja dazwischen. Auf deutscher Seite aber stand – wer sollte es anders sein? – ein Beamter hinter einem Baum, ein Zöllner. Er war ein guter Beamter, denn er rauchte, obwohl er im Schmugglergebiet lebte, einen entsetzlichen Tabak, der zum eleganten Belgien und zum soliden Holland hinüberstank. Und das erste Wort, das der Beamte an mich richtete, klang, ach, so vertraut: »Haben Sie einen Ausweis?«
Teufel auch, ich hatte einen Ausweis – was dachten denn Sie? –, mit Sätzen auf englisch und französisch und deutsch, man möge mir Gelegenheit geben, das Gebiet am Dreiländer-Eck und vor allem »die Zustände im Tunnel bei Bleeck« kennenzulernen. Na, und?

Die Gegend um das Dreiländer-Eck ist die klassische Schmugglergegend nicht nur Westdeutschlands, nicht nur Deutschlands, sondern Europas, und nicht umsonst heißt dieses Gebiet das »Loch im Westen«. Wie günstig aber das »Loch« in »verkehrstechnischer« Hinsicht liegt, erkennt man schon daran, daß man zu Aachen nur in die Straßenbahn, die zum Westfriedhof fährt, einzusteigen braucht, und der Schaffner weiß sofort, wer von seinen Gästen zu den Gräbern fährt, die Lieben zu betrauern, wer zu dem Schlagbaum will, sein holländisches Ehegemahl zu treffen, oder wer sich seitwärts in die Büsche schlagen will, um zu schmuggeln.

»Na, wie steht's mit den Schmugglern?« so habe ich also im gebirgigen Örtchen Bleeck, wo eine stramm besetzte »Grenzschutzstation« liegt, die Herren Zöllner gefragt. Und sie antworteten, daß man Unterschiede machen müsse, Unterschiede zwischen der alteingesessenen Schmugglergarde und den neuen Adepten dieser Kunst. Die altvertrauten Schmuggler seien harmlos im Umgang.

»Sie schmeißen ihre Waren weg«, sagten sie, »und rennen davon, oder sie bleiben und zucken die Schultern: ›Da hättet ihr mich mal wieder geschnappt! Na, schön!‹ Es gibt Experten unter ihnen, die wir bei jedem zwanzigsten Schmugglergang nur einmal schnappen. Im Durchschnitt wird der Berufsschmuggler bei jedem zehnten Fall erwischt. Aber gefährlich ist er nie. Gefährlich sind am ehesten die Neuen, die sich erst nach dem Krieg auf die Schmuggelei eingestellt haben.«

»Wieviel habt ihr erschossen seit dem Kriege?«

Der Zollbeamte wurde blaß, doch die Antwort kam nach einigem Zögern lobenswert offen: »Es waren im Bereich der Aachener Grenzschutzinspektion, die 220 Kilometer Grenzlänge zu überwachen hat, nicht mehr als fünfzehn Fälle.«

»Na, dann geht's ja noch!« sagte ich.

»Es hat jedesmal eine große Untersuchung stattgefunden«, erwiderte er, »und es ist niemals an einem Zöllner auch nur der Schatten einer Schuld festgestellt worden. Einmal war ein Fall: Der hat viel Aufsehen gemacht. Im Dezember vorigen Jahres wurde ein Jugendlicher angeschossen, der dann auch richtig starb. Es war in der Dämmerung. Er sah wie ein Erwachsener aus ...«

Und unvermittelt stellte der Zöllner – er war ein junger Mann, ein Abiturient, der »zum Zoll gegangen war«, weil er das Geld zum Universitätsstudium nicht mehr hatte aufbringen können – eine

Gegenfrage an mich: »Wenn Sie die Wahl hätten, möchten Sie lieber Zöllner oder Schmuggler sein?«
Ich? Ja, wenn ich darauf eine Antwort wüßte! Da erzählte er, daß einer seiner Kameraden und er einmal mitten in der Nacht eine Schmugglerbande überraschten, die prompt davonlief. »Vier Zentner Kaffee lagen unter den Bäumen, und niemand wußte davon als mein Kamerad und ich. Mein Kamerad hat fünf Kinder, und der Amtsarzt hatte von ihnen gesagt: ›Unterernährt‹. Und wenn Sie mein Monatsgehalt wüßten! Für das Pfund Kaffee werden mindestens 250 Mark gezahlt; es waren vier Zentner, gleich 100 000 Mark. Wir standen im Wald und rechneten. Und mein Kamerad, kalkbleich im Gesicht, sagte hinter seiner Taschenlampe: ›Mensch, bist ja schneeweiß um die Nase, alter Junge! Fehlt dir was?‹ Aber dann haben wir den Kaffee abgeliefert. Abgeliefert, mein Herr! Möchten Sie Zollbeamter sein?«
Ich sagte: »Nee«, und wir gingen den von Hecken umgebenen Pfad zum Tunnel von Bleeck hinunter.
Der Tunnel von Bleeck ist inmitten des finsteren »Lochs im Westen« noch einmal ein dunkles Loch. Es handelt sich um einen Eisenbahntunnel, der auf der Strecke von Aachen nach Lüttich liegt. Die Gleise sind tot und auch schon ein bißchen verrostet, weil drüben, im Belgischen, eine feine Brücke zertrümmert liegt, deren Reparatur noch nicht vollendet wurde. 840 Meter ist der Tunnel lang. Zwei Drittel der Gleishöhle liegen auf deutschem, ein Drittel auf belgischem Gebiet. Ergo: Der östliche Eingang ist deutsch, der westliche aber belgisch. Das sei sehr günstig für die Schmuggelei, sagen die einen, während die andern meinen, daß der Tunnel die reinste Mausefalle sei.
Ich bin in dem Tunnel gewesen. Spätnachmittag. Feuchte, modrige Luft. Man stolpert über die Schwellen. Nachtschwarze Dunkelheit. Ich warte lange. Da machen ein leichter und ein schwerer Schritt »tipp ... tapp«; immer ein leichter und ein schwerer Schritt, immer abwechselnd; wie eine große Uhr, die unregelmäßig tickt. Und als die Schritte dorthin gekommen sind, wo die östliche, die deutsche Tunnelöffnung ein mageres, herbstlich bleiches Licht hereinschimmern läßt, taucht eine schwarze Silhouette auf: Ein Mann, der nur noch ein Bein besitzt und das fehlende durch einen Stock ersetzt hat. Als sei er ein seltsamer Artist, hüpft er – tipp, tapp – von einer Schwelle zur anderen. Und als er auf der deutschen Seite angekom-

men ist, kann ich mit ihm reden.
Er entpuppte sich als ein Invalide, der sowohl dem »Führer« als auch dem »Vaterland« sein linkes Bein geopfert hat – so drückte er sich aus –, und der nun keine andere Erwerbsmöglichkeit mehr besitzt, als alle zwei Tage von Bleeck nach Gymnich, dem belgischen Ort am westlichen Tunnelausgang, zu hinken. Er trägt vier Packungen belgischer Zigaretten heim.
Nun hätten die deutschen Zöllner, die am Tunnel Wache standen, nach ihren Bestimmungen sagen müssen: »Befehl ist Befehl«, und sie hätten keinerlei Mühe gehabt, dem Invaliden seine Beute abzunehmen. Aber es zeigt sich, daß die Zöllner Menschen sind. Sie lassen ihn einfach weiterhumpeln, Schritt für Schritt, von Schwelle zu Schwelle, Richtung Aachen.

»Wo ein Tunnel ist, dort ist auch ein Berg. Und was die Tüchtigen unter den Schmugglern sind, die werden den Teufel tun und das Tunnelloch benutzen, höchstens als Unterschlupf gegen den Regen.« Der Zöllner am Tunneleingang sagte es in allem Gleichmut.
»So? Aber was ist es denn für ein Flüstern und Rascheln tiefer drinnen im Tunnel?«
»Wenn da ein Flüstern und ein Rascheln ist«, erwiderte ärgerlich, doch resignierend der Zöllner, »dann sind es die Kinder.«
Er tat so, als sei das keine Affäre. Aber ich sah ihn mit dem Ausdruck kühler Sachlichkeit an, und da zog er eine Trillerpfeife aus der Tasche.
»Moment«, bat ich erschrocken. »Welche Kinder?«
»Die Schmuggelkinder aus Aachen! Die Kleineren gehen durch den Tunnel, weil sie vom langen Weg zu müde sind; sie können den Berg nicht mehr schaffen. Die Größeren gehen durch den Tunnel, weil sie enorm frech sind. Nehmen Sie mal zum Spaße an: Da wären achtzig Kinder im Tunnel. Dann warten sie auf der belgischen Seite des Tunnels bis der Moment kommt, in dem wir Zöllner verschwinden; gleich kommen sie angeschlüpft wie die Ratten. Es kann auch sein, daß es ihnen zu lange dauert, bis wir den Posten räumen. Dann brechen sie einfach hervor, wie Ziethen aus dem Busch, mit großem Geschrei und Gekreisch. Zwei oder drei fange ich dann: Die haben gewöhnlich nichts in ihren Taschen. Haben sich einfach geopfert.«
»Wie hieß das noch im ›Dritten Reich‹? ›Einer für alle – alle für einen‹...«, sagte ich.

»So ähnlich!« meinte der Uniformierte.
Dieser Zöllner, der jetzt allein am Tunneleingang stand, war ein älterer Mann, ursprünglich ein kleiner Bauer, wie er sagte, ein Kätner aus der Umgebung, dem der Krieg das winzige Gehöft zerschlagen hatte und der »zum Zoll gegangen« war, um – während die Frau daheim das Feld bestellte – das Geld für die Steine zu verdienen, mit denen er abends nach Dienstschluß sein Haus und den Stall für die Ziegen wiederaufbaut. Er hatte zu seiner Zöllnerei sehr wenig Lust.
»Wollen wir nicht zusammen ein bißchen in den Tunnel gehen?« schlug ich vor.
Ach, das hörte er aber gar nicht gerne. »Diese Kinder«, brummte er in seinem breiten Aachener Dialekt, »sind die ärmsten Bälger der ganzen Welt. Außerdem werde ich gerade abgelöst.«
»Herrgott! Wir tun den Kindern ja nichts! Wir gucken sie bloß an.«
»Wenn ich sie ansehe, muß ich was tun«, sagte er kleinlaut. »Ich bin im Dienst.«
Als er abgelöst wurde, war er, wie er meinte, nicht mehr im Dienst, wenn auch noch in Uniform. Jetzt gingen wir also in den Tunnel.
Modrige Luft. Stolpern über Schwellen. Bald völlige Dunkelheit.
Nun hat der Tunnel von Bleeck, wie wohl alle Tunnel, rechts und links der Gleise in regelmäßigen Abständen kleine, weißgekalkte Nischen. In jede Nische leuchtete der Zöllner außer Dienst mit seiner Dienst-Taschenlampe hinein. »Na...?« rief er plötzlich.
Da standen, eng aneinandergepreßt, zwei kleine Mädels. Zitternde, gefangene Mäuse.
»Wo kommt ihr her?«
Ein Schluchzen, das allzu natürlich klang, als daß es nicht pure Verstellung gewesen wäre.
»Wir?« schluchzten sie. »Wir? Aus Mo-res-net! Wir wollen nach Hause, nach Aachen.«
»Was habt ihr in der Tasche?«
»Ach, nichts, bloß... ein halb' Pfund Margarine und zwei Riegel Schokolade.«
»Woher habt ihr das belgische Geld? Ihr habt doch die Sachen gekauft und nicht gestohlen, wie?«
»Wir haben es uns gefragt, von einer Tür zur anderen Tür.« Und immer dieses entsetzliche Schluchzen.
»Und was haben die Leute gesagt, drüben in Belgien?«

Das Schluchzen war mittlerweile echt geworden. »Die Leute haben gesagt: ›Da stehen wieder die Kinder aus Deutschland!‹ «
»Na, und?«
»In drei Stunden haben wir das Geld zusammengefragt. Sechs Franc fünfzig für die Margarine und...«
»Was macht euer Vater?« fragte mein Zöllner in familiärem Tone.
»Mein Papa«, erwiderte ruhig die eine, »ist bei der Bahn. Wir sind zu neun Geschwistern.« – »Mein Papa«, sagte die andere, »ist bei der städtischen Reinigung«, und fügte mit neuem Schluchzen hinzu: »Aber meine Mutter ist krank.«
»Los! Mitkommen!« sagte der Zöllner und wandte sich um.
Da aber waren die beiden Mädel, die etwa zehn Jahre alt sein mochten, wie ein Wirbelwind davongestürmt, leider in Richtung der falschen, der belgischen Seite. Was wollte der Zöllner machen? Er machte deutlich, daß er nicht bloß außer Dienst, sondern auch nicht so gewandt sei wie die beiden blutjungen Schmugglerinnen.
»Hier hab' ich den lästigen Mantel«, raunzte er. »Hier hab' ich den lästigen Karabiner über der Schulter. Und nun nehmen Sie mal meinen Karabiner und laufen hinter den fixen Bälgern her!«
»Ich bin doch nicht in Ihren Diensten!« sagte ich.
Inzwischen war es aber in der Dunkelheit des Tunnels von Bleeck – auch draußen war die Dämmerung angebrochen – recht lebendig geworden. Wir stolperten tiefer in den Schacht hinein, und schon polterten vor uns hundert kleine Schritte. Wir machten Anstalten, zur deutschen Seite zurückzukehren, schon kamen die leichten Schritte uns hinterdrein. Als wir aber im Freien waren und immer noch keine Miene machten, den Tunnelausgang zu räumen, da begannen plötzlich seltsame Dialoge, in deren Verlauf mich der Zollbeamte vorwurfsvoll ansah, als hätte ich die Schuld an der Sache.
Eine Kinderstimme von drinnen (sehr kläglich): »Herr Zöllner, lassen se uns doch 'raus, bitte, bitte!«
Der Zöllner: »Untersteht euch nur! Ihr wißt, wo ihr hinkommt: Ihr kommt direkt ins Josephsheim, damit ihr gebessert werdet.«
Die Kinder hatten offensichtlich einen Sprecher, und der wurde jetzt energischer: »Sie können doch froh sein, daß wir überhaupt existieren! Sonst hätten Sie ja keine Beschäftigung. Lassen Sie uns 'raus, dann können Sie hinterherlaufen!«
Der Zöllner: »So? Frech werden auch noch?«

Eine andere Kinderstimme: »Herr Zöllner, kommen Sie 'rein und gucken Sie mal beim Mariechen nach: Die hat ein Kilo Kaffee unter den Röcken...«
O nein, der Zollbeamte trillerte nicht sogleich. Der Dialog, soweit die Kinderstimmen aus dem Tunnel an ihm beteiligt waren, verriet nicht nur rheinischen Witz und Schlagfertigkeit, sondern wurde schließlich geradezu obszön. Sollte man denken, daß Kinder ein Vokabular aus der dreckigsten Gosse wüßten? Da also zog der Zöllner seine Trillerpfeife. Und dennoch meinte er, ehe andere Zöllner aus den Wäldern auftauchten: »Arme Bälger! Das bleibt nicht aus! Liegen nächtelang im kalten Tunnel oder in den nassen Wäldern! Da kriechen die Zehnjährigen mit Vierzehn- oder Sechzehnjährigen zusammen.« Und er fügte hinzu: »Nehmen Sie's nicht krumm: Ich muß nach Hause.«

Die belgischen Zollbeamten am anderen Ende des Tunnels sind nachsichtsvoll. Sie lassen die Kinder in den meisten Fällen laufen. Aber sie schauen auch nicht hin, wenn deutsche Zöllner »zur Umfassungsaktion«, wie sie es nennen, am belgischen Eingang in den Gleisschacht einsteigen. Zu diesem Zweck rutscht man vom »Dreiländer-Eck« einen steilen Pfad hinunter, dann kommt man zu der Stelle, wo das Tunnelloch gähnt. Ein Stellwerkshäuschen steht dort, weil Güterwagen da manchmal rangieren; ein Stellwerksbeamter guckt aus dem Fenster und gähnt. Er gähnt wie der Tunnel. Er schaut dem Treiben zu. Kurz darauf sind von 60 Kindern, die durch den Tunnel gejagt wurden, mehr als ein Dutzend gefaßt. Und »Anschauungsmaterial« ist jetzt genügend zur Stelle...
Es waren aber Kinder darunter, die ganz charmant auftraten in ihrer Frechheit, ihrer Pfiffigkeit, ihrem Mut und ihrer – Fürsorglichkeit gegenüber den Eltern und Geschwistern daheim! Übrigens fanden die Zöllner bei einem zehnjährigen Jungen, lässig zerknüllt, an die zweitausend Mark.

»Es spricht Bände für die Situation in unserem westdeutschen Zipfel«, sagte ein Erzieher in Aachen, »daß kein Drohen, kein gutes Zureden bei manchen Eltern etwas fruchtet!«
»Wieso bei den Eltern?«
»Na, es steht doch fest, daß es in den meisten Fällen die Eltern sind, die ihre Kinder zum Schmuggel anhalten! Es gibt Eltern, die ihren

Kindern eigenhändig das Bügeleisen, das in belgischen Dörfern gegen Kaffee oder Zigaretten eingetauscht werden soll, auf den Rücken binden. Es gibt Eltern, die ihre eigenen Kinder als Grenzhunde benutzen; solche Eltern gibt es. Aber meist treibt sie nicht die Gewinnsucht, sondern die Armut dazu.«

Und was sagten unsere gefangenen kleinen Schmuggler aus dem Tunnel?

Sie waren kleinlaut, als sie aus der modrigen Dunkelheit, in der sie sich leidlich unangreifbar gefühlt hatten, hervorgeholt worden waren. Aber nicht alle ließen die Köpfe hängen. Sogar unter diesen kindlichen Schmugglern gab es etwas wie »Klassen«, wie »Aristokratie« und »Proletariat«.

Da ist ein fünfzehnjähriges Mädchen aus bürgerlichem Aachener Haus, das sich regelmäßig durch den Tunnel nach Belgien schleicht und dann von »Autofreunden« nach Lüttich oder Brüssel mitnehmen läßt, eine »höhere Tochter« also, die, mehr oder weniger gut kaschiert, Prostitution treibt. Sie hat denn auch prompt einen nicht viel älteren jungen Mann aus »gutem Hause« mit Syphilis angesteckt.

Dieses Mädchen trat recht selbstsicher auf, im Gegensatz zu zwei anderen Schmuggelkindern, die einen weinerlichen Ton anschlugen: »Die Leute im Kreise Eupen-Malmedy sind so mitleidig mit uns!« Und schon änderte sich der Ton: »Sie sind ja selber Deutsche, und man braucht bloß ein bißchen zu flennen, dann weinen sie beinahe selber mit!«

»Die Bettler sind die unterste Stufe«, sagte der Zöllner.

»Aber es gibt auch sozusagen den ehrlich arbeitenden Mittelstand.«

Den »Mittelstand« bilden Kinder, die nach Schulschluß die Trümmer ihrer zerstörten Stadt Aachen nach Bleiresten durchsuchen. Die Beute schmelzen sie gleich kiloweise ein, um sie in eine »handliche Form« zu bringen. Denn gegenwärtig ist Blei der in Belgien gefragte Artikel. Ein zwölfjähriger Bleihändler, der auf seine Weise, ohne Mitwirkung der JEIA, Auslandsexport betreibt und den das Wort »Anstand« aus dem Munde des ihn vernehmenden Zöllners ärgerte, brauste auf: »So? Ich hätte keinen Anstand? Ist das anständig, wenn ich für ein Kilo Blei in Belgien bloß neun Franc bezahlt krieg', und der Belgier verkauft das Kilo für 27 Franc weiter? Immer wird auf uns heruntergehackt! Gehen Sie doch mal nach Belgien 'rüber, und hacken Sie mal auf die, die uns betrügen.«

Dies wäre dann also ein Fall von internationalem Wirtschaftskampf! Tatsächlich, der Junge schäumte vor Wut: »Ich klau' ja nicht das Blei, ich stehl' das Blei ja nicht! Ich such' es mir in den Trümmern mühselig zusammen.«
Und er funkelte die Zöllner aus hübschen schwarzen Augen an: »Was wollt ihr überhaupt? Laßt mich nach Haus! Ich wohne in Aachen.«

Ich habe Aachen oft gesehen. Kam ich aus Berlin oder aus Köln gefahren, so sagte ich dies gleichsam hallende Wort vor mich hin: »Aachen«. Kam ich aus Paris, Brüssel oder Lüttich, so genoß ich das Wort »Aix la Chapelle«, und auch dies klang feierlich, und es war mir egal, ob ich die Stadt Karls des Großen oder Charlesmagne's grüßte. Denn es ist die reine Wahrheit, daß die Menschen dieser Landschaft, ob sie von deutscher, wallonischer, flämischer oder französischer Abstammung sein mögen, miteinander verwandt und aufeinander angewiesen sind. Ob Grenzen oder nicht – auf keinen Fall darf da eine Trennung spürbar sein; sonst soll man von »Europa« nicht erst reden.

Da ist östlich von Aachen der kleine Grenzort Vaals, ein holländisches Dorf mit der Garnspinnerei eines Mannes, dem zugleich in Aachen eine Spinnerei gehört. Das ist doch wohl ein gutes Beispiel für die alte, enge Verbindung zwischen hüben und drüben. Mehr noch: Die Leute von Vaals gingen früher in großer Zahl täglich zur Arbeit in die Aachener Tuchfabriken. Aber nicht jeder Holländer ist reich, und die Leute von Vaals waren es niemals. Früher, so wird erzählt, waren sie so arm und zugleich so fleißig, daß man sie auf dem Weg zur Aachener Arbeitsstätte stricken sah. Sie hatten Stricknadeln und Wollgarn bei sich, und während sie auf der Landstraße dahingingen – Schritt für Schritt – strickten sie, um keine Zeit zu verlieren. Und ob sie »Aachen« sagten oder »Aix la Chapelle« – darauf kam es ihnen gar nicht an. Sie wußten nicht den geringsten Unterschied.
Heute können nur wenige Auserwählte aus Vaals, weil sie den »kleinen Grenzschein« besitzen, nach Aachen zur Arbeit gehen. Viele Aachener Tuchfabriken sind zerstört. Andere arbeiten. Aber deren Besitzer erklären: »Wir dürfen unsere Spinnmaschinen nicht durch ununterbrochene Tag- und Nachtschichten allzusehr bela-

sten. Sind nämlich unsere Maschinen einmal entzwei, – woher sollen wir die Ersatzteile beschaffen? Aus Frankreich? Aus Belgien? Berge liegen dazwischen, die höher sind als die Eifel: Berge von Papier! Und da wundert man sich, daß der Schmuggel blüht?«

Der Zollinspekteur sagte, daß Kaffee, Kakao und Zigaretten an der belgischen Grenze die »Einfuhrschmuggelware« sei; aus Holland, das eine geringere Rolle spiele, kämen teurere Sachen herein, Schuhe von der elegantesten Sorte, mit Kork- und Kreppsohlen.
»Wir schnappen momentan an der belgischen Grenze monatlich rund 150 Zentner Kaffee bei rund 3000 Kerlen, die wir greifen. Wir beschlagnahmen am Dreiländer-Eck monatlich 200 000 Zigaretten. Aber wir wissen auch, daß es nur zehn Prozent der Schmuggler sind, die wir fangen.«
»Aber was zahlen die Schmuggler drüben? Denn die Schmuggelware ist ja nicht umsonst?«
»Ware gegen Ware! Die Schmuggler liefern Eisensachen, Elektrogeräte und Artikel wie Porzellan und Steingut. Sie liefern damit zugleich den Beweis, daß in Belgien, Holland und Luxemburg immer noch Nachfrage nach deutschen Waren besteht. Aber der illegale Handel über die Grenzen hinweg ist immer zum Nachteil des Landes. Die Steuerzahler verlieren, was die Schmuggler verdienen.«
»Was wäre das radikale Heilmittel gegen das Übermaß des Schmuggels?«
»Es gibt nur eine einzige Grundregel«, erwiderte der Zollinspekteur: »Angleichung an die wirtschaftlichen Verhältnisse in den Nachbarländern.«
»Was sagen Sie da? Glauben Sie etwa an ein wirtschaftlich geeintes Europa?«
Er tat die Gegenfrage: »Sie etwa nicht?«
Ich sagte: »Ich weiß nur eines: Es stehen viel zuviele Fragezeichen an den Grenzen rund um unser Niemandsland! Ich interessiere mich nämlich für Grenzen, müssen Sie wissen!«
»Wenn das der Fall ist«, lachte er, »dann müssen Sie die Grenze gegen Luxemburg sehen oder die gegen das Saargebiet: Die sind typisch.«

Luxemburgische Schlagsahne

Wahrhaft frei ist in Deutschland nur, wer nicht aus Deutschland ist; wirklich frei ist in Europa nur, wer kein Europäer ist. Die Amerikaner sind frei. Sie setzen sich in ihre großen Autos mit Kühlerverkleidungen, die wie Orchestrions oder überdimensionale Akkordeons blitzen, und sausen zum Wochenende durch die französische Zone nach Luxemburg. Die französische Zone zeichnet sich vor den anderen Zonen dadurch aus, daß – abgesehen von dem entsetzlichen Zustand einiger Straßen in der hohen Eifel – die Chausseen erstaunlich gut in Ordnung sind.

Zumal die Straße, die über Trier nach Luxemburg führt, ist wunderbar, und die Luxemburger auf der anderen Seite haben ebenfalls das Ihrige getan, die Wege zu polieren. Wenn also die Amerikaner nach Luxemburg fahren, so schnurren, zischen, gleiten sie seidenweich dahin. Sie kommen an den Schlagbaum, zwölf Kilometer hinter Trier, wo jeder französische, englische, belgische Wagen ziemlich genau untersucht wird, während die Deutschen sich gar nicht erst herangetrauen. Kommt aber ein amerikanischer Wagen mit seinem vernickelten Orchestrion als »Motorschnauze«, so machen die Luxemburger rasch ihren Schlagbaum hoch. Es ist, als ob es überhaupt keine luxemburgische Grenze gäbe. Es ist wie – nun sagen wir: wie es zur Zeit vor dem Ersten Weltkrieg gewesen sein muß, wo Luxemburg mit Deutschland in der denkbar besten intereuropäischen Ehe lebte, nämlich in Zollunion.

In Luxemburg angekommen, fern ihrer deutschen Regierungspflichten, steigen die Amerikaner aus ihren Autos und essen Schlagsahne. Sie sind, wie einer von ihnen sagte, der Ansicht, daß Luxemburg im Grau der europäischen Wirrsal ein Lichtblick sei.

Ohne Zweifel ist Luxemburg aber auch in luxemburgischen Augen ein Lichtblick. Einige Orte nahe der Grenze des idyllischen Ländchens waren zwar zerstört. Doch das meiste ist schon wieder aufgebaut. Die Eifel hat durch französische Vermittlung das Holz dafür geliefert. (Und da die Franzosen außerdem schandbar viel Holz für sich selber brauchten und noch immer brauchen, sieht die Eifel, so unerschöpflich ihr Baumreichtum einst schien, an vielen Stellen schon schrecklich glatzenhaft aus.)

Übrigens, wer in einem amerikanischen Auto nach Luxemburg zum

Wochenend reist, dem fällt auf, daß diese Reise sich effektvoller gar nicht steigern könnte: Zuerst das poetisch-liebliche Moseltal hinauf in vielen Windungen, dann durch das deutsche Grenzgebiet im Zustande seiner furchtbaren Zerstörung, und nach all den Trümmern, in denen die Menschen wie Höhlenbewohner ihr Leben fristen, eine letzte schwingende Berganfahrt, und da liegt dann Luxemburg, die zauberhafte Stadt.

Ganz im Ernst: Nachdem sie die Höhlen- und Trümmerbewohner im Land um Trier oder in den Eifeldörfern gesehen haben, kommt den Amerikanern das Ländchen Luxemburg betont undeutsch vor, während es mir besonders deutsch erscheint. Und ein Amerikaner war's, der mir nicht nur seine Schwärmerei für Luxemburg bekannte, sondern stolz erzählte, wie tüchtig seine deutsche Freundin sei: sie spräche nicht bloß leidlich Englisch, sondern könne sich sogar in der luxemburgischen Sprache ausgezeichnet verständigen.

»Ja«, sagte ich, »das Luxemburgische ist ein deutscher Dialekt!« Da machte der Amerikaner große Augen.

Es gibt in Luxemburg eine Bewegung, die – das sei zu ihrer Ehre gesagt – den Nazis, so gut sie konnte, Widerstand geleistet hat: die »Lutzeburger Union«. Diese Bewegung hat vor kurzem gefordert, daß ein großer Streifen Land bis tief in die Eifel hinein luxemburgisch werden müsse, weil ja die Sprache gemeinsam sei. Ich finde, daß das eine pfiffige Parole ist, und daß die »Union« sich nicht begnügen sollte mit dem Ruf »Luxemburg den Luxemburgern«, sondern daß sie die Forderung anschließen könnte: »Deutschland den Luxemburgern«. Die Praxis ist vorläufig allerdings: »Luxemburg den Amerikanern – wenigstens weekendweise.«

»Ja, hassen Sie denn die Luxemburger?« fragte mich der Amerikaner, der eine luxemburgisch sprechende Freundin hat, als er sah, daß ich spöttisch reagierte.

»Wie sollte ich die Luxemburger hassen, da sie doch früher die Angewohnheit hatten, den Deutschen gelegentlich einen Kaiser oder König zu liefern!«

»Waren es gute Kaiser?«

»Fast so gute Kaiser wie Karl der Große einer war. Bekanntlich haben Deutsche den Franzosen erlaubt, ihn unter der Marke ›Charlemagne‹ mitzubenutzen.«

»Ist das so?« fragte erstaunt der Amerikaner. »Und die Kaiser, die Sie aus Luxemburg erhielten?«

Und darauf erzählte ich ihm die »Story« von einem Luxemburger namens Johann.
Er lebte von 1296 bis 1346, und alles, was die Balladendichter dem »deutschen Wesen« zugute rechneten, das traf auf ihn, auf »Johann den Blinden«, zu: die »rechte deutsche Treue«, die »deutsche Redlichkeit«, der »deutsche Mut« und die »deutsche« Vorliebe, kämpfend zu sterben. Er fiel also im Kampf und erhielt einen schönen Sarkophag und ruhte teils in Luxemburg, teils in Deutschland.
»Wieso?« fragte der Amerikaner.
Aber ich ließ mich nicht stören: »Er ruhte die letzten hundert Jahre bei Mettlach in Castel-Klause, einem romantischen Ort im Kreise Saarburg. Die Schulkinder besuchten ihn und lernten ihn auswendig, und es war die Sitte, daß ein Vertreter des Kreises Saarburg jedes Jahr einen Kranz hintrug. Als dies am 28. August 1946 zuletzt geschehen sollte – schon war der Kreisvertreter mit seinem Kranz zur Stelle –, hieß es: »Gestern hat die Luxemburgische Staatsregierung den König weggeholt.«
Es gibt Luxemburger Söhne, die im deutschen Heer kämpften und noch immer nicht aus russischer Kriegsgefangenschaft heimgekehrt sind. »Es mögen mehr als tausend Jungen sein«, sagte ein Luxemburger, der nach Trier gekommen war. Das ist eine hohe Zahl, denn man muß bedenken, daß dies Land nicht einmal eine halbe Million Einwohner zählt.
Einst, in der wirklich noch goldenen luxemburgischen Zeit, war die Armee der Großherzogin nur ein paar hundert Mann stark. Jetzt haben die Luxemburger allerlei Soldaten unter Waffen, weil sie es nicht lassen konnten, auch ein bißchen Besatzungsmacht zu spielen. Sie haben den Eifelkreis Bitburg besetzt.
Dort sind fast zu 80 Prozent die Dörfer zerstört, und dabei hätten die Leute dort warme Häuser so nötig, weil die rauhen Berge zu einer Zeit, da drunten im Moseltal die späten Weintrauben geerntet werden, schon von Winterstürmen heimgesucht werden. Aber die Kaserne der Luxemburger in Bitburg ist gemütlich; nicht nur, was die Temperatur »auf Stube«, sondern was das ganze Soldatenleben anbetrifft. Wird doch »Luxemburgisch« dort kommandiert! Man sagt nicht mehr »Gewehr über!« und »Das Gewehr ab!« Heute sagt der Unteroffizier es weitaus gemütlicher: »Flant ib!« und »Flant ab!«

Und als ich mich in Bitburg unter eine fachmännisch zuschauende Gruppe von deutschen Neo-Zivilisten mischte, sah ich, daß die Gemütlichkeit ja noch viel weiter ging. Ein Unteroffizier suchte drei seiner martialischen Untergebenen zu überreden, doch nicht länger abseits zu stehen, sondern ein bißchen mitzumachen bei dem ›Flant ib‹... ›Flant ab‹... Sie aber sagten, sie wollten erst ihre Zigaretten zu Ende rauchen. Und so geschah es.
Die luxemburgische Grenze wird gebildet durch die Flüsse Mosel, Sauer und Our und ist idyllisch nicht nur, was das landschaftliche Bild betrifft. Auch der Schmuggel ist hier in idyllischen Maßen geblieben. Höchstens, daß die Zwölf- bis Sechzehnjährigen die Kartuschen in den Wäldern sammeln und sie nach Luxemburg bringen, wo man wertvolles Material gut gebrauchen kann. Dabei ist Luxemburg – gemessen am übrigen Europa – so reich, daß es stets nur das Beste vom Besten braucht; es müssen wohlerhaltene Kartuschen sein, Edelkartuschen sozusagen. Aber als ich am Ufer der Sauer stand, sah ich einen Knaben, etwa vierzehn Jahre alt, der im Kielwasser seines leeren Kahns ein kleines wasserdichtes Säcklein hinter sich herzog. Auf der deutschen Seite angekommen, erzählte er mir, es seien ein Kilo Kaffee und vier Paketchen Zigaretten darin. Er sagte, sein luxemburgischer Onkel habe ihm dies alles geschenkt, und er, der Junge, hätte sich den Schatz genausogut an der Zollschranke abholen können. Dort hätte er jedoch Zoll bezahlen müssen; aber dafür besäße er kein Geld.

Jetzt rasch noch einen Blick zur Westgrenze der französischen Zone!
»Welcher Umstand!« so erzählte stöhnend einer aus der Stadt Saarburg. »Mein Erbonkel (nie wollte er Saarländer werden, und plötzlich wurde er es) lag im Sterben. Am 14. Juni kam ich darum ein, ins Saargebiet einzureisen. Am 2. November stand nichts mehr im Wege, ich durfte reisen. Mein Onkel war am 18. Juni gestorben. Grenzpapiere, Erlaubnisscheine! Alles Unglück in der Welt kommt daher, daß die Menschen das Papier erfunden haben!«
Zugegeben, es ist ein Charakterzug der Menschen im Westen, daß sie die scharfen Formulierungen lieben. Aber man soll nicht sagen, daß sie es nicht so meinen. Sie meinen es so. Um so mehr verdient ihre Ansicht, aufgezeichnet zu werden, daß sich mit den einzelnen Soldaten ihrer französischen Besatzungstruppe in den meisten

Fällen gut umgehen ließe, aber sobald ein Dutzend Franzosen beisammen seien, litten sie genau wie die Deutschen unter dem »Papier«, unter ihren eigenen Bestimmungen. Dennoch trägt Frankreichs Menschlichkeit, Frankreichs Charme immer wieder einen Sieg davon.
Mancher ehemalige deutsche Soldat, der sich, solange er in französischen Gefangenenlagern saß, strikt geweigert hatte, Zivilarbeiter in Frankreich zu werden, wandert heute bei Nacht und Nebel über die französische Grenze. Das kommt im Südwesten Deutschlands häufig vor, dort, wo das französische Besatzungsgebiet ans Elsaß stößt. Und Frankreich – so heißt es – nimmt diese Wanderer zwischen den Nationen auf, sofern sie gesund sind, keine Familie haben und sich als Fachleute jener Berufe ausweisen können, die in Westeuropa gefragt sind. Und das sind nicht nur Techniker, sondern auch Leute, die etwas von Landwirtschaft verstehen.

Die Grenze der französischen Zone im Westen gegen das Saarland und Elsaß ist ausschließlich unter Kontrolle der Franzosen. Und obwohl die deutschen Behörden wieder und wieder beantragten, was recht und billig wäre: daß nämlich deutsche Zollbeamte hier eingesetzt würden, schlugen alle Verhandlungen fehl. So hat sich an der Westgrenze der französischen Zone ein Großschmuggel entwikkelt, der den Möglichkeiten deutscher Gegenmaßnahmen oder Kontrolle völlig entzogen ist. An der Schweizer Grenze jedoch sind deutsche Zöllner im Dienst. Sie haben so manchem Biedermann, der auf dem Wege zur Schweiz war, die Leica, die Reiseschreibmaschine, den Kasten mit Kugellagern abgenommen.
Vor dem Zollhaus an der Schweizer Grenze bei Konstanz saß ein Harmonikabläser ohne Beine, und seine Töne klangen dünn und jämmerlich. Sie wurden von dem Getöse überdröhnt, mit dem riesige, motorisierte Holzfuhren vorüberdonnerten, Richtung Schweiz.
Der Fall ist so: Die Franzosen sind es, die den Schweizern den deutschen Wald verkaufen. Auf jeder Straße brummen, keuchen, schnaufen die Schweizer Lastzüge, die das Holz wegfahren. Ganze Partien der Wälder sind schon kahlgeschlagen. Aber das ist es nicht allein, was die Einheimischen an der Grenze erhitzt.
Die Franzosen wollen, daß das Holz nicht von deutschen, sondern von schweizerischen Holzarbeitern gefällt und verladen wird. Das

sind handfeste Männer, die aus ihrem wohlhabenden Ländchen kommen, um im armen Lande reich zu sein. Wenn einer fleißig ist, kann er 50 Franken täglich verdienen. Aber wenn einer faul ist, verdient er seine Fränkli auch. Solange er als Schweizer Arbeiter in der Schweiz lebt, nennt man ihn Arbeitnehmer, versteht sich, und er hat Glück, wenn er 500 Franken monatlich verdient. Jedoch in Deutschland kann er's leicht nicht nur zum Kapitalisten, sondern auch zum Arbeitgeber bringen. Und er tut's. Er wählt sich Ersatzholzfäller unter den Deutschen aus, zumal unter den Flüchtlingen, die seit einiger Zeit auch in die französische Zone einströmen dürfen.
Daß dies Verfahren die Einheimischen, die nicht daran partizipieren, in Wut bringt, ist dem Zöllner in der Nähe von Konstanz verständlich. Er wußte Einzelheiten: »Diese Sorte Holzfäller, diese Taugenichtse, die andere arbeiten lassen, gehen saufen, zetteln Schlägereien in deutschen Wirtshäusern an. Sie sind hinter den Mädeln her, aber wenn sie heiraten müssen – hopps, sind sie über die Grenze.
Auf dem Weg nach Konstanz, der schönen alten, unversehrten Stadt, war ein energischer Mann mitgefahren, der sich als ein »Ambulanter« bezeichnete. Er war mit Luftballons von Markt zu Markt längs der schweizerischen Grenze unterwegs. Ei, da ging es immer hoch her. Jeder Bursch' hatte seinen Ballon an der Schnur im Knopfloch verankert. Man sah rot, wenn man ins Wirtshaus kam, denn die Ballons hatten rote Farbe. Und da ging in einem Grenzdorf ein Wochenendgast, der aus der Schweiz gekommen war, von Tisch zu Tisch mit glühender Zigarette, und jedesmal knallte ein Ballon und platzte. Machte ja nichts! »Jedem Mann einen neuen Ballon und jeder Frau zweie«, sagte er. »Da sieht man«, so sagte mein Ambulanter, »was Reichtum heißt!«

Wie sieht es aber an der Grenze gegenüber Österreich aus? Unter uns: Es kann einer, der beispielsweise ein ritterkreuzgeschmückter Flieger war, via Garmisch-Partenkirchen, Bozen, Genua auf ein Schiff gelangen, das ihn zu Herrn Perón nach Argentinien entführt. Von dieser Möglichkeit wird Gebrauch gemacht. Aber alltäglich ist solch ein Fall, an dem bayrische und österreichische Bergführer und Obsthändler in Südtirol verdienen, natürlich nicht.
Drunten, am Grenzstück zwischen Lindau und Bregenz, fühlt man

die Armut Österreichs, wobei allerdings zu bedenken ist, daß Vorarlberg, die hier angrenzende Landschaft, niemals reich war. Am offiziellen Schlagbaum – welche Gemütlichkeit! Wären die verschiedenen Uniformen nicht, man könnte nicht unterscheiden, wer die österreichischen und wer die deutschen Grenzbeamten sind. Die österreichischen Behörden – muß man wissen – haben es selber in der Hand, wen sie über die deutsche Grenze lassen und wen nicht. Sie lassen aber fast alle über die Grenze, die auf einen Tag hinüber wollen. Warum auch nicht? Sie sind großzügig mit der Ausstellung des »Kleinen Grenzscheines«.

An der Straße nach Regensburg stand ein Rucksack-Mann: Der winkte flott und stieg in den Wagen ein. Und da Menschen nirgends offenherziger und gesprächiger sind als in einem fremden Auto, in dem sie ein Stückchen mitgenommen werden, erzählte er, daß er einer von den Sudetendeutschen sei, von denen es in Bayern heute mehr als eine Million gibt. Es ginge ihm nicht schlecht, meinte er; er habe in einem Dörfchen bei Kempten eine Werkstatt eingerichtet. »Sensen, Sicheln und Reparatur an landwirtschaftlichen Maschinen. Ich komme sehr gut aus.«
Nun war er unterwegs, seinen Bruder an der Grenze abzuholen. Der Mann war gut informiert: »Es gibt immer noch zirka 200 000 Sudetendeutsche in der Tschechoslowakei, teilweise im Lager. Als die Tschechen uns Sudetendeutsche 'rauswarfen, hielten sie hauptsächlich Facharbeiter zurück: Die konnten sie noch nicht entbehren. Mein Bruderherz hat sich jetzt erst loseisen können; husch, und schwarz war er über die Grenze. Wetten: Mit ihm zusammen mach' ich aus meiner Werkstatt eine Fabrik!«
Er war vergnügt, mein Autogast; er hatte viel Familiensinn. Sein Rucksack war voller Brote und Würste. Für sein »Bruderherz«! Aber eine Strecke weiter auf der Fahrt nach Regensburg stand ein anderer Rucksack-Mann an der Straße, winkte – nicht flott, sondern zaghaft – und stieg ein.
»Verzeihen die Herren«, sagte der Neue auf unsere Frage, »ich bin ein Tscheche.«
Das gab dem Sudetendeutschen sichtlich einen Ruck. Zwei Wölfe saßen im Wagen. Das war der blanke Haß.
»Als Prag über Nacht kommunistisch wurde – wer floh zuerst? Der anständige Mensch«, sagte der Tscheche.

»Die Nationaltschechen!« brüllte der Deutsche. »Dieselben Lumpen, die uns verjagt haben! Und bloß verjagt? Geprügelt, angespuckt!«
»Aber ihr? Was habt ihr mit uns gemacht?«
Der Sudetendeutsche sagte zu mir gewendet: »Es ist ihnen nicht auszureden, daß die Nazis und die Deutschen nicht unbedingt dasselbe sein müssen!« Und den Tschechen fragte er: »Ist es euch vielleicht schlecht ergangen, seit ihr in Deutschland seid?«
»Es wäre uns schlecht ergangen, wenn nicht die Amerikaner...«, deutete der Tscheche an. Und das Streitgespräch kam auf eine Schlägerei, die in einem Wirtshaus beim Lager Hof-Nord stattgefunden hatte.
Der Sudetendeutsche sagte: »Einer von uns hat einen von euch gesehen, einen alten Bekannten, mit dem er noch eine Rechnung hatte aus den Maitagen 1945, wo ein Deutscher in Prag viel weniger wert war als ein Stück Vieh. So hat es angefangen...«
»Bitte sehr«, bat der Tscheche kleinlaut, »aussteigen.«
Wir waren in Regensburg angekommen, wo der tschechische Gast einen Prager Neuflüchtling treffen wollte, der ihm vielleicht sagen könnte, was aus seiner Familie geworden sei. Er tat mir leid.
»Mir nicht!« sagte der Sudetendeutsche. »Mir tut kein Tscheche leid!«

Es gibt in Bayern nicht nur das Lager Hof-Nord, in dem die Einwanderer aus dem Sudetengebiet betreut werden. Da liegt in Schalding bei Passau ein Auffanglager für die Leute, die aus dem Südosten über die Grenze kommen, aus Ungarn, Jugoslawien. Und dort war es, wo ich einer Gruppe von Frauen begegnete. Weißes Kopftuch, schwarzer Rock, gestickte Jäckchen. »Volksdeutsche«, sagte sie von sich selbst, aber schon diesem einen Wort hörte man an, daß sie von weit, weit her gekommen.
»Plattensee«, fügten sie hinzu. Sie sind tief aus Ungarn heraufgepilgert; einmal hat ein Bauernwagen sie mitgenommen, ein anderes Mal ein Lastauto. Lange waren sie in einem österreichischen Lager. Dann sind sie weitergewandert. »Es gibt nicht genug Lager in Österreich«, erzählten sie. »Eigentlich sollten wir ja in Wien anfragen, wo wir bleiben könnten. Denn unsere Eltern sind zur Zeit der österreichisch-ungarischen Monarchie an den Plattensee geraten. Aber in den österreichischen Lagern besteht keine Gemeinschaftsküche. In deutschen Lagern alles viel besser!«

Das Wort »Gemeinschaftsküche« haben sie schnell gelernt, diese »Volksdeutschen«, und immer noch ist in ihren Vorstellungen Deutschland groß und gut. »Viel besser als in Österreich. Dort ist alles sehr teuer. Und keine Arbeit gibt es nicht...«
»Heute sind 60 Südostdeutsche eingetroffen«, sagt einer vom Lager. »Gestern 49, vorgestern 100. Einen Tag davor war das Wetter schlecht. Ist niemand gekommen. Es gab Tage: da kamen 300...«

Und hier ist das Lager Piding bei Freilassing. Ein ansehnliches Lager (soweit ein Lager ansehnlich sein kann), das ehemals für den Troß einer Wehrmachtseinheit eingerichtet wurde. Als der Krieg zu Ende war, zogen nach und nach ungarische Soldaten ein, Angehörige zweier Honved-Armeen, die in Bayern kapituliert hatten. Sie kamen nicht in geschlossenen Einheiten. Sie kamen einzeln oder in kleinen Gruppen. Sie hatten sich schon im Lande verstreut. Und wenn auch nicht alle entschlossen waren, ins russisch besetzte Ungarn heimzukehren, so fand sich doch eine große Zahl dazu bereit. Doch die Zeit verging.
Da sollte endlich der erste größere Transport abgehen: ein ganzer, langer Eisenbahnzug ungarischer Heimkehrer. Er rollte einen halben Tag, rangierte viel, und schließlich sandten die Russen den Zug zurück. Aus!

Der Graben zwischen zwei Welten

Was der Augenschein an den West- und Süd- und Nordgrenzen, die offiziell hermetisch geschlossen, inoffiziell jedoch voller Lücken und Löcher und Eingänge sind, auch immer lehren mag über den Zustand Europas, so respektieren wir doch die Tatbestände: Die Grenzen sind historisch. Nationen begegnen sich an ihnen. Nun aber die Grenze im Osten Trizoniens! Sie ist unbegreiflich, weil sie den Lebensraum eines Volkes durchschneidet, des unsrigen. Kann es trösten, daß es soeben noch drei Grenzen innerhalb Trizoniens gab? Nein. Denn auch diese innerdeutschen Grenzen – offiziell hermetisch geschlossen – waren inoffiziell voller Lücken, Löcher, Eingänge, Durchlässe. Anders die Grenze zwischen der amerikanischen oder britischen Zone zum russischen Besatzungsgebiet! Ihre Funktion ist, die Deutschen zu trennen. Sie bildet ferner einen Graben zwischen zwei Weltanschauungen, zwei Lebensformen – einer westlichen und einer östlichen –, die einander mißtrauisch, ja, von Natur aus feindlich gegenüberstehen und an denen die Deutschen sehr wenig Anteil haben, da sie weder hüben in der Demokratie noch drüben im Kommunismus hinreichend geübt sind, denn beides haben sie sich nicht erobert; es wurde ihnen gebracht. Und soviel steht fest: Vertieft sich der Graben zwischen den zwei Welten, so geht dies auf die Kosten der Deutschen.

Da sitzt eine Frau in einem Lübecker »Durchgangslager« am Strohsack ihres kranken Kindes. Wenn das Kind gesund sein wird, will die Frau mit ihm und seinen beiden Geschwistern über die Grenze zurück in die russische Zone gehen. Einmal wurde diese Frau, die heute zweiunddreißigjährig ist, eine Treppe hinuntergestoßen, und man sieht noch die Narbe davon. Das geschah in Königsberg, wohin sie bei Kriegsende aus der ostpreußischen Provinz verschlagen worden war. Dort lebte sie bis März 1948 und erhielt ihre Kinder, wie sie sagte, dadurch am Leben, daß sie als Kochfrau für eine russische Soldateneinheit arbeitete. (»Viele Russen sind kinderlieb und gaben mir Brot mit. ›Dai mje chläba‹, sagte ich. ›Paschalustra!‹ sagten sie, und ich bekam mein Brot.«)

Die Frau schien lebenstüchtig zu sein. »Ich schlage mich schon durch«, meinte sie. Mit einem der »Sammeltransporte«, die jeweils zweitausend Menschen umfaßten, war sie zugleich mit den letzten Deutschen, die Königsberg verlassen mußten, aus der Stadt weggeschafft worden, westwärts. Zunächst saß sie in einem »Sammellager« der Mark Brandenburg. Bald gelang es ihr, in einem Dorf nahe Magdeburg eine eigene Wohnung zu bekommen. Diese gab sie auf, als sie durch Zufall erfuhr, ihr Mann, den sie für tot gehalten hatte, arbeite als Schlosser in Recklinghausen; sie schrieb an die Fabrik, die ihr genannt worden war; keine Antwort. Da nahm sie die drei Kinder, ging »schwarz« über die Grenze und fand tatsächlich die Adresse ihres Mannes und dann dessen Wohnung. In Recklinghausen.

»Er wohnte in einem Behelfsheim«, sagte sie, »und ich klopfte an die Tür. Eine Frau machte auf, die neue Frau meines Mannes. Sie hatten auch schon ein Kind von einem Jahr...« Die Frau aus Königsberg sagte ihren Namen nicht. Sie reiste zur Grenze zurück, klaglos. »Anzeige wegen Bigamie« und »Klage auf Alimentation« hatte man ihr geraten. Sie schüttelte den Kopf. Sie sprach immer wieder von der Wohnung bei Magdeburg, die sie »für nichts und wieder nichts« aufgegeben hatte. Sie sprach lange und umständlich von ihren Plänen, wie sie drüben, wo das leichter geschafft werden könne, als im überfüllten Westen, sich eine neue Wohnung erobern wollte. »Mein Mann ist nicht schuld«, sagte sie ruhig.

Wer trägt die Schuld? Wer anders als die Grenze!

Diese Grenze, die zum Brandmal der deutschen Tragödie zu werden droht, beginnt in Lübeck. Sechs Kilometer von der Stadtgrenze entfernt – nämlich im Ort Herrenburg – befindet sich einer der beiden offiziellen Grenzübergänge. Die Landstraße nach Schwerin läßt hier eine schmale Lücke offen: so breit wie ein Schlagbaum reicht. Um die Mittagsstunde ruht die Barriere. Die deutschen Grenzpolizisten hüben, die russischen Grenzsoldaten drüben, haben sich auf eine Pause geeinigt. Ob ihnen die Arbeit über den Kopf wächst?

Kurz vor drei Uhr nachmittags. Vorm britischen Schlagbaum stehen zwei Lastwagen und ein Personenauto. Vor dem russischen Schlagbaum, wenige hundert Meter entfernt, steht nur eine alte Frau, der die Erlaubnis gegeben wurde, sich über die Grenze hinweg mit ihrem Sohne – einem grauhaarigen Mann im Jägerhut – zu unterhalten. Dieser, ein früherer Offizier, der zur Westseite floh, sagte später: »Die Russen sind kinderlieb; vor allem aber ist Babuschka ihnen heilig, Großmütterchen. Ich gehe zum Schlagbaum und reiche meiner alten Mutter ein halbes Pfund Butter hinüber; der russische Soldat drückt beide Augen zu; er ehrt in meiner Mutter die geheime Regentin der russischen Dörfer: Babuschka...«

Der Lastwagen vor dem britischen Schlagbaum fährt leer nach Schwerin, um Stroh zu holen. Dies geschieht »in Abwicklung der zwischenzonalen Geschäfte«, wie ein Beamter vorm Grenzhäuschen sich ausdrückte. Das Wirtschaftsamt der Stadt Lübeck nämlich hat eine Art von Tauschhandel zwischen der Hansestadt und dem Lande Mecklenburg eingeleitet, Kochtöpfe gegen Holz oder Pferde gegen Stroh. Aber es sieht nicht so aus, als ob diese Geschäfte in Schwung kommen sollten.

Der Privatwagen-Mann ist ein mecklenburgischer Holzhändler, sehr gut angezogen, und sein Auto ist zwar altmodisch, aber stattlich. Im Fond des Wagens liegen viele nett gepackte Paketchen. Kurz, man sieht dem Manne an, daß er sich gut mit den Russen versteht, jovial winkt er dem sowjetischen Offizier, der eben – zwei Minuten vor drei – vor das russische Grenzhaus tritt. Übrigens, der zweite Lastwagen – er stammt aus Schwerin und fährt dorthin zurück – hat Autoreifen geladen, gebrauchte Reifen, die in Lübeck vulkanisiert worden sind. Fragt man den Lastwagenfahrer nach dem und jenem, was man an Neuigkeiten in seiner Stadt weiß, so zuckt er die Schultern. Er will sich nicht »die Schnauze verbrennen«. Er ist die Vorsicht selbst.
Frage an die Beamten: »Wie viele Menschen passieren in beiden Richtungen täglich mit Interzonenpässen?«
Antwort: »Fünfhundert Menschen, aber die Zahl geht zurück.«
»Und wieviel Autos?«
»Vielleicht fünfzig Wagen, Pkws und Lkws.«
»Na ja, bei soviel Arbeit ist es recht, daß hier 'ne Mittagspause gemacht wird«, mischt sich ein Dritter ins Gespräch.
»Die Russen wollten es so«, erwiderte der Beamte, »da kam die Einigung zustande.«
Und der andere: »Nitschewo. Über die Pausen einigt ihr euch, über die Pausen! Aber sonst?«
Tja, früher sei es wohl vorgekommen – sagten die Beamten –, daß die Russen und die deutschen Grenzposten sich gegenseitig ein bißchen besucht hätten. Aber das dürften die Russen jetzt nicht mehr; es sei ihnen streng verboten.
Es stehen immer ein paar alte Leute am Schlagbaum, die kleine Handwagen bei sich haben, auf denen sie den Grenzpassanten gegen wenig Lohn das Gepäck hin- und herüber durch den Streifen Niemandsland fahren. Diese Leute sagten: »Die Russen sind nicht die schlimmsten. Es gibt drüben deutsche Polizisten, die schlimmer sind. Sie haben schon manchen deutschen Grenzgänger den Russen glatt in die Arme getrieben!« Grenzgänger – das sind die »Illegalen«, die »Schwarzen«.
»Wie viele mögen täglich schwarz über die Grenze gehen?«
»Das ist verschieden«, sagten die Beamten. »Je nach Ort und Zeit. Bei Lübeck werden's im Augenblick genauso viele wie an unserem Schlagbaum sein.«

Verschieden nach Ort und Zeit! Fährt man die Grenze entlang südwärts, so sieht man bald den romantisch umwaldeten Ratzeburger See, der Ost und West trennt, dann die schöne Stadt Ratzeburg selbst, und dann trifft man eine neue Landstraße nach Schwerin: Die ist beim Dörfchen Mustin durch Gitter verriegelt. Und so wie hier findet man – je weiter man nach Süden fährt – alle ostwärts gerichteten Straßen verriegelt, vergittert. Auf der Gegend um das Dörfchen Mustin lastet jedoch noch aus anderen Ursachen ein schwarzer Schatten. Denn dies war anno 1947 die Mord- und Totschlaggegend...

Wald und Moor. Einmal waren es Leute, die sich einem alten Manne als Grenzführer angeboten hatten: Sie führten ihn ins Moor und schlugen ihn mit einer Stange tot. Ein anderes Mal lagen zwei Russen erstochen im Wald. »Ich selbst«, so erzählte ein Mann aus Mustin, »hör' in einer Novembernacht ein Scharren an der Tür: Zwei Frauen stolpern, fallen mir entgegen, beide verschmiert von Blut. Sie waren von sogenannten Grenzführern niedergeknüppelt und ausgeraubt worden. Wären sie allein durchs Moor gegangen, nun, so hätten die Russen sie vielleicht geschnappt. Was wäre schon gewesen? Sie hätten vielleicht eine Nacht lang Kartoffeln schälen oder die Wachstube aufwischen müssen, immer noch mal dieselben Dielen. Aber weiter wäre vielleicht nichts gewesen. Wer vom Osten nach dem Westen will und wird dabei erwischt, der sagt dem Russen, wenn er schlau ist, daß er gerade – umgekehrt – vom Westen nach dem Osten käme: Das schmeichelt ihm. ›Du willst zu uns? Pascholl!‹ sagt er und läßt ihn laufen.«

»Gehen viele Leute hier schwarz über die Grenze?«

»Es gingen viele. Plötzlich war's wie abgeschnitten. Plötzlich wußten alle Leute, daß hier die Mord- und Totschlaggegend war. Sie fanden beispielsweise einen Mann im Wald, splitternackt; keiner weiß, wie er hieß, woher er kam, wohin er ging, warum er um sein bißchen Leben kam. Das ist nicht an die große Glocke gehängt worden; ganz und gar nicht. Aber es hat sich trotzdem 'rumgesprochen. Heute? Vor einigen Wochen – wir arbeiten auf einem Acker dicht an der Grenze – rennt am Abend ein Mann querfeldein, die Russen schießen hinterher. Der Mann läßt sich auf die Erde fallen, rappelt sich hoch nach 'ner Weile, stürzt wieder hin. Endlich kapieren wir: Er macht ›Sprung auf, marsch, marsch‹ und nimmt ›volle Deckung‹, wie er's im Krieg gelernt hat. Wir halten die Pferde fest, bis der Mann hinter der Hecke verschwunden und die Schießerei vorbei ist. Aber es würgt dich im Halse, wenn du so was siehst...«

Je nach Ort und Zeit! Weiter südwärts, in der Gegend um Schnakkenburg – gegenüber der Stelle, wo die Brücke von Dömitz in der Elbe liegt –, dort ist der illegale Grenzverkehr dann wieder etwas reger. Und weiter südwärts, im Harz, wo das Gelände vielfach unwegsam und die russische Postenkette ziemlich dicht ist, trifft man wiederum weit weniger »Illegale« an. Dort überall gehen nur die Landeskundigen, die Grenzbewohner, hin und her und erzählen daheim, daß die Nachbarn in der Russenzone manchmal das Gefühl hätten, sie wären von den Westzonlern verlassen. Und sie gebrauchten – so erzählen sie – auch schon das Wort: »Westliche Menschen...« So, als ob die Grenze neue Typen unter den Deutschen geschaffen hätte, östliche und westliche.

Tiefer südwärts, dort, wo das amerikanisch besetzte Gebiet an die Ostzone stößt, ist der illegale Grenzverkehr deshalb nicht so groß, weil sich herumgesprochen hat, daß die Ankömmlinge aus dem Osten in den meisten Fällen ohne viel Umstände zurückgeschickt werden. Und so ziehen die Grenzgänger aus der Sowjetzone es vor, auch dann, wenn sie in die amerikanische Zone wollen, über die britische Zone »einzureisen«. Die amerikanische Zone hat übrigens nur eine einzige offizielle Übergangsstelle. Sie liegt bei Hof, und dort ist der Grenzverkehr nicht stärker als bei Lübeck, tageweise eher geringer.

Der nächst Lübeck zweite Grenzübergang der britischen Zone liegt mitten in einem Gebiet, welches das Gegenstück zu dem bei Aachen gelegenen »Loch im Westen« darstellt. Es ist der Grenzübergang bei Helmstedt.

Helmstedt, eine kleine, verträumte Stadt mit holprigem Pflaster und auch mit einer Hauptstraße, die abends bei dem Schimmer erleuchteter Geschäftsauslagen etwas wie Glanz hat, ist weltbekannt geworden. Hier ist es, wo die Autobahn, die von Braunschweig schnurgerade ostwärts und nach Berlin führt, ins russisch besetzte Gebiet mündet. Ein paar Steinwürfe weit entfernt, beim Dörfchen Marienborn, liegt die russisch besetzte Station. Doch schon das Amt der Kreispolizeistelle zu Helmstedt kann mit der Zahl der legalen Grenzreisenden dienen: »Zweihundertfünfzig Fußgänger in beiderlei Richtung und achtzig Fahrzeuge.« Rechnen wir die offi-

ziellen täglichen Grenzübertritte zusammen: Bei Lübeck durchschnittlich 500 Passanten und 50 Wagen, bei Helmstedt 250 Fußgänger und 80 Wagen, bei Hof 200 Fußgänger und 60 Wagen. Summa summarum: Nicht einmal tausend Fußgänger, knapp zweihundert Wagen pro Tag. Und dies, obwohl die einst wichtigsten Straßen – bis auf die drei Ausnahmen von Lübeck, Helmstedt, Hof – versperrt, vergittert, vernagelt sind.
Die Frage, die in Helmstedt gestellt werden mußte, lautete: »Wenn es nicht so ist, daß die illegalen Grenzgänger an allen Stellen der Grenze hin- und herübergehen, wenn dies vielmehr ›je nach Ort und Zeit‹ verschieden ist – was ist der Grund, daß bei euch das große Ein- und Ausgangstor der illegalen Grenzgänger ist? Wie viele sind es?«
»Das kann man nur schätzen im Helmstedter Gebiet: Ungefähr siebenhundert pro Tag.«
»Warum so viele?«
»Helmstedt liegt in der Mitte zwischen Nord- und Süddeutschland, zwischen Ost- und Westdeutschland. Kurz vor Helmstedt enden auf russisch besetzter Seite wichtige Eisenbahnstrecken, solche aus Berlin und solche aus Sachsen. Außerdem ist das Gelände günstig, nicht zu offen, nicht zu hügelig. Auch haben sowohl die russischen Grenzsoldaten wie die deutschen Polizisten auf russisch besetztem Gebiet hier – wer weiß aus welchen Gründen? – noch am ehesten ein Einsehen. Sie lassen die Leute nach vierundzwanzigstündiger Haft laufen. Sie haben sogar fix und fertig einen Stempel: ›Illegaler Grenzübertritt‹: Den drücken sie auf die Papiere. Da wird – wenn Sie so wollen – das ›Illegale‹ fast ›legal‹...«
So also ist Helmstedt weltbekannt geworden.
Aber Helmstedt ist nur der weltbekannte Name: Der ereignisreichste Grenzort ist rund zehn Kilometer entfernt und heißt Schöningen. Dort ist der Mittelpunkt des »Lochs im Osten«.
Ein kleines hübsches Städtchen, ein Flecken, in leicht hügeliger Landschaft. In der Nähe wird Braunkohle im Tagebau gewonnen, und Halden türmen sich auf.
»Über diese Halden kommen Nacht für Nacht die Grenzgänger«, sagte ein Mann, der in Schöningen ein »Betreuungs- und Übernachtungslager« leitet, eine Art »Herberge zur Heimat«. Und er schlug in bestem brandenburgischen Tonfall vor, rasch an den Eingang des Dörfchens Hötensleben zu fahren.

Da stehen die Häuser zu Füßen der Halden. Nur ein einziges Haus liegt links an der Straße noch auf »englischer Seite«, ehe die Absperrung beginnt: Das ist die Stelle der Grenzpolizei. Seitwärts ein kleiner Bach, die Aue geheißen: drei Meter breit, dreißig Zentimeter tief. Durch diesen Bach waten die Leute, denen es nicht glückt, ungesehen über die Halden zu klettern. Sie kommen mit nassen Schuhen, durchnäßten Beinkleidern zu Schöningen im »Betreuungslager« an, das Tag und Nacht geöffnet ist.
Der Lagerleiter kann aus seinen Listen Auskunft über seine Gäste geben. Hier ein Zeitabschnitt vom 1. Juli bis 22. Oktober: Rund 12 000 illegale Grenzgänger kehrten in seinem Hause ein.
»Welche Aussichten mögen sie haben, sich in Westdeutschland festzusetzen?«
»Nur rund tausend Grenzgänger, vornehmlich Frauen und Kinder, hatten die Zuzugsgenehmigung bereits in der Tasche, teils für die britische, teils für die amerikanische Zone. Nur für tausend also trafen die Bestimmungen über die ›Zusammenführung von Familienangehörigen‹ zu, die im Westen Deutschlands getroffen worden sind. Ferner konnten fast 2000 Männer darauf rechnen, in Westdeutschland zu bleiben, die aus dem berüchtigten Uranbergwerk bei Aue im Erzgebirge geflohen waren. Dann waren zweitausend Rußlandheimkehrer, ehemalige Kriegsgefangene, unter ihnen, die sich in Frankfurt an der Oder von den Transporten entfernt hatten, weil sie lieber auf eigene Faust über die Grenze gehen wollten (sie fürchteten ein neues Lager). Sie waren in Westdeutschland zu Hause und dürfen folglich bleiben. Fast neuntausend Leute wußten nicht, wohin. Nehmen wir einmal an«, so rechnete der »Herbergsvater« aus, »daß es viertausend Menschen gelungen ist, irgendwie in den Westzonen zu verbleiben – und diese Zahl ist eine hohe Schätzung –, so haben wohl fünftausend die Weisung bekommen, zur Sowjetzone zurückzukehren. Viele Flüchtlinge hab' ich zweimal gesehen: einmal, wenn sie nach mancher Strapaze, nach Schrecken und Angst herüberkamen, und ein anderes Mal, wenn sie sich anschickten, schwarz wieder zurückzugehen. Nach meiner Erfahrung kehrt aber nur die Hälfte von denen, die zurückgewiesen werden, tatsächlich zurück. Nehmen wir also die Hälfte dieser fünftausend, von denen ich sprach: Feststeht, daß man nicht weiß, wo von meinen 12 000 Gästen im Zeitabschnitt des 1. Juli bis zum 22. Oktober 2500 geblieben sind. Sie treiben sich in den Westzonen

herum, heimatlos, von Ort zu Ort. Was treiben sie? Was tun sie? Und dies hier«, so fügte er hinzu, »sind nur die Zahlen von einer einzigen Grenzherberge und dies von einem Zeitabschnitt, der nicht einmal ein Vierteljahr umfaßt...«
Aus diesem Zahlenvergleich wird klar, daß beispielsweise das Flüchtlingslager Uelzen, in das alle ziellosen Grenzgänger verwiesen werden, nicht so sehr ein »Auffanglager«, wie sein Titel heißt, als vielmehr ein »Zurückweisungslager« genannt werden sollte.

Ich hatte in Uelzen kurz Aufenthalt gemacht: 400 illegale Grenzgänger treffen dort täglich ein, von denen – nach der Auskunft der dortigen Abteilungsleiter – 300 zurückgewiesen werden, weil die Bestimmungen es so verlangen.
Da stand gerade ein junger Mann vor dem Tisch der »Aufnahmestelle«. Er war in Chemnitz stellungslos geworden und hatte Nachricht, daß er ins Uranbergwerk Aue »verpflichtet« werden sollte. Da ist er denn nach Eisleben gefahren, von dort nach Rötensleben gewandert, über die Kohlenhalde geklettert, und prompt hatten die Russen ihn erwischt. Er – »nicht dumm«, wie er von sich selber sagte – hatte gelogen, daß er von der Westzone käme, wo er sein »Zeug« geholt hätte, und zum Beweis hatte er seine blauen Arbeitskleider vorgezeigt, die er im Rucksack hatte, und die Russen hatten ihn – nach vierundzwanzigstündiger Haft – mit ihrem Wort »Pascholl« (»Geh los!«) laufen lassen. Darauf hatte er die »Aue« durchwatet. Und jetzt mußte er in Uelzen hören: »Sie müssen zurück. Wir werden Ihnen Marschverpflegung geben für einen Tag.«
Er: »Marschverpflegung? Wir sind doch nicht beim Militär!«
Der Mann hinter dem Tisch: »Gehen Sie zurück?«
»Nee.« – Achselzucken auf beiden Seiten.
Dies ist also einer der Fälle, in denen Menschen gezwungen sind, die Behörden zu meiden, wenn sie in Trizonien bleiben wollen, selbst auf die Gefahr, daß sie hungern müssen. Der Junge sagte, als er erschrocken das Lager Uelzen verließ: »Keine Bleibe, keine Lebensmittelkarten, aber wenigstens frei!«
Abgewiesen – und dies nannte er »frei«...
Der »Herbergsvater« von Schöningen übrigens hat nicht nur von Flüchtlingen, er hat auch von »Caprifischern« gesprochen. Dies war der »Spitzname« für Leute, die heimlich über die Grenze gehen

und solche Waren mit sich schleppen, die aus der Sowjetzone nach Trizonesien geschmuggelt werden: Unterwäsche und Schnaps. Nein, das sind keine Schmuggelbanden, die gewichtige Lasten schleppen wie die von der Westgrenze; das sind Leute, die nicht aus der Nachbarschaft, sondern von weither kommen, von Leipzig, Dresden, Zwickau und ein schmales Köfferchen mit sich tragen. Sie übernachten gegen den Preis von 30 Pfennig im »Betreuungslager« zu Schöningen (von solchen Einnahmen wird die Herberge finanziert) und reisen weiter, nach Bremen und Bremerhaven, wo sie gegen den Erlös ihrer Waren Heringe kaufen: einhundert, zweihundert Stück.

Diese Heringe haben in Dresden, Leipzig, Zwickau einen solchen Wert, daß der Verkauf der Fische ihnen die Kosten für neue Schmuggelware und eine neue Fahrt nach Bremen einträgt. Den Hauptanteil der Heringe behalten sie selber. Sie schmuggeln, um ihre Familien zu ernähren.

»Wer Hunderte von Heringen hat«, so unterwies ein deutscher Polizeiinspektor seine Beamten an der Grenze der englischen Zone, »nehmt sie ihm ab; aber fünfzig Heringe mag er behalten.«

Jeder weiß es: Die »Caprifischer« treiben ihren Handel nicht aus Gewinnsucht. Und ihre Fahrten sind ohne jegliche Romantik.

»Ohne Romantik!« bestätigte der »Herbergsvater« von Schöningen. »Wer hier über die Grenze kommt, ist einfach arm. Wer aber an der Grenze bleibt, wird kriminell. Denn man kann an der Grenze von der Grenze leben, aber fragt mich nur nicht, wie ...«

Ja, man frage nur nicht, wie ... Da ist eine Frau, der folgendes geschah: Nach Mitteldeutschland, woher sie gekommen, zurückgewiesen, nahm sie einen »Grenzführer«, der, wie er ihr sagte, selber vor Wochen als Flüchtling herübergekommen war. Er gab ihr Anweisungen, wie sie sich zu verhalten habe. Auf einen Warnruf müsse sie sich im Gebüsch verstecken. Als sie gegen Mitternacht beim russisch besetzten Grenzdorf Hötensleben sich anschickten, das Flüßchen Aue zu durchwaten, flüsterte er erregt: »Die Russen ... die Russen!«

Gehorsam warf die Frau sich ins Gebüsch; der »Grenzführer« aber verschwand auf Nimmerwiedersehen mit ihrem Koffer ...

Dies also sind neben dem Schmuggel die Methoden, wie man an der Grenze von der Grenze leben kann. Man wird sie harmlos nennen müssen gegenüber den Fällen von Mord und Totschlag.

Ein noch junger Mann traf auf dem Marsch von Ost nach West ein junges Mädchen, das ihm sein Geheimnis anvertraute. Die Schulterteile ihrer Jacke waren sozusagen auswattiert mit Geld; das Mädchen war auf dem Wege, seinen Verlobten zu treffen, einen jungen Angehörigen der Westalliierten, der seine Braut ins Ausland, nach Amerika, führen wollte. Als man den Mörder festnahm, gestand er alles.

Der Fall war zu »günstig« gewesen. Ein junges Mädchen auf dem Weg nach Amerika... Ihre Angehörigen würden lange keine Nachricht erwarten... Und dann das Geld! War auch der einzelne Schein nicht mehr viel wert, so konnte ein mit Papiergeld ausgestopftes Mädchen doch noch ein hübsches Sümmchen bringen...

Der Herbergsvater von Schöningen gefiel mir gut, und ich saß lange bei ihm. Er war ein humoriger, energischer Mann, der stolz darauf war, daß er in einer Zeit von nicht ganz vier Monaten 12 000 Gäste untergebracht und versorgt hatte – und dies mit Geld, das er selber hatte zusammenbetteln müssen. Denn von den 30 lumpigen Pfennigen, die ihm die »Caprifischer« zahlten, konnte er sein »Hotel« ja nicht florieren lassen.

»Wie viele illegale Grenzübertritte schätzen Sie insgesamt in dieser Gegend, berechnet auf das letzte Vierteljahr? Wie viele Grenzübergänger nach beiden Richtungen? Gleich, ob Schmuggler oder Flüchtlinge.«

»In unserm Grenzabschnitt Schöningen, Offleben, Hötensleben, Völpke rund 60 000 im letzten Vierteljahr.«

»Wie viele ›Caprifischer‹ und andere Schmuggler waren darunter?«

»Zweitausend.«

Hier mag die Gelegenheit sein mitzuteilen, was der Chronist bei seiner Reise rings um die Grenzen Trizoniens in vielen Einzelheiten erfuhr und was die Vorsteher der Zollfahndungsstellen in der britischen, amerikanischen und französischen Zone ihm offiziell mitgeteilt haben: So aktiv der Schmuggel ist – er wird in seiner Wirkung auf den Schwarzen Markt gewöhnlich überschätzt. Unter den Quellen, aus denen der Schwarze Markt in Trizonien gespeist wird, nennen die Zollfahndungsstellen als die bedeutsamsten: Erstens, die »sachlich nicht gerechtfertigten großzügigen Erteilungen von Einfuhrlizenzen für Liebesgaben durch die JEIA an die Insassen der Deportierten-Lager«; zweitens, den »Schwarzhandel von Angehörigen der Besatzungsmächte«; drittens, die »Entloh-

nung deutscher Bediensteter durch alliierte Arbeitgeber mit unversteuerten ausländischen Genußmitteln«. Erst an vierter Stelle wird der Schmuggel über die »grüne« Grenze genannt.
Der Herbergsvater von Schöningen, der die Welt aus »Grenz-Sicht« sieht, hat sich entschlossen, eigenmächtig zu handeln, so oft er nur kann. Eigenmächtiges Handeln – das nennt er demokratisches Handeln. Und so hat er an einige rheinisch-westfälische Industriefirmen geschrieben. Er habe die Möglichkeit, Facharbeiter zu vermitteln; es handele sich um Leute aus der sowjetischen Zone, die sonst – nach den üblichen Verfügungen – zurückgejagt würden. »Selbst, wenn Sie Arbeiter genug haben, lassen Sie Ihr Herz sprechen!«
Die Firmen, die erfuhren, daß ein kleiner Mann in einem Zonen-Grenzstädtchen ihnen darin helfen konnte, worin die Arbeitsämter so oft versagten, zeigten sich froh erstaunt – soweit ein so abstraktes Ding wie eine Firma froh erstaunt sein kann. Worauf der kleine Mann an der Grenze prompt von seiten der Behörden und Arbeitsämter zu spüren bekam, was es bedeutet, wenn einer mit gutem Herzen und mit eigenmächtig demokratischer Handlungsweise sich unbefugt in Sachen mischt, welche die Ämter weniger mit Initiative als nach ihrem Schema zu erledigen berufen sind. Verdacht, Einspruch, Krach! Bis sich die beschwerdeführenden Schema-Herren ausgerechnet von einem englischen Major sagen lassen mußten, die Sache ginge ihn zwar nichts an, sie sei eine Angelegenheit unter Deutschen, aber soviel stünde doch wohl fest: Der kleine Mann in der Grenzherberge, bei dem tagein, tagaus jene einkehren, die Furcht und Verfolgung leiden, habe als guter Deutscher gehandelt.
Da stand, als ich weiter südwärts entlang der Grenze fuhr, ein junger Mann, der im Wagen mitgenommen werden wollte: ein Handwerker, wie er sagte, Tischler. Er war im Frühjahr illegal aus Sachsen herübergewandert, er war auch noch jetzt, im Spätherbst, illegal. Nicht so wie viele junge Männer hatte er sich umhergetrieben – nicht vagabundierend und sozusagen unter Brücken schlafend. Er hatte beim Bauern Arbeit angenommen, nachdem man ihm im »Erfassungslager« Uelzen eröffnet hatte, es sei in Niedersachsen keine Facharbeit für ihn. Aber als der Winter kam – die Zeit, in der sich der Landwirt ein wenig Ruhe gönnen darf –, sagte sein Bauer zu ihm: »Nun geh' ins Lager und laß dich registrieren!« Und da, im Lager, eröffnete man ihm ein zweites Mal, er müsse zurück zur

östlichen Zone, ein »Illegaler« trotz harter Sommerarbeit. Jetzt wollte der Mann es im »Amerikanischen« versuchen. Und mit dem »Amerikanischen« meinte er Süddeutschland... An der Grenze des »Amerikanischen« gegen die russisch besetzte Zone hat man weit mehr als im »Britischen« das Gefühl, hier seien die einst alliierten Beziehungen zwischen hüben und drüben endgültig abgeschnitten. An dieser Grenze – so erklären die Flüchtlinge, die von drüben gekommen sind – gehen die russischen Posten strenger vor als im Grenzgebiet der englisch besetzten Zone. Sie fassen, wen sie fassen können. Darauf beruht es wohl, daß im bayrischen Auffanglager Moschendorf bei Hof weitaus weniger Flüchtlinge aus Mitteldeutschland eintreffen als im niedersächsischen Erfassungslager: Es waren in dieser Zeit knapp 70 Grenzgänger täglich gegen 400 Ankömmlinge in Uelzen.
Während ich dies im Lager Moschendorf erfuhr, wurde mein Autogast, der Tischler, darüber unterrichtet, daß in Süddeutschland eine amerikanische Weisung gültig sei, alle Tschechoslowaken aufzunehmen, aber zurückhaltend gegenüber Leuten zu sein, die keinen festen Wohnsitz angeben könnten, jedoch an ihrem Dialekt als Thüringer oder Sachsen kenntlich seien. Mein Tischler war kenntlich.
»Kennen Sie das ›Amerikanische‹?« wollte er wissen.
»Ich kenne das ›Amerikanische‹ und fahre ins ›Britische‹!«
»Wie ist es da?« fragte er in warmherzigem Tone, und es war nach stundenlanger gemeinsamer Fahrt das erste Mal, daß er nicht von sich selber sprach, sondern sich für seinen Autogastgeber zu interessieren schien. »Haben Sie eine richtige Wohnung, ein richtiges Bett?«
»Ich habe in Hamburg nahe am Innocentia-Platz ein Zimmer mit einem Loch in der Mauer. Da pfeift der Wind mir nachts durch die Haare. Die flatternde Mähne kitzelt mich dann im Gesicht, so daß ich weiß, warum die Biedermänner Schlafmützen trugen.«
»Innocentia«, fragte er, »was ist das?«
»Unschuld«, sagte ich.
Er aber hatte seine Gedanken ganz woanders. »Ich werde ins ›Französische‹ gehen«, sagte er und seufzte: »Wissen Sie, was wir brauchen? Einen Staat!«
»Trösten Sie sich«, sagte ich und gab ihm die Hand: »Seine Grenzen sind schon in Sicht!«

Flug mit dem »Rosinenbomber«

Es erinnert mich alles so... Der Geruch des Flugzeugs: Öl und heißer Stahl. Das Fauchen, mit dem die Motoren anspringen. Die Geräusche in der Muschel des FT-Geräts unter der Haube: das Gurgeln, Pfeifen.
»Ihr hattet das nicht, wie?« sagt Mister Hepburn, der NO, der Navigationsoffizier. Er meint das Mikrophon. Nein, wir hatten damals das Kehlkopfmikrophon, das einem zwei Membranen an den Hals drückte, viel enger als Schlips und Kragen jemals drücken können. Aber die Engländer haben ein Mikrophon, das sie wie einen kleinen Rüssel vorm Munde tragen. Das sieht dann ein bißchen absonderlich aus. Doch man kann den Rüssel an der Fliegerhaube herunterbaumeln lassen. Und absonderlich – nun, absonderlich ist die ganze Fliegerei. Oder etwa nicht?
Wollte unsereiner nach Berlin, bevor die Zonengrenze gesperrt war, so reist er beispielsweise nach Hannover; und das war noch das wenigste. Dort wartete er einen halben Tag. Dann kam der Zug nach Berlin, dann kam die Zonengrenze, dann kam die Plackerei mit den Papieren, dann kam die lange Fahrt durch die gute alte Mark Brandenburg. Und dann endlich kam schließlich auch einmal Berlin. Und man hatte das Gefühl, nicht bloß durch eine Landschaft, sondern durch einen Kontinent gereist zu sein.
»Wie lange braucht ihr nach Berlin?«
Mister Duckworth, der Pilot, sagt: »Hin 55 Minuten; zurück 30 Minuten.«
Ist nicht die Fliegerei eine absonderliche Sache? In der Luft gibt's keine Paßkontrolle. In der Luft sind die Strecken genauso lang oder so kurz wie zuvor. Wenn Kapitän Duckworth früher beispielsweise über Hannover angekommen war, wußte er: ›Well, jetzt noch 55 Minuten, dann kommt Berlin, dann kann abgeladen werden!‹ Damals lud Kapitän Duckworth Bomben ab, heute Rosinen...
Es erinnert mich alles so... Damals waren für unsereinen zwei Situationen möglich. Sirenengeheul... die Kinder aufgeweckt, sie waren blaß und zitterten ein wenig. Mit dem Fahrstuhl in den Keller. Dunkel über Berlin-W. Dann das Aufblitzen der Flak-Kanonen. Dann die Leuchtbomben an vielen Fallschirmen, der »Weihnachtsbaum«. Und dann... Das war die eine Situation.
Die andere war der Geruch des Flugzeugs: Öl und heißer Stahl, das

Pfeifen, Gurgeln unter der Fliegerhaube –: ein absonderliches Leben, angefangen an einem östlichen Fluß, »Mius« genannt, beendet in einem Fluß, »Spree« geheißen. Das war zu guter Letzt (weil das Wort »zu böser Letzt« nicht existiert) in der »Berlin-Verteidigung«, damals, als man ohne Mühe in einem einzigen Fluge die Ostfront und die Westfront bestreichen konnte. Das also war die andere Situation.
Vieles ist so absonderlich! Auch der Bordmechaniker und der Funker, die Herren Clark und Thompson, sind damals nach Berlin geflogen. Wir hätten uns begegnen können. Möglich, daß wir uns begegnet sind. Sie sagen: »Wir flogen nachts, damals. Wir Engländer flogen immer nachts. Deshalb haben wir nie etwas von Deutschland gesehen. Ein schönes Land! Jetzt endlich kriegen wir es einmal zu Gesicht. Denn ohne die Luftbrücke hätten wir es nie zu sehen bekommen!«
Und Mister Duckworth fügt hinzu: »Wissen Sie Bescheid?« und zeigt die Karte: »Eine Kurve über dem ›Steinhuder Meer‹, dann nordöstlich nach Celle, weiter hinauf nach Dannenberg, dann südlich bis Gatow. So ein Dreieck, nicht wahr? Von Gatow aus werden wir in gerader Linie westwärts nach Wunstorf zurückfliegen.«
Duckworth ist dunkel, charmant, nobel; Hepburn hellblond, sportlich, ein sommersprossiger Wikinger; Clark witzig, höflich, fürsorgend; Thompson munter, nonchalant. Ach, vieles erinnert mich so. Denn all diese Boys, die Herren und die Jungen, die Offiziere und die »other ranks«, sie gleichen den Typen der deutschen Flieger als seien es Brüder.
»Man hätte nie aufeinander schießen sollen«, sagte ich.
»Man sollte nie aufeinander schießen«, sagten sie...
»Herrgott, das muß langweilig sein! Drei, vier Flüge am Tage auf immer derselben Strecke oder drei Flüge in der Nacht!«
»Es ist wichtig«, sagt Mister Duckworth.
»Und langweilig nicht?«
»Doch! Sehr!«
Aber dann sprechen wir davon, wie es neulich einer Besatzung gelang, von Gatow aus, dem Flugplatz westlich von Berlin, im Wagen rasch einen Abstecher zur Stadt hinein zu machen. Sie ist in ein Café am Kurfürstendamm getreten. Und die Berliner haben der Besatzung des »Rosinenbombers« Beifall geklatscht, derselben

Besatzung, die im Kriege... Göring sagte damals: »Kanonen statt Butter.« Die Piloten sagen heute: »Rosinen statt Bomben.«
Sie haben sich das berlinische, liebevoll-spöttische Wort von den »Rosinenbombern« zu eigen gemacht. Denn natürlich werden Rosinen nur selten geflogen.
Da ist ein Raum in einer Baracke auf dem Flugplatz Wunstorf. Dort liegen Listen, in denen die Art der Sendungen aufgezeichnet sind: hochwertige Nahrungsmittel, die den teuren Transport lohnen. Da ist auch ein Vorraum, wo die Besatzungen auf Abruf warten. Man macht keine Umstände: Man gibt ihnen irgendeine Maschine, die gerade beladen ist. So kommt es vor, daß eine Besatzung, die drei Flüge nach Berlin macht, drei verschiedene Flugzeuge fliegt. Dieses hier ist eine Halifax.
Es erinnert mich vieles... Im Innern der deutschen Kampfflugzeuge tastete man sich an Bomben entlang nach vorn, zur Kanzel. Hier ist es ebenso eng, aber man klettert über Mehlsäcke, die ein Sergeant von der Army mit großer Gründlichkeit durch straff gespannte Ketten vertäut hat. Fünf Tonnen Mehl statt fünf Tonnen Bomben.
Und dann ist die Maschine zum Start gerollt. Und dann der Augenblick, der von den Besatzungen dieser schweren Flugzeuge noch immer als ein schöner Moment empfunden wird: der einzig fliegerische Augenblick, da die Maschine vom Boden abhebt. Ein leichter Schwung, und der Mensch begreift: er fliegt. Später ziehen die Motoren bis zur Landung das Flugzeug sozusagen auf ebener Bahn. Im Augenblick des Abhebens aber ist man geneigt, einander anzulächeln. Übrigens: Wenn Flieger so dahinziehen und wenn sie den Trott des Alltags spüren, dann singen, summen, brummen sie gern im Gerät der Bordverständigung. Man summt, und schon brummt es unter der Fliegerhaube: man singt sich selbst ins Ohr. Es ist ein ähnlicher Effekt wie jener, der würdige Männer veranlaßt, in der Badewanne zu singen. Und englische Schlagermelodien klingen wie geschaffen für das FT-Gerät.
Auf einmal war die Elbe da, und unter den Tragflächen strich die grüne Mark vorüber. Wie fremd das Wort »Zone« klang, besonders in englischer Betonung... Und plötzlich drehten sich die westlichen Vorortgegenden Berlins mit ihren Parks und Villen wie auf einer Scheibe.
Der Flugplatz Gatow, wo die englischen Maschinen landen, schien, verglichen mit dem Betrieb einstiger deutscher Plätze – etwa dem

Rollfeld der Lufthansa in Tempelhof –, ein fürchterliches Durcheinander, wenigstens, solange man es aus der Luft übersah. Stach es einem nicht einmal wieder in die Augen, daß die Engländer nicht organisieren können?
Doch halt! In Wunstorf bei Hannover war beim Abflug alles tadellos verlaufen, und auch in Gatow klappt es wie im »Handumdrehen«. Fahrwerk auf den Boden setzen, ausrollen, ziemlich nah an die Hallen herangefahren – schon kommen die Leute herbei, die Maschine zu entladen. Berliner Jungen mit jener ruhigen Bewegung, als wollten sie sagen: »Wo soll det Klavier hinzustehen kommen?«
»Have a tea«, sagt Kapitän Duckworth. Die Halle, wo es den Tee gibt, sieht öde aus wie ein halbvollendeter Bahnhofswartesaal. Kaum, daß der heiße Tee getrunken ist, drängen die Männer: »Auf! Los! Höchste Zeit!«
Draußen, die Maschine, ist längst entladen. Wie heißt es? Daß die Briten nicht organisieren könnten? Sie zeigen es bloß nicht so.
Alle drei Minuten landet ein schwerbeladenes Flugzeug. Alle drei Minuten startet eine leere Maschine. Dabei haben die Engländer von Wunstorf, von Faßberg, von Lübeck aus 70 Yorks, 60 Dakotas, dazu einige Maschinen vom Typ der Halifax und des Lancaster-Bombers für die Luftbrücke eingesetzt. Und der junge Leutnant White, einer der fliegerischen Experten aus der Zeit, da die Reichshauptstadt die englischen Flieger »wie eine Hölle« empfing, hat ausgerechnet, daß er seit zwei Monaten weitaus mehr Lebensmittel nach Berlin geflogen hat als einstmals Bomben. Er sagte es stolz; er ist sehr froh über diese Bilanz.
Auf dem Rückflug ist Mister Hepburn ein wahrhaft ziviler Gastgeber. Setzt den zivilen Gast in die Kanzel. Auf den Sitz in der Glaskuppel. Drückt ihm die Karte in die Hand. Ein Wetter, wie zum Spazierflug geschaffen. Ein Horizont, schön wie gemalt. In der Tiefe die kühle Romantik der Havel. Äcker, Felder, Bauern bei der Arbeit. Das Flugzeug schüttelt sich ein wenig: Drunten atmet ein kilometerbreiter Wald. Und nun die Elbe wieder, der Schicksalsfluß. Atmet sie auch? Schüttelt sich das Flugzeug auch hier? Nein, die Zonengrenze ist in den Lüften nicht zu merken. Auf keiner roten Wolke naht ein Wächter und fragt nach dem Paß. Aber die Luftbrücke sieht man: Sie ist aus Stahl und Eisen, aus Tragflächen, Luftschrauben, Laderäumen gebaut. Obwohl sie England täglich 6000 Pfund kostet, obwohl die Motoren, die die Brücke tragen, alle

300 Flugstunden ausgewechselt werden müssen, obwohl die Besatzungen, die die Brücke Tag um Tag, Nacht um Nacht erneuern, alle Monate einmal zum Urlaub nach Hause gehen müssen (wo dann gleich auch die Maschinen überholt werden), herrscht keine Gefahr, daß die Brücke zusammenbrechen könnte. Guter Wille hat sie gebaut. »Nur guter Wille«, sagte Hepburn, »kann sie überflüssig machen.«
Kommt es soweit, dann wird sich bei der Gesamtbilanz zeigen, daß die Luftbrücke nicht nur Lebensmittel, nicht nur Kohlen, Benzin, Papier, Arzneimittel nach Berlin getragen, nicht nur die Leiber der Berliner genährt, sondern ihre Herzen gestärkt hat, als sei der Friede schon Wirklichkeit, auf den noch immer alle warten.
»Our Berliners« – so sagen die Amerikaner, die den Rhein-Main-Lufthafen zu ihrer Luftbrückenbasis ausgebaut haben, heute schon im ehedem so feindlichen New York. Und »Have a tea« sagte Kapitän Duckworth in Wunstorf.

Den Einzelfall proklamieren!

Als er von Holland nach Deutschland fuhr, hat ein holländischer Grenzbeamter ihm ein Exempel gegeben – wenn auch kein gutes. Der holländische Zöllner nahm einem Deutschen, der aus der Kriegsgefangenschaft heimkehrte, die Hälfte seiner Habseligkeiten ab: Leder zum Besohlen der Schuhe war dabei, auch etwas Tee.
Der Zollbeamte hatte eine Liste. »Beschlagnahmt«, sagte er und tippte auf sein Papier. Der Heimkehrer stand vor ihm und ließ die Arme hängen. Und Jef Last erläuterte diese Szene so: »Holland ist dadurch nicht reicher geworden, daß sein Zöllner dem Heimkehrer fast alles wegnahm. Dieser aber wurde arm. Dem Beamten ist es nicht eingefallen, daß sein Handeln unmenschlich sei. ›Befehl ist Befehl‹, das war seine Rede.«
Jef Last saß zusammengebückt in seinem Sessel. Er streifte die Asche seiner Zigarette ab. »Alltäglichkeiten!« sagte er. »Das sind Alltäglichkeiten!« Und da er dem Unbedeutenden Bedeutung gab, fügte er hinzu: »Der eine mordet, und klagt man ihn an, so erwidert er: ›Auf

Befehl!‹ Der andere nimmt einem Heimkehrer die Hälfte seiner Sachen ab und sagt: ›Befehl!‹ Und er zuckt mit den Schultern, und sein Opfer steht mit hängenden Armen da.«
Ich fragte ihn: »Was soll man tun?«
Jef Last hat eine bestimmte Art, einen anzusehen. Er sieht einen an mit den klaren Augen eines Kindes. Er sagte: »Sie wissen, daß ich im spanischen Kriege war – als Hauptmann auf der Seite der Roten?«
»Ja, das ist bekannt geworden, und man sagt: da sei aus dem Saulus ein Paulus geworden.«
»In Spanien«, erwiderte Jef Last, »ist es in meinem Abschnitt passiert, daß meine Kameraden einen Verwundeten aus dem Feuer holten, aus dem Stacheldraht. Es waren Helden, und sie brachten ihn lebendig zurück. Anderen Tages kam eine Meldung, jener sei Trotzkist – verstehen Sie? Da nahmen dieselben Leute, die ihn gerettet hatten, ihre Pistolen und schossen ihn tot.«
»Was sollen wir tun?« fragte ich zum zweiten Male.
Jef Last machte mit seiner Hand eine Bewegung, als könne er die Figuren seiner Erzählung klein wie in Däumlingsgröße auf das Tischtuch stellen. »Wir müssen die Zusammenhänge erkennen«, sagte er. »Der Rotspanier ... der Zöllner ... und wir dürfen auch den Typ nicht vergessen, wie er in Nürnberg vor Gericht steht und stammelt: ›Es war Befehl.‹ Dies ist unsere Zeit!«
»Und was tun wir nun in dieser unserer Zeit?«
Und Jef Last antwortete: »Manchmal in holländischen Tischrunden, wenn meine Landsleute darauf gestoßen werden (und sie werden immer wieder darauf gestoßen), daß ihr Lebensstandard um mehr als die Hälfte seit der Vorkriegszeit gesunken ist, und wenn sie die Erinnerung packt an den Hunger, den sie während der Besatzungszeit aushalten mußten, und wenn sie an ihre Kerker, ihre Verfolgungen, an ihre gemordeten Landsleute denken, dann sagt der und jener den Satz: ›Man sollte sie alle umbringen!‹ Es sind noch nicht genug gestorben! Und gemeint sind die Deutschen.«
»Und was tun Sie, Jef Last, wenn Sie solche Worte hören?«
»Ich sage: ›Würden Sie es auch ausführen? Würden Sie einen Deutschen umbringen, einen einzigen? Eine Frau? Ein Kind?‹ Ja, dann schauen sie vor sich hin und schweigen. Niemand kann es! Deshalb proklamiere ich ... Wissen Sie: Wir sollten es gemeinsam proklamieren, Sie und ich, und wir sollten alle Leute überreden, es uns gleichzutun.«

»Was proklamieren Sie, Jef Last?«
»Ich proklamiere den Einzelfall. Laßt uns den Einzelfall proklamieren! Ist dies gemacht, so ist die Menschlichkeit zurückgewonnen. Aber das Handeln nach allgemeingefaßten Papierlisten, das Gehorchen nach allgemeinen Befehlen, das kollektive Denken sind die Geißel unserer Zeit.« Und Jef Last wischte mit seiner Hand über den Tisch. Er wischte sie hinweg, die Figuren seiner Erinnerung, den Rotspanier, den SS-Mann, auch den Zollbeamten, den er traf, als er soeben nach Deutschland kam.

Und da ist er nun in Hamburg, sieht einen mit seinen hellen Augen an, in denen so viel kluge Kindlichkeit ist, so viel von jener großen Kraft, die unwillkürlich den Glauben an das Gute mitteilt.

Seine Körperhaltung ist mittlerweile leicht gebeugt, da er ja nicht mehr der Jüngste ist. Aber sein Gesicht ist jung.

Zur Zeit des Krieges – wie ist Jef Last, der Dichter, der Kämpfer des jungen Holland, gejagt worden! In Amsterdam, seiner Wohnstadt – von einer Wohnung in die andere! Durch ganz Holland – von einem Ort zum anderen! 1942 ist er endgültig »unter Wasser gegangen«, wie man es in Holland ausdrückt. Seit 1940 hat er »unter Wasser« den »Vonken« (den Funken) herausgegeben, das verwegenste Blatt der holländischen Résistance, aber wohl auch das nobelste. Kein einziges Mal sind darin wir Deutschen mit unserem in Holland sonst üblichen Schimpfnamen »De Muffels« apostrophiert worden. Das Blatt hat zwischen Nazis und Deutschen einen Unterschied gemacht. Und was schrieb diese Zeitung, als sie unter dem Titel »De Vlam« aus dem »Wasser« auftauchen konnte? Zwei Wochen nach Kriegsschluß kam sie mit der Schlagzeile heraus: »Deutschland, die Hoffnung unserer Kinder.« Sechs Wochen danach plädierte sie dafür, daß die Deutschen in die Gemeinschaft der Völker zurückgeführt werden sollten.

Solche Gesinnung ehrt Jef Last. Und es ehrt seine Landsleute, daß sie ihn nicht gesteinigt haben. Schließlich war der Krieg gerade erst zu Ende. Gerade erst war Holland wieder frei. Soeben erst war die Tochter Jef Lasts aus dem deutschen Konzentrationslager zurückgekommen, elend, verängstigt. Und in was für ein Holland!

»In Holland«, so sagte Jef Last, »trinken wir dreimal soviel Alkohol wie vor dem Kriege. Wir tanzen – jedenfalls, soweit wir junge Holländer sind. Wir sind ziemlich gedankenlos, immer auf dem Sprung, vor den Gedanken davonzulaufen, die wir denken sollten.

Und dabei herrschen die Sorgen. Hundertzwanzigtausend Jungen stehen in Indonesien, und es wird schiefgehen. Jede Woche sind fünfzehn Gefallenenanzeigen in den Zeitungen; manchmal sind es fünfzig.«

»Was sollen wir tun, Jef Last?«

»Es ist schon viel getan worden: Wir Holländer haben wenig Talent zum Haß. Daher hassen viele schon jetzt die Deutschen nicht mehr. Aber viele fürchten sich noch. Es ist dies aber eine allgemeine Furcht. Man fürchtet sich, das auszusprechen, was man für richtig hält! Man hat noch nicht gelernt, sich anderswo festzuhalten als im Versteck der Kollektivs, obwohl man gelernt hat, es zu fürchten: das Kollektiv. Ach, ich bin da Fachmann: Wo der Kollektivbegriff beginnt, ist die Vernunft verloren. Viele wissen das. Doch sie schweigen. Viele ahnen sogar, daß einer, der gegen etwas kämpft – anstatt für etwas –, aus der Gefahr noch nicht heraus ist, daß er sich mit der Gesinnung seines Gegners infiziert.«

Und plötzlich wurde Last ganz temperamentvoll: »Man muß nicht gegen, man muß für eine Sache kämpfen! Manchmal wurde ich schwach: Ich lobte Gott, weil ich ins Maquis gegangen war aus – Rache und weil ich Holländer bin. Aber in Gesprächen mit den Kameraden wurde ich wieder stark und lobte Gott, weil wir nicht allein für die Freiheit Hollands ins Maquis gegangen waren, sondern hauptsächlich für die Freiheit des Menschen!«

Man hat Jef Last – auch ihn – einen Sozialisten ohne Heimat genannt. Er hat gemeinsam mit André Gide, dem großen französischen Dichter, Rußland gesehen. Gide war fasziniert, erschüttert, entsetzt. Aber Jef Last traf es härter: Von nun ab war Rußland seine »geistige Heimat« nicht mehr. Er löste sich noch nicht von der »Idee«, noch nicht. Aber: »Ich sah Rußland und wußte: Ich hatte mich geirrt. Das war hart, sehr hart!« Er fügte hinzu: »Heute stört es mich nicht, daß die Kommunisten in Holland ziemlich stark sind. Es stört mich, daß in Holland die Partei der Parteilosen größer ist – größer, nicht stärker! Es herrscht dieselbe politische Müdigkeit bei uns wie bei euch in Deutschland. Bei euch – klarer Fall. Aber bei uns? Nein, auch bei uns ist das nicht von ungefähr: Die Parteien – alle Parteien – haben die gleichen Programme konserviert, die in anderen Zeiten von anderen Menschen erdacht wurden. Diese Programme haben allesamt den höchst zweifelhaften Duft von ökonomisch-materiellem Wohlbehagen. Stellt euch vor: Der Krieg vorbei, Gefahren ringsumher, herrliche Gefahren, in denen Gedanken siegen können, weil sie das Leben des einzelnen durchpulsen – Gedanken, um die sich zu kämpfen lohnt –, und wir, in Holland, haben Sorgen um das Sofa und den Genever und die Decke auf dem Klavier. Und paßt auf: Euch Deutschen wird es genauso gehen! Aber was vor allem die Jugend braucht und wonach sie sich sehnt, sind ideelle Werte. Ich verstehe sie gut, diese Jugend, die lieber absichtlich gedankenlos oder pessimistisch ist, als daß sie sich belügen oder – etikettieren ließe.«

Ich weiß nicht, was ich dazu sagen soll. Ich frage mich, welche Etiketten für Jef Last passen... Geboren in Den Haag, Oberrealschüler in seiner Heimatstadt, Schlepper in einem Bergwerk, Student der Sinologie in Leiden. Dann wird er Weltfahrer. Obendrein ist er ein Sprachgenie, das nicht nur Deutsch, Französisch, Spanisch, sondern auch Russisch und Chinesisch beherrscht. Er glaubt, daß dies alles notwendig sei. »Russisch lernen«, sagte er, »auf daß man erwidern kann. Und Chinesisch!« Er hat das Werk Martin Bubers aus dem Deutschen, die Dichtungen Verlaines und Rimbauds aus dem Französischen, die Bücher Tolstois aus dem Russischen übersetzt. Er hat Romane und Gedichte geschrieben. Er ist Sozialist, wenn auch »ohne Heimat«.

»Ich bin ein religiöser Mensch«, sagte er. »Ich lese die Evangelien. Aber ich kenne auch die chinesische Philosophie. Ich frage mich selber, warum ich keiner Kirche angehöre. Vielleicht deshalb, weil ich ein politischer Mensch bin. Kann das sein? Ich habe viele Gesinnungsfreunde. Doch ein Parteibuch habe ich nicht mehr.«

Er ist ein Dichter von einfacher Sprachgewalt, und sein Holländisch klingt innig und voller Herzenstöne. Und er hat Verse geschrieben, die unmodern klingen nach neuesten Dichterregeln, aber gut sind wie eine Predigt, wenn sie ein Bekenntnis ist.

Ik hoer geen kerk mees tal en geen party
En ken allen nog t'eene woordje: vry,
Dat ik vergeten had,
Maar dat doer wolken brak
Als zonlicht op myn pad.

Dieser Kerl – gejagt von Leidenschaften und Gedanken, von Neugier getrieben zu fernen Küsten, Düften, Sprachen, Seelen; Seemann und Gelehrter, Poet, Scharfschütze und Kommandeur. Da

kehrt er heim und dichtet, daß er, der keiner Kirche angehört und keiner Partei, allein ein Wort noch kennt: das Wörtchen »frei!«, das er vergessen hatte und das durch die Wolken brach auf seinen Pfad wie Sonnenlicht.
Und also hob Jef Last sein Glas mit dem von ihm für seine deutschen Freunde geschmuggelten, erstklassigen holländischen Genever und sagte: »Laßt uns ernst machen: Wir wollen ausbrechen aus der Horde. Wir wollen wieder einzelne werden! Wir wollen wieder von Mensch zu Mensch sprechen – egal, ob Deutscher, Holländer, Russe oder Chinese! Von Mensch zu Mensch sprechen – mit Vernunft und gutem Willen. Aber wir wollen schrittweis' gehen. Wir haben noch ein bißchen Zeit – nicht viel, ein bißchen! Wir wollen im Gedächtnis behalten, daß der Befehl das eigene Gewissen niemals ersetzen kann.«
Und er stand auf und sagte: »Es ist nichts verloren! Laßt uns den Einzelfall proklamieren!«